本书获北京市社会科学基金项目"北京地区藏乾隆年间'西洋馆华夷译语'校勘及语言研究"(项目编号：17YYC016)资助出版

语言接触与第二语言教材词语对译研究

聂大昕 著

中国社会科学出版社

图书在版编目（CIP）数据

语言接触与第二语言教材词语对译研究/聂大昕著. —北京：中国社会科学出版社，2021.4
ISBN 978-7-5203-7292-3

Ⅰ.①语… Ⅱ.①聂… Ⅲ.①第二语言—语言学习—教材—研究 Ⅳ.①H003

中国版本图书馆 CIP 数据核字（2020）第 180247 号

出 版 人	赵剑英
责任编辑	顾世宝
责任校对	季　静
责任印制	戴　宽

出　　版	中国社会科学出版社
社　　址	北京鼓楼西大街甲 158 号
邮　　编	100720
网　　址	http://www.csspw.cn
发 行 部	010-84083685
门 市 部	010-84029450
经　　销	新华书店及其他书店
印刷装订	北京君升印刷有限公司
版　　次	2021 年 4 月第 1 版
印　　次	2021 年 4 月第 1 次印刷
开　　本	710×1000　1/16
印　　张	22.5
字　　数	346 千字
定　　价	128.00 元

凡购买中国社会科学出版社图书，如有质量问题请与本社营销中心联系调换
电话：010-84083683
版权所有　侵权必究

目　　录

第一章　引言 …………………………………………………………（1）
　一　研究缘由 …………………………………………………………（1）
　二　研究材料和研究问题 ……………………………………………（5）
　三　研究方法 …………………………………………………………（6）
　四　研究目的 …………………………………………………………（8）

第二章　语言接触及偏误分析研究 ………………………………（10）
　第一节　语言接触理论 ………………………………………………（10）
　　一　语言接触理论的源起 …………………………………………（11）
　　二　语言接触理论的主要观点 ……………………………………（12）
　　三　语言接触的研究角度 …………………………………………（14）
　　四　语言接触的研究范围 …………………………………………（16）
　　五　语言接触的研究状况 …………………………………………（18）
　第二节　偏误分析理论 ………………………………………………（23）
　　一　偏误分析理论的缘起 …………………………………………（23）
　　二　偏误分析理论的主要观点 ……………………………………（24）
　　三　偏误分析理论的研究方法 ……………………………………（27）
　　四　国内偏误分析研究的状况 ……………………………………（29）
　第三节　各理论与本研究的关系 ……………………………………（30）
　　一　语言接触理论与本研究的关系 ………………………………（30）
　　二　偏误分析理论与本研究的关系 ………………………………（31）

第四节　皮钦语和中介语作为"过渡方言"的解释……………（33）

第三章　第二语言教材词语对译的前期研究……………………（36）
　第一节　第二语言教材的选取…………………………………（36）
　　一　清乾隆时期(18世纪)……………………………………（39）
　　二　北洋政府时期(20世纪初)………………………………（48）
　　三　中华人民共和国成立初期(20世纪50年代)……………（55）
　　四　中国新时期(21世纪)……………………………………（56）
　　五　第二语言教材选取小结…………………………………（58）
　第二节　第二语言教材词语对译的方式………………………（59）
　　一　前人对翻译方式的研究…………………………………（59）
　　二　第二语言教材词语对译方式分类………………………（61）
　第三节　偏误标准的界定………………………………………（62）
　　一　同译方式中偏误标准的界定……………………………（62）
　　二　等译方式中偏误标准的界定……………………………（65）
　　三　仿译方式中偏误标准的界定……………………………（68）
　　四　释译方式中偏误标准的界定……………………………（73）
　　五　转译方式中偏误标准的界定……………………………（77）
　第四节　研究的基本步骤………………………………………（81）

第四章　《㗆咭唎国译语》词语对译偏误研究…………………（83）
　第一节　《㗆咭唎国译语》总体词语考察及统计………………（83）
　第二节　《㗆咭唎国译语》对译偏误成因分析…………………（87）
　　一　同译方式中的偏误成因…………………………………（88）
　　二　等译方式中的偏误成因…………………………………（98）
　　三　仿译方式中的偏误成因…………………………………（109）
　　四　释译方式中的偏误成因…………………………………（117）
　　五　转译方式中的偏误成因…………………………………（125）
　第三节　《㗆咭唎国译语》对译偏误数据及成因讨论…………（130）

第五章 《播呼都噶礼雅话》词语对译偏误研究 ……………… (132)
  第一节 《播呼都噶礼雅话》对译偏误成因分析 …………… (133)
  第二节 各类对译方式的偏误成因 …………………………… (138)
    一 同译方式中的偏误成因 ……………………………… (138)
    二 等译方式中的偏误成因 ……………………………… (154)
    三 仿译方式中的偏误成因 ……………………………… (167)
    四 释译方式中的偏误成因 ……………………………… (177)
    五 转译方式中的偏误成因 ……………………………… (194)
  第三节 《播呼都噶礼雅话》对译偏误数据及成因讨论 ………… (201)

第六章 结语 ……………………………………………………… (204)
  一 研究过程总结 …………………………………………… (204)
  二 研究结论梳理 …………………………………………… (205)
  三 后续研究设想 …………………………………………… (210)

参考文献 ………………………………………………………… (211)

附录Ⅰ 《暎咭唎国译语》对译偏误总表 …………………… (222)

附录Ⅱ 《播呼都噶礼雅话》对译偏误总表 ………………… (229)

附录Ⅲ 支持本项研究的历史文献材料样页 ………………… (240)

附录Ⅳ 《暎咭唎国译语》全书 ……………………………… (259)

附录Ⅴ 《播呼都噶礼雅话》全书 …………………………… (285)

第 一 章

引 言

一 研究缘由

语言接触与第二语言教材词语对译研究从广义上讲属于第二语言习得研究的范畴。R. Ellis（1994：18）把第二语言习得研究的基本问题分为四个领域（见表1—1）。在这四个领域中，前三个领域关注的是对语言学习过程的描写与解释，第四个领域关注的是对学习者的解释。四个研究领域的因素互相影响，它们共同影响着第二语言学习的过程和结果。

表1—1　　　　　　　　R. Ellis 的第二语言习得研究框架

关注学习过程		关注学习者	
描写	解释		
领域一	领域二	领域三	领域四
学习者语言的特点	学习者外部因素	学习者内部因素	学习者因素
偏误 习得顺序，发展过程 语言变量 语用特点	社会环境 输入和互动	母语迁移 学习过程 交际策略 语言共通性的知识	动机、风格、学能等一般性因素 学习者策略

随着第二语言教学的发展，人们常会遇到这样的问题，语言学习者在跨文化交际中会出现词语运用上的问题。其中有一些是受第二语言教材在词语对译环节的影响，也即目的语和对译语之间的语义不对应。一方面，由于第二语言学习者在语言学习中不能够判断对译的正确与否，

往往就会依照既有对应理解目的语词。另一方面，第二语言教材中词语对译的编写者自身也是语言学习者，对译中的不对应现象反映的就是他们在第二语言学习过程中遇到的困难。

为了解决这一问题，就需要探究是哪些原因导致了这些不对应现象的出现。对于不同时期的第二语言教材，这些不对应现象在成因上有什么相同或不同的地方，而这些现象在以汉语中介语和中国皮钦语为典型代表的"过渡方言"中是否同时存在，其中又能反映出哪些规律。鉴于此，有必要针对第二语言教材词语中的对译问题进行深入的全面研究。而要系统性地考察第二语言教材中的词语对译情况，不仅需要研究当前的教材，更有必要对历史上的第二语言教材进行考察。通过结合史料对语言内部因素、语言外部因素、不同语言之间的关系等方面进行考察和分析，探索语言学习和发展过程中的普遍性和差异性问题。

本研究选择以第二语言教材中的词语对译作为研究对象，原因主要有以下几点。

第一，词语对译研究的地位特殊。

词语不对应对第二语言学习有着不容忽视的影响，而且在很多情况下会导致偏误的产生，这一点在学界已存在共识。Gass 和 Selinker（2001：372）就提到"词语偏误是导致二语偏误形成的主要因素，无论是一语学习者还是二语学习者都把词语偏误看作是交际中最严重也是最具破坏性的障碍"[①]。这些跨文化交际中的词语偏误是导致交际障碍产生的关键环节，因此如何正确认识词语对译偏误的地位直接影响着研究的视角和方法。

首先，本研究与第二语言认知研究、跨文化研究、习得研究有着紧密的联系。基于对译中不对应现象的统计分析，能够有效反映第二语言学习者在学习过程、思维方式和语言特点等方面的倾向。进一步加以分析后有助于考察外语学习和运用的过程中存在的普遍性和差异性因素。

[①] "The importance of the study of L2 vocabulary is evident from several research findings cited by: lexical errors constitute most L2 errors and that both learners and native speakers view lexical errors as the most serious and disruptive obstacles to communication." 此处原文为英文，中文为笔者试译。

如果能够正确认识词语对译中的不对应现象，就既可以描述第二语言学习过程，又可以考察信仰习俗、思维方式、生活方式、价值观念等方面在不同语言形式和个体中的存在情况和表现方式。与此同时，针对词语对译的研究可以为应用语言学中其他领域的研究提供依据和支持。

其次，本研究与第二语言教学关系紧密。借助本研究的相关成果，可以对第二语言学习者的语言学习过程和表达方式进行一定程度的整合和预测。一方面，所得成果能够直接指导第二语言教学，用于指导不同学习环境下的第二语言课堂学习。当学习者进行实际的语言输出时，教师不光能够比较敏锐地提取出词语对译中的不对应现象，还能够发现其产生的原因，从而采用有针对性的方式提高第二语言学习者的学习效果，并促进他们跨文化交际能力的培养。另一方面，这些成果对世界第二语言教学史、汉语教学史以及第二语言学习者的研究都具有实际应用价值和积极参考意义。

最后，本研究与其他人文社会科学研究密切相关。特别是与历史学、社会学、教育学等基础学科在不同层面都存在着联系，一方面这些基础学科为本研究提供了观点支撑；另一方面，本研究也为这些基础学科提供多样化的研究素材和研究课题。

第二，新理论和新趋势的出现。

无论是语言接触和跨文化交际中的词语使用障碍现象，还是第二语言教材词语对译中的不对应现象，其本身就是一种不完全的第二语言习得。学者们对这个领域的关注已有很长时间，在研究中不断创新和完善，建立了理论基础并积累了研究经验。尽管针对词语对译的研究还不能成为词语研究的热点，但却是不可或缺的组成部分。

近年来，随着研究在广度和深度上的拓展，研究者们除了通过动态的方式考察第二语言学习者出现的词语使用问题，也开始将目光转向教材中的词语对译研究，如对不同第二语言教材进行横向对比研究，或者结合其他人文学科的概念和研究方法对第二语言教材中的词语对译现象进行考察。这些都为描写和解释第二语言教材词语对译中的不对应现象提供了新思路。然而就目前的研究现状而言，这些新思路、新观念和新方法尚未能充分结合在一起，并通过具体的实证研究加以检验和考察。

其中一个比较有效的方式就是，结合历时和共时两个层面，在对相关学科的理论加以整合的基础上，针对第二语言教材词语对译中的不对应现象进行全面的描写和解释，并把研究所得的成果运用到第二语言教学和研究领域。由此既可以丰富世界汉语教学史的相关研究，也有助于探索第二语言学习过程中的规律和方式，加强人们对第二语言教材词语对译研究重要性的认识，最终提高汉语作为第二语言教学的学科建设水平。

第三，已有研究角度和方法中的不足。

国外就词语对译方面的研究起步较早，相关研究的覆盖面也较广。正如 Long 和 Richards（1997：ix）提到的，"自 20 世纪 80 年代中期，就双语词典、词汇习得、词汇的储存与检索，以及第二语言学习者的词汇运用方面出现了大量的实证研究"。受地域和使用环境的影响，词语对译相关研究主要着眼于英语、德语、法语、西班牙语这些同一语系内部的亲属语言作为第二语言的情况。针对不同语系，特别是汉、外词语的对译研究还并不常见。

与国外相比，国内针对第二语言教材词语对译的研究尚处于探索阶段，但学者们已经意识到这类研究的地位和意义，特别是由词语对译导致的偏误现象。鲁健骥（1998：33）指出，"谈对外汉语教学的历史，就不能不涉及教材"。同样，陆俭明（1999，2000）谈道，"首先需做基础研究，其次加强汉外对比和偏误分析研究，在此基础上编出各类高质量的教材"，并认为"对外汉语教学，从教学内容上说，词汇教学应属重点教学内容，特别是初级阶段；一个外国学生要学好汉语，重要的是掌握大量的词汇，要有足够的词汇量"。在这一时期，吕必松（1999）从理论研究和理论应用的角度出发，"在汉语研究、汉外对比研究、学习者的汉语偏误分析以及汉语学习和习得等方面都有一些可供应用的成果，由于缺少综合、梳理，迟迟得不到应用"。我们认为，当前对第二语言教材词语对译相关问题的考察主要表现出以下三个方面的欠缺。

首先，第二语言教学领域针对教材词语对译中的不对应现象重视程度不高，研究模式比较单一，几乎全部研究的都是仅针对中介语系统下的不对应现象，获得的结论也鲜有创新之处。事实上，如果考察中国的第二语言教学史，那么就不能忽略与中介语系统相似的另一种"过渡方言"——皮钦语。作为一种出现在16世纪中国的语言形式,它的价值往往被学界忽略。而将皮钦语和中介语这两种"过渡方言"在第二语言教材词语对译中的不对应现象进行对比研究的情况还无先例。

其次,针对第二语言教材词语对译的研究在系统性和综合性方面都稍显不足。目前的研究趋势主要有两类,一是就大学或培训机构当前使用的某本或某几本对外汉语教材中的词语对译中的不对应现象进行统计性的整理;二是针对对外汉语教材词语对译中的某类特定不对应现象进行考察。研究呈现这种趋势主要是受限于时间和空间等因素,一方面那些早期的材料不易获得,另一方面,实际研究中在数据、统计、对比等环节的工作量相对较大,周期较长。现实问题是,要想系统考察第二语言教材词语对译的模式和问题就势必要结合历时层面进行研究,同时还需借鉴交叉学科的相关研究方法,才能获得更有价值的研究结论。

最后,现有研究中大部分考察的是词语对译中的不对应现象对跨文化交际产生的影响,及针对这些事实的编写策略,但少有深入考察第二语言教材词语对译不对应现象出现的原因。众所周知,第二语言学习者既包括通过教材学习语言的人,也包括教材中词语的翻译者。在目前的研究中,研究者往往侧重于上述方面中的前者而对后者的关注则比较有限。实际上,对翻译者来说,无论汉语是其母语还是目的语,在对译环节中定有一种语言是他的第二语言。当第二语言教材的翻译者进行语码转换时,他的翻译依据就会直接或间接反映在词语对译中。其中就会出现不同因素诱发的不对应现象。这类现象比起课堂教学中第二语言学习者的跨文化交际障碍更具有自然性,是因为译者多是在没有外界主动介入的前提下独自使用语言时的表现。如果能全面考察第二语言教材的词语对译现象,就能够帮助研究者更好地分析第二语言学习过程中的自然状态。

二 研究材料和研究问题

本研究分为前期研究和后期分析两部分,在前期研究中,首先根据社会背景和政治环境,从18世纪到21世纪选择四个有代表性的阶段进行历史上纵向的考察,第一个阶段为清乾隆时期(18世纪中叶);第二个阶段为北洋政府时期（20世纪初）；第三个阶段为中华人民共和国建国初期（20世纪中叶）；第四个阶段为中国新时期（21世纪以后）。其次，从每个阶段中筛选出具有典型性的第二语言教材，并将其中的全部词语对译进行量化统计分析，并根据不同对译形式和特征归纳出具有普遍性的五种对译方式。最后，在具体研究中将从共时层面出发，以清乾隆时期（18世纪）的两部第二语言教材作为研究核心，考察中国皮钦语和汉语中介语中的词语对译中各类不对应现象的成因。

具体研究涉及的两部教材同属乾隆十三年（1748）由清朝"会同四译馆"主持编写的"华夷译语"，分别为《暎咭唎国译语》和《播呀都噶礼雅话》，前者展现是汉语词语和英语词语的对应情况，后者展现的是汉语词语和葡萄牙语词语的对应情况。《暎咭唎国译语》和《播呀都噶礼雅话》原书均仅有一部存世，由故宫博物院珍藏，此外存晒蓝本一份藏于国家图书馆善本部。本研究依据的是国家图书馆善本部所藏的晒蓝本。

在获得这些材料后，本研究将考察以下几个方面的问题。

从纵向的历史角度出发（从18世纪到21世纪），目的是考察四个时期的第二语言教材中，词语对译的方式有哪些。从共时角度出发考察（18世纪），（1）词语对译偏误的整体分布是怎样的。具体包括：词语对译的主要方式，内部的词性构成，非偏误和偏误所占比例，不同对译方式之间的范围、数据间的关系。（2）每本第二语言教材中，不同对译方式和比例有什么样的联系。（3）所得到的数据在不同第二语言教材之间存在什么样的关系。（4）每种对译方式中的词语对译中不对应现象的成因具体包括哪些。（5）中国皮钦语和汉语中介语在词语对译中存在哪些异同。

三 研究方法

考虑到本研究考察的是中国皮钦语和汉语中介语发展过程中的相关特征，研究材料涉及不同时期的第二语言教材，具体分析又是基于统计出的整体数据和语言现象，因此将采用综合性的研究方法，即定性研究与定量研究相结合、共时研究与历时研究相结合。

第一，定性研究与定量研究。

定性研究侧重的是在自然环境中了解自然发生的现象。这与第二语言教材词语对译中的不对应现象所反映的自然状态下的语言事实完全一致。而且定性研究更具有开放性，具体选择哪些方面进行研究是由研究环境决定的。按 Malinowski（1961：13）的观点，定性研究"没有固定的研究设计供人遵循，而被普遍认同的是研究设计中都应包含分析、观察的互育研究（cross-fertilization）"[1]。对此 Levine（1973：183）作出了补充，"文化特征很难提前预测，因此研究者需要找到最合适的方式从而实现研究中的主要目标，根据自己的研究目标设计出最适合的方式"[2]。Nunan（1992：56）总结出了定性研究的六个特点：（1）环境性：研究不是在实验室或模拟的情境中，而是在实际环境中进行的；（2）非干扰性：研究者不操纵或控制被观察的现象；（3）长期性：周期长；（4）合作性：定性研究一般有多个参与者；（5）解释性：研究者对材料进行解释性的分析；（6）有机性：研究问题或假设与数据的收集和解释互相作用，问题和假设是在设计和解释材料的过程中出现的，而不是由研究者事先决定的。

作为研究对象，首先第二语言教材本身是在特定社会背景下编写而成的，属于实际社会环境中的语言事实；其中出现在词语对译中的问题自然也是当时社会真实情况的反映。其次，尽管本研究涉及的第二语言教材并非为同一人编写，但这些教材在编写目的、适用类型、难度等级等方面大致相同，且跨度从18世纪到21世纪，能够满足定性研究长期性的特征。既然并非同一人编写，那么不同的编写者也就形成了一个独立性的集合。最后，解释与分析的相互辅助是本研究的主要方式，力求在分析和解释的过程中保证客观性的准则也与之前提到的 Malinowski 和 Le-

---

[1] "Holistic ethnographers do not have a standard research design they follow. However, most agree that the design evolves as the work progresses with a cross-fertilization of analysis and observation"。此处原文为英文，中文为笔者试译。

[2] "Unique features of a culture cannot be predicted in advance, holistic ethnographers must work out for themselves the best way to achieve the general goals in the cultural setting in which they are working"。此处原文为英文，中文为笔者试译。

Vine 的观点相一致。

同时也应看到,在第二语言教材词语对译研究中,还需要借助定量研究。因为在具体研究的每一个环节都需要用量表的方式搜集相关资料或信息,特别是在偏误的统计过程中,需要对数据进行量化处理、检验和分析。在具体研究中,还需要借助定量研究对相关变量进行筛选,以保证研究过程的科学性,从而获得有效的结论。

第二,共时研究与历时研究。

就本研究的理论基础而言,语言接触理论更加侧重对"历时"情况的考察,与历史比较语言学的研究角度近似;而偏误分析理论主要是从共时层面研究语言,这一点与对比语言学的研究角度相同。

本研究既涵盖了横向的共时比较又包括了纵向的历时比较。从历时角度看,基于数据库的前期研究在时间跨度上从 18 世纪到 21 世纪。在所截取的四个时期中,均筛选出具有代表性的第二语言教材作为研究对象。通过对每个词条对译情况的考察,找到其中词语对译的共有模式。从共时角度看,在进一步的具体研究中,将深入考察清乾隆时期的两本第二语言教材,它们分别代表"过渡方言"的两种形式,通过对它们的考察和分析,研究反映在其中的第二语言学习过程中的规律性和差异性因素。

四 研究目的

鲁健骥(1998:30)提到"有史有论,是一个学科存在的必不可少的条件。近二十年来,对外汉语教学的科学研究取得了长足的进步,可以说在'论'的方面,有了一定的基础,在'史'的方面,显得十分不足。到目前为止,还只有一些很零散的记述。因此,我们应该改变这种状况,尽快地开展起对外汉语教学历史的研究"。受到这一思路的启发,本研究的目的包括以下几个方面。

(1)通过历时层面的考察,找出对译方式并界定偏误词。

本研究选取近现代的四个典型阶段作为前期研究考察的节点。在对每个阶段的第二语言教材词语对译进行统计后,通过分析,找出从 18 世纪到 21 世纪第二语言教材词语的对译方式。并且根据对译的具体表现界定出偏误词与非偏误词。

（2）通过共时层面的分析，找到对译方式与偏误率之间的规律和关系。

在确定对译方式和偏误词后，具体研究中将以清乾隆时期（18世纪）的两部第二语言教材作为核心，考察词语对译偏误在不同情况和类型中的关系，发现对译方式和偏误率之间的关系和规律。包括每种对译方式内部的基本构成，各组成部分之间的比例关系，不同对译方式之间在涵盖范围、数量上的关系等。

（3）通过对偏误成因的分析，明确社会和文化因素在语言学习中的重要性。

在语言的发展中，词语的变化是最快的，所以在具体研究中，将结合不同时期的史料（双语词典、历史文献）确定每个词的概念所指，进而通过对比，从语言接触的角度分析导致语义不对应的具体原因。在发现不同"过渡方言"中存在的普遍性和特殊性因素的同时，指出语外因素（特别是社会因素和文化因素）对第二语言学习者的重要性，以及在语言学习过程中的地位。

（4）通过研究过程和研究结论，提供一种新的研究视角和方法。

本研究在理论上同时借鉴了语言接触理论和偏误分析理论；研究范围从18世纪到21世纪；研究对象选取了中国皮钦语和汉语中介语两种不同的语言形式进行对比；研究中采用历时与共时相结合、定性与定量相结合的方法。这种研究模式是汉语作为第二语言教学研究领域尚未采用的。本研究在达到上述目的的同时，也证明了这种研究模式的可行性。

第 二 章

语言接触及偏误分析研究

本研究具体考察的是基于中国皮钦语和汉语中介语的第二语言教材词语对译采用的模式、出现的不对应现象以及背后的成因。其中涉及两方面的问题，其一，语言学习的过程不仅是语言迁移的过程，更是语言接触的过程。第二语言教材词语对译的方式和特征本身就是语言接触的一种事实。因此在本章中，将介绍语言接触理论，总结出与本研究具有联系的因素。对语言接触研究的划分和归纳有助于保证本研究在选取第二语言教材时的统一性。而对语言接触内容的梳理则能够帮助本研究确定在具体分析时的角度，即从语内、语外同时考察。其二，本研究针对的是反映在词语对译层面上的偏误现象，因此就需要借鉴偏误分析理论。对该理论相关情况的介绍，有助于确定本研究的研究方法、研究步骤。对国内相关成果进行介绍和总结，能够更加明确第二语言教材词语对译偏误研究的核心和重点。

第一节 语言接触理论

语言接触是20世纪70年代以来国际语言学界研究的热点。语言接触具体指的是使用两种或多种不同语言的个人或群体，在交流的过程中所产生的各种语言使用现象及其结果。主要研究的是不同源的语言间，或虽同源但已分化的语言间相互接触而引发的语言变化规律。跨地区、跨民族、跨社会的接触都会不同程度地反映到语言事实中，并推动语言的发展，正如陈原（1983：285）所说，"语言既是人类最重要的交际工具，同时又是思想的直接现实,当它作为一种信号系统履行它的社会职责时,各个民族(种族)所固有的语言就不能不互相接触。简单地说,当两个或两个以上的社会集团互相接触,他们所固有的语言——当然是由于特定的社会环境所形成的、世代相传的自然语言——也就不能避免互相接触的局面"。由此可见,语言的接触是一个语言发展过程中必然经历的阶段。

一 语言接触理论的源起

萨丕尔(1985:173)曾说,"语言,像文化一样很少是自给自足的。交际的需要使说一种语言的人和说临近语言的或文化上占优势的人发生直接或间接的接触"。一种语言负载的信息主要来源于两方面:一是它内在的谱系特征;二是该语言中所含的非本族语特征。其中谱系特征是保证一种语言存在和发展的基础,而所负载的非本族语特征能够丰富该语言的信息库并影响着语言的演变和发展。这两种因素分别从内、外两个方面作用在一种语言上,它们是研究语言历史进程和发展规律时应予以关注的环节。

世界范围内对语言接触进行系统的研究始于19世纪后期。到20世纪,不少语言学家都涉足过这一领域,以布龙菲尔德(L. Bloomfield)为例,他在《语言论》中分章介绍了"文化上的借用""亲密的借用"和"方言间的借用"。这三者均是语言接触的概念,其中"文化上的借用"是指各民族通过文化交流和其他方式的接触,吸收其他民族的语言成分。"亲密的借用"是指两种语言在同一地区和同一政体下使用时所发出的语言借用。一般来说,就某类语言现象而言,首先引起人们注意的往往是其中的特殊形式。从19世纪中叶到20世纪初,语言学家们主要考察的是语言间"亲密的借用",即混合语现象,具体包括皮钦语和克里奥尔语两种类型。

混合语研究的开创以1869年V. Name发表的文章"Contributions to Creole Grammar"(《克里奥尔语言语法》)为标志。德国语言学家H. Schuchardt在19世纪末到20世纪初的几十年间发表了近40篇有关混合语的文章和著作,内容涉及语音演变、词汇演变、语言融合等问题,其核心观点认为词汇和语言的"内在形式"即语言中的观念和范畴才是最重要的,并指出其研究价值并不逊色于任何一种语言。之后,J. Vendryes 在他 1921 年的著作 Le langage: introduction linguistique à l'histoire (《语言》) 中介绍语言的构成时,谈到了语言的接触和混合现象,贯穿始终的研究思路就是语言和社会的联系问题。此外,包括叶斯柏森(O. Jesperson)在内的语言学家也先后就语言接触中的混合语现象进行过探讨。尽管这一时期像鲍阿斯、梅耶、萨丕尔、马丁内、魏因莱希等多数语言学家关注的依然是语言接触研究中的语言内部结构,但这也促使这一领域的研究方法逐渐从对语言接触现象的描述转向对语言接触现象的解释。学者们在考察语言接触现象时,不断探索其中的规律和原因,也尝试拓宽语言接触的研究角度和思路,正如 I. Coteanu (1957: 147) 所说"我们相信,语言接触中的问题并非仅取决于语法结构属性,而是取决于一系列的社会属性"①。

二 语言接触理论的主要观点

(一) 冲突说

魏因莱希 (U. Weinreich) 1953 年出版 Languages in contact, Findings and Problems (《语言的接触:已发现的与待解决的问题》) 一书。其中多次提到在进行语言接触研究时,既要考虑差异分析的方法 (differential analysis),也要考虑对比分析的方法 (contrastive analysis),这样才能全面考察事物之间的异和同。在研究中他提出了一个观点——"冲突"(interference)。他认为,在不同语言的交际和使用过程中会出现"接触",这既可以是针对单一言语个体内部,也可以是针对不同言语个体之间,但无论是哪种情况,言语个体就是语言接触的核心,由于语言接触中存在施动、受动的关系,它实际上就是一种"冲突"的表现。它所体现的是在外来因素的影响下,一种系统化语言的内部结构相应地进行重构,比如语法系统、词汇系统,若继续细分还可以包括某类词语集合,如亲属关系

---

① "Selon nous, cette question ne dépend pas du caractère de la structure grammatical des langues en contact, mais d'une série de facteurs de nature sociale"。此处原文为法文,中文为笔者试译。

词、宗法制度词等。在词语对译层面，则表现为语义上的不对应。

尽管就语言接触的具体表现形式来看，"借用"（borrowing）是最常出现，也是最容易诱发语言变异、语言融合现象的因素。然而，魏因莱希认为，如果将某个现象随意归入语言借用的范畴，则过于单纯且有失严谨。但这并不是否定在不同语言中语言要素层面的借用现象，而是需要察觉借用现象诱发的"冲突"。换言之，无论是亲属语言之间（如不同方言）还是非亲属语言之间（如孤立语和屈折语），只要出现了语言的接触，就会导致冲突，无论冲突现象显著与否，其背后的机制应该是具有某种共性或联系的。

（二）演变说

随着语言接触研究的发展，以 S. Thomason 为代表的学者在 20 世纪后期取得的成果颇具影响。其重心是考察语言接触导致的语言结果，即"接触引发的演变"，或者说外部因素促进的演变（externally motivated change）。此类研究从不同方面讨论了语言接触如何引发语言演变以及引发什么样的演变，其中的一些观点是值得借鉴的。

语言接触是导致语言变化、诱发语言变异的主要因素之一，这是被普遍认同的。本身又有直接接触和间接接触之分。S. Thomason 在谈到间接的接触时，使用了"非面对面的"一词，郭鸿杰（2005）将这一观点译为"语言接触其实根本不需要说话者面对面的交流"。实际上，非面对面的交流不仅能够拓宽语言之间接触的空间，也使语言之间的接触在时间上变得更加灵活，最关键的在于扩大了不同社会和文化间接触的范围。正如 Thomason 和 Kaufman（1988：35）所说"决定语言接触的结果中，首要因素是语言使用者的社会语言学史而不是其语言的结构。纯粹语言上的影响也有，但严格说来是次要的……因为语言冲突首先取决于社会因素而非语言因素。冲突的方向和程度是由社会因素决定的，而且在相当程度上，从一个语言迁移到另一个语言的特征的种类也是如此"[①]。虽

[①] "It is the sociolinguistic history of the speakers, and not the structure of their language, that is the primary determinant of the linguistic outcome of language contact"。此处原文为英文，中文为笔者试译。

然 S. Thomason 的观点偏向于强势的社会因素决定论，但强调的是社会因素在语言发展和演变过程中的重要地位。这是语言接触中不能忽视的因素，也是本研究考察的关键一环。

三　语言接触的研究角度

根据信息传递的途径，S. Thomason 认为语言之间的接触可以分为两种方式，一种是直接的接触（面对面的），另一种是间接的接触（非面对面的）。前者是指在语言使用过程中，双语或多语者心理词库中的两种或多种语言间的影响。换言之，是接触双方处于同一时间和空间的接触方式，主要表现为口头交际形式。后者指在语言使用过程中，接触双方在时间和空间上分离的接触方式，一般是通过文字传播或翻译等途径实现的。此外，还可以从其他学科角度对语言接触进行不同类目的划分，如从人类学角度可以划分出文化上的接触（Cultural Contact）[1]，等等。

无论是基于哪种目的，通过哪种方式进行的语言接触，都需要以特定的社会环境和外部条件作为媒介依附，涵盖商贸往来、政治交往、文化交流、宗教传播、教育需求等途径。而这些形式在两种或多种语言的实际交流中都需要借助于语码的转换才能实现，即通过母语和目的语之间的翻译达到交际的预期目的。当然翻译的过程既可以是显性的也可以是隐性的。一般来说，在语码转换的过程中译者会尽可能使翻译结果接近目的语的使用规则，但也会出现母语信息或目的语表达中不包含的信息，并相应地呈现在翻译过程中的不同层面。当这种变异了的信息被新的人群采纳，那么就会引发这种变异的扩散。在跨文化交际中，这种连带效应并非独立出现，往往是相互伴随发生在语言的接触中。

由于涉及不同语言和不同人群，语言接触的研究被看作是一项复杂的工作。根据研究材料的来源，语言接触可以分成不同类目，而任何一份映射语言接触的材料几乎不存在仅包含单一类目的情况。目前，被普遍接受的几种划分方式包括以下几种。

---

[1] 这种观点认为，不同文化背景之间的接触往往导致单方或双方的系统发生改变，具体可包括：文化适应（acculturation）、文化同化（assimilation）和文化混合（amalgamation）。

（一）主动接触和被动接触

从意识形态的角度，可以将语言接触分为主动接触和被动接触两类，前者是基于经贸往来、文化交流、政治交往方面自主发生的语言接触，并不是人为强迫的。后者并不是自主发生的语言接触，而是由于客观情况强迫出现的，比如战争。

以本研究涉及的不同时期的语言材料为例。乾隆时期，作为通商口岸，以澳门、广州为代表的南方沿海城市出现的语言接触主要依附于经贸往来，同时伴随宗教传播（传教士的传教活动）和政治交往（在朝为官）的形式。而民国时期的第二语言教材尽管大部分依然由来华传教士编写，但在政治交往、经贸往来、宗教传播方面的意图已明显减弱，取而代之的是以教育交流为主。新中国成立初期又进一步发生了变化，社会环境截然不同，第二语言教材的目的更加明确统一，即为教育服务。从这个角度考虑，本研究所涉及的材料均在主动接触下形成。

（二）自然接触和非自然接触

从接触途径的角度，陈保亚（1996：8）将语言接触分为"自然语言接触"和"非自然语言接触"两类，戴庆厦（2004：86）称其为"口语型接触"和"书面语型接触"。前者指同一空间内不同语言使用者以语音形式为载体直接进行交际时产生的语言接触。后者指不同空间内不同语言使用者以文字信息为载体间接进行交际时产生的语言接触。这里的文字载体包括报纸、课本、字典等媒介。就自然接触而言，主要存在于不同语言使用者杂居的地区。由于受到时间、空间范围的限制较小，非自然接触的覆盖面更加广泛，同时语言接触事实的滞留时间也更长。针对语言接触研究，非自然的接触比自然的接触更加有效，是因为以语音为载体的口语型接触虽然较直接，但变量较多，语言接触事实的保留也受到一定限制。因此选择书面语型的第二语言材料是考察语言接触现象的一种比较理想的方式。本研究所选取的材料均来自非自然接触环境（书面型材料），这样既保证了研究方式上的统一，也可以在最大程度上考察语言接触的特征。

（三）亲属语言接触和非亲属语言接触

从语言是否同源的角度，语言接触可分为亲属语言接触和非亲属语言接触，前者指接触双方的语言是在谱系中存在亲缘关系的语言或方言。后者指接触双方的语言在谱系中不存在亲缘关系。袁焱（2001：16）指出，"在多数情况下，亲属语言之间的接触给语言结构带来的变化会较快、较深。非亲属语言的接触也会给语言结构带来变化，但通常速度会更慢一些，常表现在词汇层，不容易影响到语法层"。这种观点不仅与本研究的对象相符，而且本研究的目的之一就是通过对非亲属语言间的语言接触加以研究，考察词汇层面反映的规律及差异。而变化速度上的相对滞后则能较好地保留语言接触中那些具有普遍性或特殊性的信息。

（四）历时接触和共时接触

从语言接触的时间看，分为历时接触和共时接触。一种语言在长期的历时发展中一直与另一种语言保持接触，就会产生历时层面的影响；而一种语言在同一时期的不同条件下与另一种语言发生接触，就会在共时层面表现为一定的形式。第二语言教材词语对译研究所采用的材料从时间跨度上看属历时范畴，但每个时期的具体研究则来自共时社会环境中的语言接触材料。

一般来说，两种语言在接触的过程中很少只涉及一种形式，往往是同时由多种接触形式共同作用，所产生的影响也是相互的。通过对以上类别的分析，就本研究而言，所涉及的全部材料均来自非亲属语言的使用者在共时条件下进行主动交流时所产生的书面语型的语言接触事实。

四 语言接触的研究范围

任何一种语言都是在不断变化发展的，这是由两方面因素决定的：一是语言内部的因素，二是与其他语言直接或间接接触后产生的变化。这种语言上的接触会诱发语言要素本身及运用出现变化。Poplack（1993：255）从语言学层面指出语言在接触中会出现下列情况中的一个或多个，它们包括：语码转换、词汇借用、不完全的第二语言习得、冲突、语法并合、语体简化、语言死亡。这当中既包括语言接触诱发的结果，也包括其形成的原因。如果仅从语言接触诱发的结果来看，不同民族在特定社会、文化背景下会出现语言影响、语言兼用、语言转用、语言混用、语言冲突几类。其中，语言影响指的是在语言接触中诱发的语言各层面的变化，主要是语言结构的变化；语言兼用是指一个民族除了使用自己的语言外，还兼用另一个民族的语言；语言转用则是伴随着不同民族的接触和融合而产生的一种重要的语言现象，是指一个民族的全体或部分成员放弃使用本民族语言而转用另一民族语言的现象；语言混用是指两种或两种以上的语言在接触中发生的混合现象，就语言混用初期阶段而言，其中一方的语言成分构成混合语的主要因素，当这种语言混用进一步发展并达到一定程度时就会产生皮钦语。一般情况下，从语言接触角度考察语言发展变化时，主要依据以上几方面的情况以及相关的社会、文化因素进行有针对性的分析，由果推因。

语言间的接触在发展过程中会呈现出不平衡性，母语和目的语在语言使用时的影响力差异伴随在接触的不同阶段，并会相应地反映在语言要素各层面。由语言接触引起的语言变化主要有三种表象，分别是语言影响、语言兼用和语言转用，这三者呈现出的是一种线性的连续统，即语言融合的过程。然而一般情况下，这种变化模式出现的条件是多民族杂居且一方语言呈明显强势，其中接触的语言双方不一定遵循同系属这一框架。就本研究选取的第二语言教材而言，涉及的语言分属孤立语、屈折语两个系属，尽管语言上的融合不一定建立在同系属的语言间，但针对第二语言教材，存在的社会范围不具备显著的民族杂居情况或语言上强势、弱势的差异。因此汉、外两种语言在实际接触中的情况就仅限于"语言影响"的层面。

在语言中，词汇是概念表达的具体形式，也是特定文化和社会思维方式的载体，词汇系统自身的灵活性使其成为语言接触中最容易受到影响和发生变化的因素。语言接触的具体研究，包括以下两方面。

第一，针对借用的研究。

第二语言使用者通过词语的借用来完成某个概念从一种语言到另一种语言的传递。考察语言接触中的词语借用现象有助于探究社会、文化在语言发展中的作用。不可否认，借用现象也出现在词法和句法层面，尽管滞后于词语的借用，但同样是语言接触研究的重要领域。因此通过考察这些层面的借用现象有助于发掘不同语言在类型学上的共性。目前国内研究中，基于类型学和语法化的语言接触研究主要以中国境内汉藏语系下不同语族、方言和社区语言为研究对象,并在此基础上开展相关工作。

第二,针对皮钦语的研究。

语言本身是交流的工具,然而使用不同语言的群体进行交流,所获得的效果必然受到影响。特定的社会因素的影响(如政治背景、交际环境等),常会导致任何一方都不能完全掌握对方的语言。一般情况下,可以通过掌握核心词语达到基本交际目的,但如果此过程为持续时间较长、人群固定且交际目的明确的社会活动,就需要使用不同语言的人建立一种临时用于交际的替代语言,用以同时为交际双方的人群服务。它既简化了双方语言的固有特征,同时又能满足交际的需要。在具体的融合过程中,其中一方会为共同语言提供主要词语,另一方则会部分同化共同语言的语音、语义、句法特征,这种共同语言即皮钦语。它既非高层语言的变体,也非低层语言的亲属语,而是独立于交际双方的母语、形式上相对固定和单一的共同语,其目的就是满足双方的交际需求。

五 语言接触的研究状况

从借词的研究情况看,针对汉、外语言接触的研究,国内的起步相对较晚,20世纪初期才开始有所涉足。一个世纪的发展历程,大致可以划分为以下几个阶段:第一阶段始于章士钊、胡以鲁和朱自清对音译、意译的辩论。此阶段先后有章士钊1910年发表的《论翻译名义》,胡以鲁1914年的《论译名》以及朱自清1919年的《译名》,所探讨的则是语言接触中的词语借用现象。此后,王力1943年出版了《中国现代语法》,也谈到语言接触的现象,讨论的是西方语言在词法和句法层面对汉语的影响。第二阶段主要以新中国的成立为标志,从高名凯、刘正埮1958年的《现代汉语外来词研究》到岑麒祥1990年的《汉语外来词词典》,大致可以看出,针对外来词的研究依然是这一阶段语言接触研究的主要切入点。第三阶段始于20世纪90年代,语言接触的相关研究中出现了一些不同于以往研究的发展趋势。从研究角度看,研究者们在关注语言接触导致语义演变的同时,尝试从普遍性和语言变异等角度对多语言接触进行探讨,如陈辉(2007)的《论早期东亚与欧洲的语言接触》论述了历史上语言接触的渊源并讨论了多语言接触的发展情况，特别是涉及了历史上的回流词现象，徐来娣的《汉俄语言接触研究》考察了外源词的汉化现象等。相关研究成果的共性之一就是研究者不是停留于对共时现象的讨论，而是将目光放在了语言接触的历时发展中，为的是从一个更开阔的视野研究语言的发展。此类语言接触研究获得的成果，有些为今后的研究提供了新思路，有些则提供了新材料。其中一个值得关注的现象是，针对语言接触层面事实进行的研究首先考虑的还是外来词或借词这种显性的表现形式，但是对于隐性语言接触现象的考察并不是十分成熟。

从皮钦语的研究情况看，中国近代对反映在其中的语言接触事实的关注可以追溯到16世纪。伴随着航海技术的发展和殖民扩张，由葡萄牙引领的欧洲国家开拓出"海上丝绸之路"，经水路抵达中国南方沿海地区。在他们进行商贸、传教等活动的同时不可避免地与当地族群发生接触，并相应地体现在语言接触中。

据载，近代第一批来华的西方人是葡萄牙人，明嘉靖三十二年（1553）葡萄牙殖民者强行上岸租占了澳门。为了贸易和生活需求，他们必须与当地人进行交往，而交往必需语言，由此产生了最早的中西混合语言，即"广东葡语"（Cantão Português）和"澳门语"（Macanese）。亨特（1993：45）提到：

> 从19世纪初到鸦片战争前后，随着英美殖民主义者在广州、上海成为最主要的贸易地并逐渐取代葡萄牙老殖民主义者，作为一种优势媒介语的英语自然取而代之，中英混合语（Sino-Anglo Hybrid Language）即"广东英语"（Canton English）应运而生，"广东葡语"因此而失去其重要性。

由于清朝闭关自守，仅留下广州作为对外贸易口岸，故相当一部分外国人来到中国后掌握的汉语是粤语而非官话，不少非粤籍官员为了与外国人经商议事，亦常常接触粤语，使得粤语首次逆向传播到中原。在这一时期又有大量的粤人迁移到美洲、澳洲和东南亚等处，粤语也开始传播到世界各地。

随着葡萄牙的衰落和英国的兴盛，自18世纪中期开始，英语作为强势语言进入了广东地区，并逐步取代了葡语的通用商业语言的地位。在广东地区的贸易和服务人员中逐渐形成了一种中、英混合的专用语言。它的词汇量有限，主要为英语，同时包含一部分葡语。这是因为广东葡语和澳门语出现的时间更早，所以尽管这种混合语在随后的发展中成为中外交往中的主要媒介语言，但其中一些葡语词依然延续下来，并进入之后的中国皮钦语词汇系统。此外，闽、粤、沪等方言的特征也渗透到了该混合语中，除词汇层面的借词，语法规则并不重视印欧语言中的屈折变化，而是基于汉语方言自身的语法特点而形成"过渡"特征。

美国人亨特（William Hunter）（1882：60）把这种语言称为"Pigeon English"，他认为：

> 这个名词，是专指在广州的中国人与"西洋人"之间用作商业交易和往来媒介的独特语言……是广州口岸在早期对外交往中产生的[1]。

显然，这种语言的发源地和早期的主要使用地都是广州。美国人卫三畏（S. W. Williams）在文章（1836：432）中将之当作一种在广州使用的"粗俗土语"，并明确说"这种土语被称为广州英语"。他还进一步解释说，"正如它的这个名称所显示的，广州是它合适的用武之地，在这里它被说得最为正宗"。如此看来，这种语言与之后出现在上海地区并一度流行的洋泾浜英语并非完全一样。此外考虑到出现时间的先后，也不宜统一冠以洋泾浜英语的头衔，因此本书使用狭义的称呼，把这种语言称作"广东英语"。

卫三畏的儿子（1888：68）在整理卫三畏的书信时看到，1834年2

---

[1] "Pigeon-English is the well-known name given to that unique language through the medium of which business was transacted and all intercourse exclusively carried on between the 'Western Ocean' foreigners and Canton Chinese". 此处原文为英文，中文为笔者译。

月23日，卫三畏从广州给其父亲的一封信里提到澳门地区的葡语对广东英语的影响。

> 我的印刷所有两个葡萄牙人和三个中国人，但五人当中只有两个说英语。我刚来时只能主要用手势跟他们交流，但很快这两种语言我都学会了一点，于是我开始使用夹杂着葡语、中文和广东英语的句子——而所谓广东英语就是葡语、中文和英语的混合。这种混杂难懂的语言说多了，确实常常让人发笑。

20世纪初，美国学者马士（H. B. Morse）在《东印度公司对华贸易编年史1635—1834》（1991：65-66）中写到从1715年起，中国商人学会了一种古怪方言，即广东英语（Canton English），此后就变成中国贸易的通用语。

广东英语是中英通商导致的一种混合语，它是中、英语言接触的产物。作为当时中外通商的通用语言，其使用者具有鲜明的职业特点。周玉蓉、杨秋（2006：24）认为这些人基本上都与外贸、服务业有关。其中有属于官方特许对外经商的行商，有属于半官方性质的通事和买办，也有属于民间性质的行伙、商人、小店铺主、小商贩、船家、赁屋于外国人的百姓、商馆仆役、疍民等。此外，外国人也是广东英语的使用者，为了交流的顺畅，他们也会舍弃标准英语而使用广东英语与中国人交流。随着交流的不断深入，广东英语的适用范围也逐步扩大。

从15世纪到19世纪不断有商人、传教士以及本国外语学习者发现了这种特殊的语言现象，并在日记、游记、报纸中进行了列举和描述，比如道光年间，徽州茶商江有科有札记一本，其中用译音的方法记录了数百个英语日常单词作为与广东地区外国商人的贸易手册。上海广方言馆学生杨少坪以洋泾浜英语为对象，在1873初的《申报》上连载了"百首别琴竹枝诗"，揭示并介绍了这类词语的特征。1876年美国人利兰（C. Leland）在英国出版了一本 *Pidgin-English Sing-song or Songs and Stories in the China-English Dialect*（《洋泾浜英语歌谣集》），采用故事叙述的形式在内容中穿插使用了大量中国皮钦语词语及表达。此外，美国人亨特

(W. Hunter)在1886年所著 The "Fan Kwae" at Canton, before Treaty Days 1825-1844(《广州番鬼录》)中也列举了部分粤方言和英语、葡萄牙语接触的现象。尽管这些文献并非从理论角度系统讨论语言接触的事实，但却足以反映出这种特殊语言接触形式的地位和价值。在让更多的人意识到该语言现象的存在的同时，也进一步提高了此类特殊语言接触的关注度。

除描写性引入，对中国皮钦语的认识逐渐向词源、句法等层面延伸。Dennys（1878）全面地考察了CPE的一系列问题，诸如成因、形成过程、基本特点等。A. P. Hill（1920）在 Broken China: a Vocabulary of Pidgin English（《破碎的中国》）一书中对CPE词语进行了统计和释读。同一时期，S. Couling在1917年出版了 the Encyclopaedia Sinica，这是第一本由外国人编写的中国百科全书，其中收录了少量的CPE词语。例如，在百科全书中提到"夷目"一词（1917：43），尽管解释对原词进行了基本的释读，但却未提及该词产生的社会背景。

> 广东官员在书信中使用的侮辱性词语，林则徐1834年致英国驻华代表律劳卑的信中，称律劳卑为"barbarian eye"（夷目）。这个词里"目"等于"头目"或"首领"，带有侮辱性的字是"夷"①。

20世纪以来，对中国皮钦语的研究主要由两方面组成，一方面是侧重语言学视角，即考察中国皮钦语的句法特征及语义分布。作为第一个从语言学角度考察中国皮钦语的学者，霍尔（Hall Robert）的一些论著对本领域的研究有着积极的意义，尤其是他（1944，1966）在研究中能将宏观和微观相结合，探究了其中的相关规律。另一类是侧重从类型学角度对这一语言现象进行考察。比如Reinecke（1937）的博士学位论文讨论了中国皮钦语及其相关的产生、发展、传播、消亡等一系列现象。Bak-

---

① "I mu, an insulting term used by the Governor of Canton in documents, applied to Lord Napier on his arrival as Superintendent of Trade in 1834. 'Eye' is simply equivalent to 'head' or 'chief'; the insult lay in the use of the other character meaning barbarian". 此处原文为英文，中文为笔者试译。

er（1987）讨论了英语在中国不同历史阶段中的不同形态。A. Selby 和 S. Selby（1997）探索了南方沿海地区早期中国皮钦语的形态。这些研究延续了早期语言学的方法，将中国皮钦语的研究置于混合语（包括皮钦语和克里奥尔语）研究中，结合历史学、社会学、人类学等相关学科比较这些语言在类型学上的差异。

第一，在国内对中国皮钦语的研究中，资料的搜集和整理方面尚未受到普遍关注，而这主要是由于相关资料较零碎且不易获得。除周振鹤（1995，1998，2005）对别琴竹枝诗和红毛番话等相关材料进行过考察，鲜有对记录中国皮钦语的新材料进行深入的挖掘和研究。

第二，就研究角度看，较早关注中国皮钦语现象的陈原（1979：53）提到这种语言是"语言污染之极致"。这种包含强烈个人感情色彩的评述也从一个侧面反映出中国皮钦语在学界中的地位并不乐观。20 世纪 80 年代后，学界逐渐开始从客观的角度对中国皮钦语进行描写和研究，叶蜚声、徐通锵在《语言学纲要》（1981）中对皮钦语进行过普及性的介绍；随后陈松岑（1985：96），游汝杰、周振鹤（1986）也对皮钦语进行过一般性说明。20 世纪 90 年代以来，相关研究逐渐分为两个方向，一是考察上海地区中国皮钦语的情况，也就是人们常说的"洋泾浜英语"，其活跃期为 19 世纪下半叶；二是考察广东地区的中国皮钦语情况，一般指的是广东英语和广东葡语，活跃时间为 18 世纪上半叶到 19 世纪中期。

与此同时，受汉语自身书写系统、声调系统、语法系统特殊性的影响，针对中国皮钦语的研究相对有限，使得研究还处于起步阶段。虽然探究类型学上的异同以及语法化程度有助于认识世界皮钦语的共性，但从语言接触的角度考察社会、文化对皮钦语的产生、形成等阶段造成的影响同样值得重视。这一领域的研究有助于深入了解同一社会中不同文化和观念间的相互作用和促进。

第二节　偏误分析理论

一　偏误分析理论的缘起

偏误分析理论的基础是"比较"，C. Fries（1945：9）提到"最有效的材料是那些一方面立足于学习者目的语的科学性描写，另一方面又对学习者的母语进行平行描写，加以仔细的比较"①。语言学家沃尔夫在"Language and Logic"（《语言与逻辑》）一文中首次提出了"对比语言学"的概念，他（1956：240）认为，由于语言和思维方式的差异是多样的，因而要了解人类的全部智慧，就必须研究和比较各种各样的语言，特别是差别很大的语言。

偏误分析理论是基于美国语言学家 L. Selinker 在 1972 年提出的中介语假说理论而形成的②。偏误分析理论可以归纳为两方面，一是建立起第二语言学习者的中介语系统；二是找到第二语言学习者困难的关键所在，以便指导教学。1967 年，语言学家 S. Corder 在 "The Significance of Learners' Errors" 一文中首次提出了偏误分析。他认为，无论多么努力，总是会出现偏误。偏误问题是语言学习系统，特别是中介语系统的一个组成部分。这里所说的偏误指的是语言学习者在第二语言学习过程中，试图用目的语表达时出现的规律性使用错误。

二 偏误分析理论的主要观点

S. Corder（1973）提出要对三类偏误进行区分，分别为系统前的偏误、系统的偏误和系统后的偏误。其中系统前的偏误指学习者试图表达某些内容，但未了解相应的表达形式，因此只能从已知的语言材料中，临时寻找一些手段来应付。也就是说系统前的偏误具有一定的任意性和猜测性。当第二语言学习者对目的语的表达形式已经有了一定的认识后，依然会因为对某些规则的理解而出现问题，这就是系统的偏误。这类问题的出现呈反复趋势，而非源于任意性。如果学习者已经形成了比较全面的规则系统，但还未能完全习得，在使用目的语时依然会出现的偏误，就是系统后的偏误。界定系统的偏误和系统后的偏误的一个标准就是考

---

① "The most efficient materials are those that are based upon a scientific description of the language to be learned, carefully compared with a parallel description of the native language of the learner"。此处原文为英文，中文为笔者试译。

② 中介语是指在第二语言学习的过程中形成的一种既不同于第一语言也不同于目的语、随着学习的进展向目的语逐渐过渡的动态语言系统。

察学习者是否有意识进行自我修正。如果可以，就认定是系统后的偏误，反之则是系统的偏误。

这种简洁的分类角度让研究者更加关注语言内部的联系。为什么第二语言学习者在某种情况下能够正确使用某一形式，而在另一种情况下就不行。而这也为本研究在分析具体偏误现象时提供了参考，并能够帮助人们更好地考察词语对译背后的因素。当然，S. Corder 还就解决每一类情况给出了策略上的建议，只是这些建议是从语言教师的角度出发的，如对待相应的偏误是否应该纠正，如何纠正等。本研究中，研究对象并不像学习者和语言教师之间那样可能存在互动。尽管第二语言教材中词语的翻译者也是第二语言学习者，但他们在进行语码转换时一般不与另一群体产生互动并获得纠正，而其中涉及的策略问题也可以作为本研究的一个附属考察点。

有些观点就 S. Corder 的方法提出了反例，比如化石化现象。化石化的情况作为一种系统后的偏误，第二语言学习者难免遇到，但他们往往意识到问题所在却很难改正。然而，如前所述，本研究的任务之一就是对词语对译中的不对应现象进行解释，探究其产生的具体原因和规律。此外，S. Corder 对偏误分析理论的贡献还包括以下两方面。

第一，提出"过渡方言"的概念。第二语言学习者在语言习得的每个时期都会使用一种特殊的目的语言变体，可以称之为"特异方言"或"过渡方言"（Idiosyncratic Dialects）（S. Coder，1971）。他从社会语言学的角度出发，对第二语言学习者的语言系统进行描述，把学习者使用的语言看作目的语中的一种具有系统性和语法的方言。由于并不属于某个社会群体，非社会方言，所以 S. Corder 将其定义为"特异方言"。由于它所具有的不稳定性，因此又被称为"过渡方言"。正如其名，"特异方言"或"过渡方言"强调的是在学习者语言能力形成过程中所经历的一个动态的过程。由于其自身不断变化的不稳定性，所以这种"特异方言"能够体现出学习者的"过渡能力"（Coder，1967），即，第二语言学习者未能达到目的语的语言能力。

第二，指出交际策略的影响。无论是在第一语言习得还是在第二语言习得过程中，学习者在语言使用时都会对相关规则进行假设，而作一种学习策略或交际策略，偏误是在所难免的。同时，根据 S. Corder（1967：166）的观点，每个第二语言学习者在语言学习过程中都存在一个"内部大纲"，在学习过程中出现的非目的语式表达就是这一大纲的外部表现形式。作为研究者，应该通过这些不正确的表达来探究第二语言学习者的"内部大纲"，并有效指导实践应用。

偏误分析理论希望通过动态观察和分析，找到导致偏误出现的全部原因，而非仅停留在静态上的对比分析。

同时也会发现，通过对比法获得的第二语言学习者的非目的语表达并非全为偏误形式，还包括了"错误"现象。S. Corder（1967）指出，有一类情况是学习者在语言使用的过程中，由于注意力不集中、疲劳、粗心导致的，而这一类情况并非"偏误"，应为"错误"。他在文章中进一步将"偏误"和"错误"二者加以了区分，他指出相对"错误"而言，"偏误"强调的是系统性，考察的是语言能力，而由语言运用过程中出现的口误或笔误导致的"错误"更多的则是偶然性，实际上，这种情况不仅出现在第二语言学习过程中，在第一语言的使用过程中也很难避免。S. Corder（1981：56-58）认为"偏误的出现是因为语言学习者没有完全掌握和内化语言规则，从而导致其产出的语言偏离目标语的标准"。不难看出，他提出的"偏误"和"错误"与 Chomsky 倡导的"语言能力"和"语言行为"相一致，前者关注的是说话人所具备的某种语言的系统知识，后者关注的是说话人在真实语境中对语言知识的具体运用。也就是说，偏误是学习者语言能力欠缺的一种体现，错误则是学习者言语行为失败的表现。

对此，R. Ellis（1997）曾提出了两条途径，一条途径是通过考察该现象在学习者的语言运用中是否呈连续状态加以判断。如果学习者有时选择正确的表达方式，有时选择非正确的，那么就认定这一现象为"错误"。如果学习者持续选择非正确的表达方式，那么就认定这一现象为"偏误"；另一条途径是要求学习者对自己的非正确产出进行修正，如果学习者不能加以修正，那么就认定这一非正确产出为"偏误"，反之则为"错误"。尽管如此，对于一些界限模糊的现象仍需要更加缜密地判断。鉴于此，本研究在具体环节中将会分别对"偏误"和"错误"进行统计和分析。

三 偏误分析理论的研究方法

就第二语言教材词语对译偏误研究而言，运用偏误分析理论进行研究主要是从逻辑学角度出发的。其中包括两种方法。

一是归纳法。

从许多个别事例中获得一个较具概括性的规则。这种方法主要是根据已收集到的资料和数据，加以统计整理后进行归纳加以分析，最终得到一个较具概括性的结论。

二是演绎法。

从既有的普遍性结论或一般性事理中，推导出个别性结论。由较大范围逐步缩小到所需的特定范围。

可以看到，在针对第二语言教材的研究，特别是词语对译的相关研究中，逻辑学的方法更有优势：由于第二语言教材词语对译的前期研究就是以大量数据的整合与统计为基础进行考察分析，因此就需要借助归纳法和演绎法。在实际研究中，人们常常将二者综合后对某一现象和问题进行考察，这是因为归纳法能体现众多现象和事实中最根本的规律和共性，但当最原始的定义环节出现偏差时，就会导致后续的错误。采用互补的方法能够使研究者在对现象考察的过程中不断尝试和验证，及时纠正和完善研究中的相关环节，在尽量弥补归纳法和演绎法自身缺点的同时能够最大限度地发挥二者的优势。

现有相关研究普遍采用的是 S. Corder（1974）的方法，具体由五个步骤组成：收集资料、鉴别偏误、描写偏误、解释偏误、评价偏误。

首先，在搜集分析资料的阶段，S. Corder 指出用来进行偏误分析的资料主要来自外语学习者，可以是口头的也可以是书面的。从语料收集的方式上可以选择横向（共时）收集或纵向（历时）收集，其中横向方式收集的是第二语言学习者某一阶段出现的偏误，而纵向方式收集的是在一段较长时间内第二语言学习者出现的偏误。此外还可以选择自然或非自然的方式，前者指通过谈话或作文收集第二语言学习者的偏误，而后者指通过语法练习和测试收集他们的偏误。几种方式在收集时间、语料真实性、偏误率等方面各有利弊，具体研究需结合具体情况进行选择。

其次，在收集完资料后就要针对其中的偏误进行鉴别和判定。其中涉及三个方面的问题，其一是关于偏误标准的问题，一般来说偏误的鉴别是依据目的语而定的。以汉语为例，它包括不同的形式，涉及单音节词和多音节词的对立，官话（普通话）和方言的对立，文言（书面语）和白话（口语）的对立等，因此就需要先确定偏误的标准。其二是要鉴别偏误和失误（R. Ellis 的方法在前面已进行过介绍，此处就不再赘述）。其三是鉴别内部偏误和外部偏误，尽管这二者均是针对句法层面而言，但同样可以借鉴到本研究中。也就是说，内部偏误指的是由于语言系统差异造成的偏误，而外部偏误则是由于社会、文化等因素的影响造成的偏误。

再次，对鉴别出来的偏误进行描写分类。由于偏误分析本身也是一种比较，进行描写分类针对的是比较后的结果，其目的在于为下一步的解释提供对象。就描写的一般顺序看，先需指出某个偏误点与非偏误点的差别，之后是对偏误进行分类，主要有两种方法，一种是先对第二语言学习者存在的问题进行预测，建立偏误的类别，然后根据这些分类对偏误数据进行划分。另一种是先收集偏误，再根据不同范畴将数据进行筛选分组，最后自然确定偏误所属类别。描写的最后一步就是说明第二语言学习者在出现偏误时使用的规则是什么。

复次，在偏误被鉴别出并加以分类后，就需要对学习者为什么会产生这些问题进行解释，也就是第四步。S. Corder 认为，解释包括两个层面，分别是社会语言学上的和心理语言学上的，在找到第二语言学习者产生偏误的规律并看到导致偏误出现的规则后，就得解释第二语言学习者为什么会形成这样的规则。换言之，就是要设法探究偏误产生的原因。

最后，要对这些偏误的严重程度进行评估。所谓严重程度指的是偏误本身对语言使用产生的影响。一般来说，在这个步骤中需将偏误根据不同级别进行划分，例如哪些会对跨文化交际带来障碍，哪些会严重阻碍交际的进行。

通过这五个步骤不难看出偏误分析主要还是服务于语音、语法和篇章层面的研究，因此本研究在具体操作时并不完全照搬以上步骤，而是根据实际研究的情况进行合理的调整，以便获得真正适用于本研究的分析法。

四 国内偏误分析研究的状况

随着偏误分析理论及方法被引入国内语言学及应用语言学领域，自20世纪80年代起，学者们在借鉴国外研究成果及相关经验的同时，根据汉语自身的特点，考察了以汉语为母语的第二语言学习者和以汉语作为目的语的第二语言学习者在语言学习过程中出现的偏误现象和相关因素，进而总结了相应的教学策略及控制偏误产生的方法。

第一个阶段，国内偏误分析研究较侧重对理论的引入、介绍，并通过考察第二语言学习者在汉语学习中的偏误现象，进行相关解释和说明以验证这一理论在国内语言学及应用语言学中的可行性。鲁健骥1984年发表了《中介语理论与外国人学习汉语的语音偏误分析》一文，他首次引入了Selinker的偏误理论，在介绍相关概念和性质的同时，从母语负迁移、目的语负迁移、训练等角度对母语为英语的学生在汉语学习过程中产生的偏误现象进行了例证分析。他的研究可以说是从共时的静态视角进行考察。同年，梅立崇在S. Corder的理论框架指导下发表了《对留学生汉语习得过程中的错误的分析》，文章从动态视角介绍了偏误产生的不同阶段。通过对32名以汉语为目的语的学习者在习得过程中出现的语法、词汇方面的偏误进行初步量化统计，探究了偏误产生的各种原因所占的不同比例，进而指出第二语言学习者的语言实为一种过渡方言。由此，汉语作为第二语言的偏误分析形成了静态研究和动态研究两个方向。20世纪90年代开始，涌现出了大量针对汉语作为第二语言学习者的语音、汉字、词汇、语法等角度的偏误分析，这也成为第二语言研究的主要方向之一。

第二个阶段，研究者从第二语言教学本身出发，开展了不少研究，并对具体语言现象进行了分析，其中以针对教学中学习者的实际偏误案例进行考察分析为主，通过搜集、整理、分类、解释一系列步骤，探究可行的教学策略。在此领域内，研究者从语言的各个层面都进行过研究，从汉字识别过程、理解失误、误读现象、虚词等不同角度对偏误进行了考察，所选择的方法也基本以语料库统计为主。此外，也有研究者将调查统计与自然收集相结合，采用定性、定量综合考察的方式，这样就让获得的数据和结论更客观也更具说服力。

第三个阶段，探索的是如何在对已有成果加以总结的基础上进行创新，换言之是如何把新的理论和方法融入偏误分析中以解决实际问题。大致分为三类：第一类以结合新的语言学理论对偏误分析理论进行补充并在实际教学中加以考察。这些引入的理论包括衔接与连贯理论、配价语法理论、Chomsky 的最简方案等，这些理论的辅助使得偏误分析更具有说服力。第二类是从具体方法和研究角度上对偏误分析理论进行拓展，如吕文华、鲁健骥（1993）从语言和社会文化层面对第二语言学习者的语用失误进行了解释，陈小荷（1996）从语境和背景两个角度对偏误产生的范围进行了考察。这些新思路和角度从汉语自身特点出发为偏误分析的研究打开了新的视野。第三类是在总结前人偏误分析的基础上对所运用理论和方法加以重新考察，如陈前瑞、赵葵欣（1996）总结了偏误分析理论，以及习得过程研究所获进展，为之后的偏误分析研究提供了不少可资借鉴之处。肖奚强（2002）对偏误分析筛选、分类、解释等方面重新进行了梳理。实际上，本阶段的研究成果尽管仍以第二语言语法、语音、篇章研究为主，但也出现了一些尝试从偏误原因、偏误研究的方法等角度进行探索的研究。

第三节 各理论与本研究的关系

一 语言接触理论与本研究的关系

本研究在以下方面可以借鉴语言接触理论的相关内容，一是语言接触的方式，二是语言接触的结果，即中国皮钦语。它们强调的都是社会及文化因素对语言的影响。从历史上看，任何语言在发展过程中都不断与其他语言发生接触。只要有接触，就会有影响，这种影响既具有普遍性，也具有双向性。也就是说，在语言的演变和发展过程中，既受制于自身语言特征的影响，也不断受到外语中包含的社会和文化因素的影响。这就要求研究者既要从社会生活的变化来观察语言的变化，也要从语言的变化去探索社会生活的变动。

同时也应该看到，针对上述两点的实证研究依然缺少真正意义上跨语系语言间的研究，这种跨语系的语言不仅应隶属于不同谱系，并且也应考虑到是否在区域上存在接壤或杂居的情况。另外，在考察语言外部因素对语言发展的影响时，应尽可能秉持从历时接触和共时接触两个层面进行综合分析的原则，因为对历时接触情况的考察有助于探索语言接触现象的动态发展的过程以及内在的规律，而对共时接触情况的考察有助于探索语言接触现象在不同时期的具体分布情况。本研究将沿着这一思路着重讨论清乾隆时期的两本第二语言教材（分别代表中介语和皮钦语）中的词语对译问题，分析不对应现象产生的具体原因，并通过横向对比，归纳两种"过渡方言"中导致对译偏误的普遍性和差异性特征。

可以看到，针对偏误问题进行研究时，不仅应该从中介语的角度进行考察，同时也需相应地融入语言接触的相关研究方法和视角。这能够为研究第二语言教材中的词语对译情况提供一个理想的切入点。由于第二语言教材中的词语对译完整、客观地保留了不同时期、不同语言之间的对应现象，因此就为研究语言学习过程提供了一个相对稳定的媒介。

二　偏误分析理论与本研究的关系

通过对上述几个方面的介绍和总结可以看出，偏误分析理论为本研究提供了可行的研究思路和具体分析时的研究依据。如果说语言接触理论提供的是一种研究角度，偏误分析理论为本研究提供的则是一种方法。

第一，从方法论角度，偏误分析的实证研究中，包含了演绎性研究、归纳性研究、验证性研究、解释性研究以及综合性研究。此外，偏误分析借鉴了对比分析的优势，并且在一定程度上规避了对比分析的弱势，是一个具有可操作性和系统性的理论。

第二，从研究对象看，以偏误分析理论为指导，可以把具体研究对象分为语内对比与语外对比两类。其中语内对比是就语言自身的内部组织结构系统进行对比，它可再细分为形式和功能两个分支，其中形式因素包括语言系统、语言结构、语言规则；功能因素包括语法功能、篇章功能、功能负荷量。语外对比是就影响语言使用的外部因素进行对比，其中包括物质实体、语言环境和交际情景。物质实体包括两层含义，一是指语言本身赖以存在的物质形式，二是指语言所指代的外部世界的现实事物。也就是索绪尔所说的"能指"和"所指"。而作为一种特殊的社会现象，语言是依赖于社会存在的，那么在使用时就势必涉及语言环境，这里所说的语言环境主要是指语言赖以生存的社会环境和语言使用的场合。此外，语言的外部因素还包括交际情景，比如人物身份、地位关系、交际话题等方面。

第三，从研究范围看，偏误分析包含了宏观研究、微观研究、共性研究、个性研究等多个角度。具体研究已逐渐从早期的静态研究向动态研究转化。而在研究步骤上，偏误分析理论包括了具体研究时应该具备的五个步骤，这能够为本研究提供切实的依据。

与此同时也应该看到，虽然以偏误分析理论为指导的研究在不断发展，并取得了一定数量有参考价值的成果，但是其自身也存在不足，而本研究则希望能在弥补这些不足方面作出一些努力。具体表现在：

第一，对比与偏误分析在偏误原因的解释方面还并不充分，相应地，研究还停留在依照已总结出的原因把自己研究中的偏误现象进行归类的阶段。其中出现了不少"照猫画虎"的研究，而缺少对具体问题进行具体分析的方法。本研究将对具体的偏误现象进行对比、分析、归纳，目的是发现其中的规律性因素。

第二，从研究角度和方式上看，研究者比较注重的是共时条件下在语音、语法、篇章三个层面的偏误现象。包括 Stockwell、Bowen 和 Martin（1965）在内的研究主要是针对英语与印欧语系中的其他语言进行详细的句法对比。在第二语言教学中的词汇层面，研究者们关注的是语外因素所含三项以及语言系统和语法功能（这里所说的语法功能主要是对虚词的研究）。而涉及文化、社会等因素的比较更是少见。可事实上第二语言学习不仅是对目的语语言的掌握，更是对另一个社会及其所蕴含文化的学习和接受过程。在这一过程中的许多问题都是和文化及社会差异相关的。因此本研究把具体范围固定为语言接触层面的针对第二语言教材中词语对译偏误的研究（仅以实词作为考察对象）。由此可以进一步将语法功能从考察范围内暂时隔离出来。剩下的只是语言系统和语外因素，这两个方面受变量影响较小，也就能够比较准确地反映第二语言学习者的自然语言状态，探究其语言发展的规律。

第三，运用偏误分析理论的具体研究主要以中介语为切入点。本研究将借鉴偏误分析理论，同时考察中介语和皮钦语两种语言形式，从而研究不同语言形式下反映在偏误中的规律性因素。

鉴于本研究的前期工作是考察从 18 世纪（清乾隆时期）到 21 世纪近三百年中的第二语言教材，从中找到并分析词语对译的各类方式，因此我们将会借鉴偏误分析的相关研究方法和步骤进行操作，并根据语义的对应关系界定偏误与非偏误词。这两步前期工作可以为随后的具体研究提供研究依据和数据支持。

第四节　皮钦语和中介语作为"过渡方言"的解释

如前所述，广东英语是中国皮钦语的一种类型，是"不完全的二语习得"过程中的一种极端表现。与此同时，在目前的第二语言研究中，对比与偏误分析的研究对象是语言学习者在使用第二语言时出现的非目标语表达，即中介语。这两个概念乍看起来有些相似，可能令人产生一种错觉，皮钦语和中介语似乎是同一种"过渡方言"形式，只是叫法不同而已。

的确，从类型上看，皮钦语和中介语都属于不完全的第二语言习得。根据 Coelho（1880）的观点，皮钦语的出现是由于当地语言占主导地位，因此形成了这种不完全的第二语言习得。自 1970 年以来，大量基于自然状态下的第二语言习得过程的研究结果表明，皮钦语中也体现着"中介语系统"的部分特征，主要表现在句法层面，比如缺少限定词，用于动词前的否定词使用不丰富，副词用作情态词或用指示词代替限定词等。然而实际上，这两个概念间存在的区别还是比较明显的。

第一，性质上的差异。

作为第二语言习得领域的一个理论观点，刘珣（2000：170）把中介语看作是"以普遍语法理论和先天论的母语习得理论为基础，不但把第二语言的获得看作是一个逐渐积累、逐步完善的连续的过程,而且看作是学习者不断通过假设——验证主动发现规律、调整修订所获得的规律,对原有的知识结构进行重组并逐渐创建目的语系统的过程"。中介语并非是一成不变的,它是一个不断向目标语靠拢的连续统。皮钦语则不同,它是基于特定社会背景而形成的两种或多种语言的混合体。英国著名的历史学家 Peter Burke 在他的《语言的文化史——近代早期欧洲的语言和共同体》(1995:98—111)一书中借用了 F. Ortiz 于 1947 年提出的跨文化化(Transculturation)这一概念,为的是更好地区分"混合语",他指出,"当言语共同体之间发生接触时,产生的影响会朝着两个方向流动,由此产生的结果是文化杂糅(Hybridization)或跨文化化。就语言方面而言,这种混合的过程产生了混杂语(Pidgins),克里奥尔语(Creoles)或其他形式的混合语言"。就其中的皮钦语而言,如果从纯粹语言学的观点看,它仅仅是语言发展的早期阶段,是在没有共同语言的前提下,为了达到交际的目的在特定人群中间产生的一种混合语言。作为特定场合使用的语言,皮钦语一般不会出现中介语发展过程中的连续统现象。

第二,对象上的差异。

就这两个概念的使用对象而言,一般的语言交际中,中介语仅作为交际双方中一方使用的语言,并且它的使用者是以目的语作为第二语言的语言学习者。他们使用中介语的最终目的是掌握并能用目的语进行交际,中介语本身并不能满足学习者的交际需要,对他们来说只是第二语言学习过程中的一个过渡阶段。与此不同,在实际语言交际中,皮钦语被交际双方同时使用,他们是基于经贸需求的语言使用人群。皮钦语使用者的学习目的仅为同非本族人简单、快速、直接地完成交际任务,因此他们并不需要掌握一种真正的第二语言,皮钦语本身已经可以满足交际双方的需要。

第三,结果上的差异。

从结果上看,中介语会伴随第二语言学习者语言能力的发展而发展,会经历从简单到复杂、从初级到高级,不断趋近于目的语,最终被目的语完全取代的过程。尽管中介语的发展路线并不固定,常根据不同人群而出现过程上的差异,但其最终结果是相同的。皮钦语的使用结果则完全不同,一般会呈现两种趋势,一是伴随着社会中某种现象的改变而消失,二是伴随着社会的发展和使用人群的扩大,皮钦语从语言各要素层面逐渐出现向标准化无限靠拢的趋势。不过鉴于这一过程在很大程度上取决于说话者本人的意愿以及客观环境,因此往往只能停留在准标准语的阶段。

第四,环境上的差异。

就中介语和皮钦语的使用环境而言,中介语的学习和使用环境主要是目的语环境,即第一语言使用者在第二语言的语言环境中学习的第二语言。皮钦语的使用环境则主要是本族语环境,即第一语言使用者在第一语言的语言环境中使用一种结合第一语言和第二语言的语言形式。

图 2—1 反映的是中介语和皮钦语的主要特征以及发展趋势。

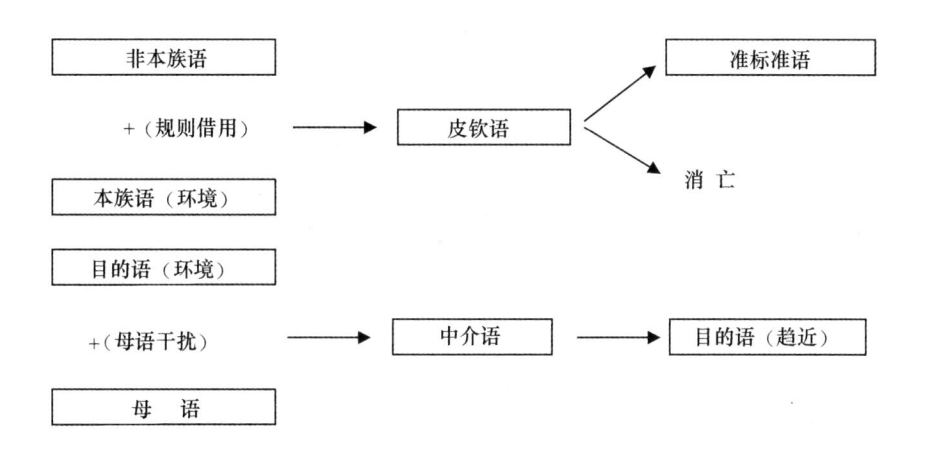

图 2—1　皮钦语和中介语的特征及发展趋势

不难看出,皮钦语和中介语的所指并非同一事物,其中存在着差异性。尽管如此,作为跨文化交际中的"过渡方言",使用皮钦语和中介语进行跨语际的语码转换时是否存在某些共性,这些共性之间是否有联系还鲜有提及。因此,本研究将通过对具体词语偏误现象的考察,发现皮钦语和中介语在偏误成因上的关联性。

第 三 章

第二语言教材词语对译的前期研究

第一节　第二语言教材的选取

前面提到，为了使本研究更具现实的应用价值，在考察词语的对译方式时首先截取18世纪到21世纪四个有代表性的阶段，在每个阶段中筛选出具有典型性的第二语言教材。其次将其中的全部词语对译进行量化统计并根据不同的对译形式和特征归纳总结出相应的对译方式。以此为依据，再以清乾隆时期的两部第二语言教材作为具体的研究样本进行详细考察和分析。采用这种方法所得到的分类是具有普遍性的。其中作为研究节点的四个阶段是根据社会背景和政治环境选取的，分别为：

第一阶段：清乾隆时期：18世纪中叶

第二阶段：北洋政府时期：20世纪初

第三阶段：中华人民共和国成立初期：20世纪中叶

第四阶段：中国新时期：21世纪以后

本研究将第二语言教材划分为这四个阶段的依据之一是在稳定的社会政治环境下出现的第二语言教材，而并非否定其他时期在第二语言教学方面的作用和贡献，例如19世纪中后期（鸦片战争之后）涌现出了不少第二语言教材，其中不乏传世之作。

为了本研究的结论客观、有效，需要尽可能控制变量在不同时期的第二语言教材中出现的概率，同时排除与研究本身联系并不紧密的因素，以保证教材间的可比性。在选取教材时，为了做到教材的基本情况尽可能相似，着重考虑以下几方面。

第一，编写环境相似。

本研究所涉及的教材，均是政府、大学或其他教育机构发起的正规行为，不包括出于个人行为编写而成的。

第二，目的用途相似。

第二语言教材本身用途繁多，如启蒙读物、自学教材、正规学校教材等。不同的用途会导致第二语言教材在选编时呈现出不同程度的差异。为了避免这种差异，本研究所选取的教材均为各类学校用于教授母语者掌握非母语的正规第二语言教材，受用人群也为成年人。

第三，地位价值相似。

由于对外语使用者的特定需求，所考察的各个阶段都不是只存在唯一的第二语言教材。其中某些特定时期，涌现出大量的第二语言教材。以北洋政府时期为例，在中国内地出版的以英语进行注释的汉语教材不少于15种，其中还不包括再版的和以其他语种注释的第二语言教材。考虑到教材编写质量的差异和社会认知度的不同，本研究所选取的教材均为各个时期的社会主流第二语言教材，其中多数都是经过多次再版甚至在多年以后仍然作为第二语言学习主要采用的外语教材。

第四，语言风格相似。

本研究所涵盖的近三百年的时间跨度中一直存在着"文""白"的对立，相应地，教材也会有偏向于"文"的书面语教材和偏向于"白"的口语教材之分。为了保证语言风格的一致，统一选用的第二语言教材均为以"文"为主导的书面语教材。

第五，难度等级相似。

针对不同的第二语言学习者，教材也有"难""易"之分，只有级别近似的教材才具有可比性。之所以是"近似"是因为没有一个固定的标准用于评判不同时期教材的等级，所以只能根据涉及的内容和词语的水平，参考《汉语水平词汇与汉字等级大纲》以及《博雅汉语》系列教材的相关情况进行"近似"划分[①]。通过比照，本研究选取的教材主要为

---

① 《博雅汉语》系列教材依据第二语言水平将学习者分为四个阶段，这种细分的方法有助于本研究在教材选取时更加准确地定位。

初、中级别难度。

第六，选词范围相似。

此处的"选词"是指第二语言教材本身的收词范围。之所以要考虑收词情况是因为尽管教材可能在难度等级上近似，但依然可能会根据教材用途和学习对象的不同对选词范围进行调整。如果未能选择范围近似的教材，那么在之后的统计和分析过程中就会出现偏差，从而导致结论的不真实。因此，本研究所选取的教材全部为综合性教材，词语涵盖生活各个方面，并非仅为具有特殊目的指向的第二语言教材。

在经过以上的综合筛选后，就能够获得一系列类型近似的第二语言教材。实际研究中，从每本第二语言教材中筛选出全部有完整意义的词语（实词）作为统计、对比和分析的基数。之所以仅从实词角度加以考察，是因为作为汉语中的重要语法手段，第二语言学习者难以从简单的"对译"层面完成虚词的学习，还需辅以语法操练才能最终完成。因此，为保证研究具有更强的针对性与可控性，在实际研究中将剔除掉含有语法意义或功能意义的词语（虚词）①。

尽管通过上面的方法可以比较有效地控制第二语言教材内部的变量，但其中依然存在一些不确定的变量，如外文的翻译者。由于时代背景不同，很难获得职业、身份相同的译者。研究中涉及的教材翻译者分属通事、传教士、教师这三类人群②。在研究前期，我们并不清楚这一变量对研究结论会产生什么样的影响，只能将其作为一个辅助研究点，即考察不同身份的译员在词语对译偏误形成上的异同。

为了从历时层面统计归纳出第二语言教材词语的共有对译方式，本研究将先对每个时期选取的教材一一加以介绍。

---

① 关于副词的归类学界有着不同说法，本书采用的是朱德熙在《语法讲义》第一版第40页词类表中的分类，"虚词包括7类：副词、介词、连词、助词、语气词、拟声词、感叹词"；另，同书第192页中给副词下的定义是"我们把副词定义为只能充任状语的虚词"。

② "通事"是官方雇用的处理涉外行政事务或外贸活动等的译员或中间办事人员。

一 清乾隆时期（18世纪）

两部教材同属乾隆十三年（1748）由清朝"会同四译馆"主持编写的"华夷译语"，分别为《暎咭唎国译语》和《播哷都噶礼雅话》，前者展现的是汉语和英语的对译情况，后者展现的是汉语和葡萄牙语的对译情况。黄兴涛在文章中对成书年代进行了推测，并认为这两部书的完成时间在1747—1761年。《暎咭唎国译语》和《播哷都噶礼雅话》原书均仅有一部存世，由故宫博物院珍藏，此外存晒蓝本一份藏于国家图书馆善本部。本章研究依据的是国家图书馆善本部所藏的晒蓝本。

之所以在本研究中将《暎咭唎国译语》和《播哷都噶礼雅话》界定为早期第二语言教材，理由在于：如果按照当前第二语言教学中的相关标准和第二语言教材编写的基本框架，这两份材料并不是最标准的第二语言教材，更有可能被划入第二语言学习词典的范围。然而，也应该看到，根据明清时期的第二语言学习的实际情况，首先当时官方并没有一本与当代第二语言教材模式完全一致的材料。其次，作为"华夷译语"系列中的两部，《暎咭唎国译语》和《播哷都噶礼雅话》编写的目的有二：一是用作培养专业翻译人员的教材，二是用作与四方各夷官方交往或民间往来的参考工具（刘红军，孙伯君，2008：51）。也就是说，从实际功能和作用上看，《暎咭唎国译语》和《播哷都噶礼雅话》均等同于当代的第二语言教材。因此本研究将它们界定为早期的第二语言教材。

（一）会同四译馆概况及"华夷译语"面世背景

乾隆年间的"会同四译馆"，其前身为明永乐五年（1407）由中央政府专门设立的"四夷馆"。据《明史》卷七十四《职官三》记载，明四夷馆初设于永乐五年（1407），最初只有蒙古、女直、西番、西天、回回、百夷、高昌、缅甸八馆，后来又于正德六年（1511）和万历七年（1579）分别增设八百馆、暹罗馆。记载曰：

> 提督四夷馆。少卿一人（正四品），掌译书之事。自永乐五年，外国朝贡，特设蒙古、女直、西番、西天、回回、百夷、高昌、缅甸八馆，置译字生、通事，通事初隶通政使司，通译语言文字。正

德中，增设八百馆。（八百国兰者哥进贡）万历中，又增设暹罗馆。初设四夷馆隶翰林院，选国子监生习译。宣德元年，兼选官民子弟，委官教肄，学士稽考课程。弘治七年，始增设太常寺卿、少卿各一员为提督，遂改隶太常。嘉靖中，裁卿，止少卿一人。

明代设立的四夷馆主要职能是让明朝（华）与少数民族地区（夷）在政治、文化等方面更好地沟通，曾编写过一批汉语和其他民族语对译的词汇集，有的还附有政府公文的对译样本，习惯上称前者为"杂字"，称后者为"来文"。这些双语对照的手册统称"华夷译语"，每一种则依据汉语所对译的"夷语"不同而分别命名。

除四夷馆之外，明朝政府管理周边属国的机构还包括设立于永乐六年（1408）的会同馆。两馆各司其职，四夷馆隶属礼部，主要负责语言文字的教习和进贡表文的翻译。会同馆则隶属兵部，主要负责诸国朝贡使团的接伴及送迎并为其提供停留居所。当然，接伴使者必然需要翻译，因此在明代会同馆所辖各馆中，也不乏熟悉各种语言的通事。

清代初年沿袭明制，与属国交往仍设会同、四夷两馆分理其事。所不同的是，顺治元年（1644）为申避讳，改明四夷馆为四译馆。

乾隆十三年（1748），由于四译馆闲冗无事，乾隆遂下令合并会同、四译馆为会同四译馆，并入礼部[①]。与此同时，在18世纪的中西贸易中，清朝在出口量上处于优势。就货物运输的途径而言，除了传统意义上的丝绸之路外，海上丝绸之路的发展和利用也为运输提供了重要的条件，特别是对于西欧国家而言，海上丝绸之路更加便捷。然而，由于清朝闭关自守，从18世纪到19世纪的很长时间内，仅留下广州一地作为对外贸易口岸。事实上，清政府对外贸易的指导思想不同于西方国家"增加财富"的观念，而是更加注重体统，以"天朝"自居，认为西方国家与清朝交往是向"天朝"示好。在这种思想指导下，清政府实行了"加惠远人、抚育四夷"的政策，允许西方商人在广州进行贸易活动。18世纪的清政府在处理与外邦的地位关系上的态度和立场可以从《乾隆皇帝谕英

---

① 参见《钦定皇朝通典》，《四库全书》第642—643册，商务印书馆2005年版。

吉利国王敕书》中一窥究竟：

> 天朝物产丰盈，无所不有，原不藉外夷货物以通有无，特因天朝所产茶叶、瓷器、丝斤为西洋各国及尔国必需之物，是以加恩体恤，在澳门开设洋行，俾得日用有资，并沾余润。①

然而，思想上的保守并不能掩盖国家间日益增长的交往和沟通需求。为此，乾隆皇帝命会同四译馆仿明代成例编纂了一套汉语和外语对照的双语词表，仿成书均称为"华夷译语"。《咉咭唎国译语》和《播呼都噶礼雅话》就是其中的两本。

（二）《播呼都噶礼雅话》和《咉咭唎国译语》的译者

据中华书局重刊的《高宗纯皇帝实录》卷三二四（1986：352）记载，乾隆十三年（1748）九月，清高宗向礼部下达上谕②：

> 朕阅四译馆所存外裔番字诸书，虽分类译名物，朕所识者，西番一种已不无讹误。因思象胥鞮译，职在周官；辎轩问奇，载于汉史。我朝声教四迄，文轨大同，既有成编，宜广为搜辑，加之核正。悉准重考西番书例，分门别类，汇为全书。所有西天及西洋各书，于咸安宫就近查办，其暹罗、百夷、缅甸、八百、回回、高昌等书，着交与该国附近省分之督抚，令其采集补正。

这段文字指出，"华夷译语"系列的编纂是在京城完成的，同时为保证每种"译语"的体例一致，乾隆皇帝亲自审定了一套汉语词表③。在相关材料中还发现了费赖之（L. Pfister）的一段记载（1995：777），"乾隆时居京诸神甫奉敕撰汉、拉丁、法、意、葡、德六种语言字典"。从名称上

---

① 《乾隆皇帝谕英吉利国王敕书》，载梁廷柟编《粤海关志》卷二三，参看续修四库全书编纂委员会《续修四库全书》第835册，上海古籍出版社2006年版，第121页上栏。

② 上谕，即诏书，是皇帝的命令和指示。

③ 日本今西春秋所藏《西番译语》的第一栏为木刻的汉文词目，第二栏和第三栏分别为手写的藏文词语和汉字对音，当为付梓前的工作底本。

看,"六种语言字典"和"华夷译语"似乎并不一致。在以记录当年西方传教士通信著称的西方刊物《威尔特-博特》(Welt-Bott no. 695. p. 124)曾记载,1749年前后,居京西方传教士奉敕编撰拉丁、法、意、葡、德与汉语六种语言对译词典,其中,德国神父魏继晋(Florian Bahr)负责撰写德文部分。对此,法国学者 M. H. Codier 曾提及一部与魏继晋有关的"六种语言大字典",并称原稿藏于北京遣使会图书馆(Bibliothèque des Lazaristes),但他未能见到。而福克斯(W. Fuchs)在《汉学特刊》(*Sinica Sonderausgabe. Forke-Festschrift Heft* I)上的撰文则为本研究提供了比较直接的线索。文章专门讨论了魏继晋的《德汉字汇》(*Das Erste Deutche-Chinesische Vokabular vom P. Florian Bahr*),并且将原稿中的一页誊印了下来:

图 3—1 《德汉字汇》原稿

此页中涉及了八个词语,它们在《播呀都噶礼雅话》第一卷地理门中以相同的编写体例和排版顺序出现。也就是说,费赖之提到的"六国语言大字典"就是"华夷译语"中涉及的西洋译语,其中就包括《播呀都噶礼雅话》。它的参与者同西洋译语中其他几种译语的情况一致,均为当时来华的各国传教士。

《噗咭唎国译语》的参与者不同于《播呀都噶礼雅话》,据《高宗纯皇帝实录》卷三二四(1986:353)载:

如海外诸夷，并苗疆等处，有各成书体者，一并访录，亦照西番体例，将字音与字义用汉文注于本字之下，缮写进呈，交馆勘校，以昭同文盛治。着傅恒、陈大受、那延泰总理其事。

从这则敕谕中可以看出，英国在乾隆时期的影响力并不如前面提到的其他五个西洋国家高。在当时的社会情况下，英国并非传统强国，而是"海外诸夷"之一。通过对照，能够发现《𠸄咭唎国译语》的词语从数量、顺序到排列均与其他"西洋译语"有一定差异，反倒与明《西番译语》完全一致。此外，福克斯（1931：92）在《辅仁英文学志》上讨论"华夷译语"的各种版本时，对《𠸄咭唎国译语》的编写者进行了推断，认为并非传教士所为。他根据其中出现的不对应现象推断，翻译工作应该是由一个中国人完成的。随后的研究，在肯定福克斯的这种假设的同时，也获得了新的进展。

其一，福克斯所说的各种现象实际上包括几种情况，一种是汉语译音与外语词不对应，例如：

表3—1

例序	汉语词	英语词	汉字注音
1	飞	to hip	法来
2	谁	him	呼

其中汉字注音"法来"和"呼"分别对应英语词 fly（飞）和 who（谁）。

表3—2

例序	汉语词	英语词	汉字注音
3	右	left	列非得
4	左	right	来得

这组例子中的汉字注音对应了英语词,但汉语词与英语词的对应则出现互舛。

除以上情况外,《暎咭唎国译语》中出现了一定数量的非英语词,在之后的研究中,逐步证实了这些非英语词全部为葡萄牙语词。根据英语词和葡萄牙语词在词表中的分布可知,这种双语混杂的情况并不符合一个英语母语者的语言使用习惯。

其二,如果译者是一个英语母语者,那么在进行母语语言输出时,就一定不会产出或创造出不符合语法规则的词语和表达,也不会用与母语者表达习惯相悖的语言形式。然而,在《暎咭唎国译语》却出现了如下的现象:

表3—3

例序	汉语词	英语表达	汉字注音
5	不尽	no can clear	哪敢极列亚
6	图报	I return thanks	别额法我
7	别	I take leave	阿达

表3—3中的三个汉语词分别对应的译语表达并不符合英语的表达习惯,呈现出的反倒是广东英语的典型特征,即缺乏语法标记和格变化。通过对注音汉字的中古音地位的进一步考察,可以发现其中体现出的是粤方言的特征。综合两种结论可知,《暎咭唎国译语》的外语翻译是由使用广东英语的人完成的。在18世纪的广东地区,能够使用这种语言的多是广东本地的通事或商人,而他们一般都没有系统学习过英语,文化程度也相对不高,所以出现这样的偏误是很自然的。

福克斯假设《暎咭唎国译语》中的翻译工作是由一个中国人完成的。实际上,本研究也发现了另外一些证据,如:

表 3—4

例序	汉语词	英语词	汉字注音
8	神	spirit	鸦是
9	飞	to hip	法来
10	谁	him	呼

从汉字注音部分看，三个词对应的是"鸦是""法来""呼"，分别为译语词 joss、fly、who 的转写（joss 为"广东葡语"，意思是"神"），而它们与《噗咭唎国译语》中给出的英语词并不一致。尽管这类词条的出现率不高，但足以说明一个问题，那就是参与《噗咭唎国译语》翻译的人员并非一人，他们分别负责汉语词的外语对应部分和汉字注音部分。

（三）《噗咭唎国译语》和《播啰都噶礼雅话》的基本体例

通过上文分析可知，本阶段所涉及的《噗咭唎国译语》和《播啰都噶礼雅话》两套第二语言教材分属"华夷译语"的不同系列，其中前者同"西番译语"体例①，而后者同"西洋译语"体例。从总体上看，这两个系列在体例上不尽相同，在选词上分别与所属系列的译语保持一致。其中《噗咭唎国译语》共两卷，收词 734 个（缺首页），与"西番译语"的 740 词相同；《播啰都噶礼雅话》共五卷，收词 2069 个，与"西洋译语"系列中的其他译语词语总数基本一致②。

尽管从词语数量上看，《噗咭唎国译语》与《播啰都噶礼雅话》有一定的差距，然而通过对比可知，"西洋译语"系列是以"西番译语"系列为基础和框架进行编撰的。判断的依据是，在《噗咭唎国译语》中仅有 58 个汉语词是《播啰都噶礼雅话》中未收录的，而其余汉语词则全部作为后者词语表中的词条出现。

依照相同的编写体例，《噗咭唎国译语》与《播啰都噶礼雅话》均依据不同属类将全部词语划分为 20 个门类，简称为"门"。出现的先后顺

---

① 《西番译语》反映的是汉语、藏语的对译情况。
② 清乾隆年间编纂的其他西洋译语所收的词语数目如下：《弗喇西雅话》记录法语，收词 2070 个；《额呼马尼雅话》记录德语，收词 2071 个；《伊达礼雅话》记录意大利语，收词 2070 个；《拉氏诺话》记录拉丁语，收词 2071 个。

序依次为:"天文门""地理门""时令门""声(采)色门"①;"身体门""人物门""器用门";"宫室(殿)门"②"饮食门""衣服门""方隅门""经部门""珍宝门";"文史门""鸟兽门""数目门""通用门";"香药门""花木门""人事门"。福克斯(1937:70)根据原书的编排把这20个类别分为五组(用分号隔开)。在下表中,以《播呼都噶礼雅话》五卷的每一个分卷中的门类作为标准,逐一列出两种"译语"的词语数量以进行初步对照,其中每一横行代表一组;阿拉伯数字为所含词语数量,单位为"个"。

表3—5　《暎咭唎国译语》与《播呼都噶礼雅话》门类及收词数

卷数	门类	暎咭唎国译语	播呼都噶礼雅话	门类	暎咭唎国译语	播呼都噶礼雅话
卷1	天文门	40	153	时令门	36	90
	地理门	52	133	声(采)色门	14	45
卷2	身体门	36	95	人物门	60	183
	器用门	56	112			
卷3	宫室(殿)门	20	90	饮食门	22	80
	衣服门	24	95	方隅门	14	24
	经部门	20	45	珍宝门	18	41
卷4	文史门	14	62	鸟兽门	49	125
	数目门	22	59	通用门	78	182
卷5	香药门	32	32	花木门	18	110
	人事门	109	313			

《暎咭唎国译语》与《播呼都噶礼雅话》在版面设置和词语编排上都依照相同的标准进行,这一点可以参照前页中的《德汉字汇》,即依门归类,每页四词,每个词均由三部分组成,其中汉语原词居中,释义对应词位于汉语原词上方,译语对应词的译音位于汉语原词的下方。除此以外,

---

① 此处《暎咭唎国译语》为声色门,《播呼都噶礼雅话》为采色门。
② 此处《暎咭唎国译语》为宫室门,《播呼都噶礼雅话》为宫殿门。

并无其他信息的标注。选取这两本教材作为本阶段研究对象的意义在于，不同于其他传教士编写的双语教材或词典，它们是目前所知最早的由官方编写、具有统一体例和规范的第二语言教材。而统一的词目旨在避免由于体例及词目的差异导致辞书的杂乱和缺乏标准。

（四）与本阶段第二语言教材相关的旁证

1. 《澳门纪略》

考虑到《嘆咭唎国译语》中出现英语和葡萄牙语成分，为保证研究结果的可信度和材料的可靠性，在具体研究中将选取《澳门纪略》二卷［嘉庆庚申（1800）江宁藩署重刊本］作为本阶段研究的旁证。《澳门纪略》是专记澳门的地方志书，是中国和世界历史上第一部系统介绍澳门的著作。此书1751年由清朝两任澳门同知印光任、张汝霖合著。该书用中文编写，分上、下两卷，上卷为《形势篇》和《官守篇》，分别介绍澳门及其周围地方的地理风貌、历史沿革，中国历代政府在澳门设官管治情况及有关政令、措施、史事等。下卷为《澳蕃篇》，详述外蕃贸易往来、宗教信仰和风俗民情等。该篇结尾（第54—59页）有汉语、葡萄牙语对照词表，收录词语凡395条，按门类分为"天地"（共83词）、"人物"（共161词）、"衣食"（共52词）、"器数"（共48词）、"通用"（共51词）五类。不同的是每个条目中只列出了汉语原词和葡萄牙语释义的译音，而没有像"华夷译语"那样还列出了相对应的释义拼写形式。前期的工作中，我们已将全部词的音译形式转换成葡萄牙语拼写形式。在保证准确性的同时，也能够为后期作为对比项进行研究时提供方便。

2. 《弗喇安西雅话》

考虑到《播呼都噶礼雅话》的词条数量与《嘆咭唎国译语》存在一定的差距，且这两本"华夷译语"只含有"杂字"，而不包括"来文"[①]。因此，为了保证《播呼都噶礼雅话》中汉语词目意思的准确性，同时也

---

① 据吕维祺《四译馆则》记载，"四夷馆十馆译字生初习杂字，自嘉靖二十一年（1542）以后，以诰敕、来文、杂字一同肄习"。这里，杂字是指四夷馆所编各馆"译语"，即汉语和诸外语对译语汇。来文是指四夷朝贡"表文"。

可以验证《噃咭唎国译语》相关词目的意思，本研究将选取同为"西洋馆华夷译语"中的《弗喇安西雅话》作为辅助参考，它与《噃咭唎国译语》和《播哷都噶礼雅话》有着相同的词条数量，与后者在编写体例、词条数量、编者来源、编写环境、编写时间上都比较接近。此外，选取《弗喇安西雅话》还可以检验词语对译方式是否合理。

二　北洋政府时期（20世纪初）

这一时期的第二语言教学与乾隆时期的有很大差别。特别是20世纪的前30年，是中国社会转型的关键时期。自《南京条约》签订之日起，西方人重新进入中国，并通过各种方式带来西方的新知识。清政府于19世纪60年代推行的洋务运动，也加快了中国与西方接触的步伐。清政府推崇"中体西用"的方法，即"中学为体，西学为用"，在学习西方的学术思想方面并不积极，因此在这期间学术思想的传入依然主要借助于西方传教士编写的书籍或创办的刊物。这种趋势就为传教士推广语言教育以及学习汉语提供了发展的空间。

考虑到这样的社会背景，本研究同样选取两本有代表性的第二语言教材作为统计对象。

（一）《英华合璧》（第十二版）

《英华合璧》（第十二版），英文名称为 *A Mandarin Prime* (*the twelfth edition*)，由英国传教士鲍康宁（F. W. Baller）编写，是中国内地会[①]于1921年在上海出版的一套汉语教材。全书共分上、下两卷，内容包括三部分，分别为"入门""课文编排""大全"，"入门"由十三个小节组成，其中有九个小节用来介绍语音。"课文编排"部分共三十课，分为初阶、益进、增补三部分，每部分对应十课，难度依次递增。课文收词共1188条，并不包括出现在每课中的补充词语和课后"大全"部分收录的附加词语。"初阶"和"益进"里面词语的对译都是词汇最常用义。从

---

① 内地会（China Inland Mission）是外国来中国传教的最大团体，成立于1865年。1872年在上海设立总部，内地会的传教士来自很多国家。传教士在中国的上层没有多大影响，但在中国社会下层的影响很大。

"增补"开始，增加了词语的其他义项和用法。"大全"中，根据词义，鲍康宁划分出了二十二个小类，分别为：道德宗教类（Ⅰ礼仪、Ⅱ道界）、旧约、新约、佛教、道教、学界、文法、政界、商界、书房、厨房、卧房、客堂、家用常谈、房屋、衣服颜色、水陆两途、称呼、文件、身体、药材、地舆。每个小类中收录与主题相关的常用词、短语和句子。

作为一本系统的汉语教材，《英华合璧》（第十二版）从语音、语法、词汇方面对汉语词进行了详细的讲解。该教材记录了南方官话和北方官话两种发音，体现了当时南方官话和北方官话共存的语言使用特点。选取《英华合璧》（第十二版）作为考察对象，原因有二：

第一，1912年，中国内地会出版了鲍康宁的《华文释义》（*Lessons in Elementary Wenli. The China Inland Mission*），在《华文释义》的引言（页vii）中编者写到"这可以作为《英华合璧》的补充"①。此后，鲍康宁在1921年年底出版的《日日新》（第二版）（*An idiom a lesson: a short course in elementary Chinese*）（1921：72）中提到"字角所注数字是《英华合璧》中对含有该字并对其进行解释的页码"②，可见，在当时的汉语作为第二语言教学中，《英华合璧》不仅是一本第二语言教材，而且起到了词典的作用。

第二，内地会于1926年出版了鲍康宁编著的一本以介绍汉字为目的的第二语言教材，名为《字迹分析》（*Mandarin Primer Character Analysis*）。该书第一部分就是以《英华合璧》第一到第五课出现的单音节词为例，在列举了一些结构相似的单音节词的同时，也给出它们在《英华合璧》中对应的课数和页数。《字迹分析》第二部分依照汉字笔画由少到多列出了《英华合璧》中第六到第三十课的一些高频单音节词，并标注了拼音和英文对译。

第三，就汉语学习过程看，初次来华的传教士学习汉语的方式之一

---

① "It may be regarded as a Supplement to the author's Mandarin Primer (8th. Edition)"。此处原文为英文，中文为作者试译。

② "The numbers printed at the side of certain characters in these Lessons refer to the pages of the Mandarin Primer where details as to their Meaning, Use, etc., may be found"。此处原文为英文，中文为作者试译。

就是跟随有经验的传教士在工作中学习。然而，到1887年，随着越来越多的内地会传教士来华，人们开办了两所语言训练所（China Inland Mission Training Homes），根据中华续行委办会调查特委会编《（1901—1920）中国基督教调查资料》（原名《中华归主》）下卷（1987：115）记载，一所是为男教士开办的语言训练所，建在安庆，负责教授汉语的就是鲍康宁，在这里《英华合璧》被用作汉语学习的初级教材。另一所是为女教士开办的语言训练所，建在扬州。1921年，训练所人数达到20人，有3名中国教员。学生每天学习共分为八课时，上午的四节课当中，有三节课是组织班级教学，最后一节是自学。班级教学的三节课由教员讲授，前两节由中国教员讲课，第一节课讲授《英华合璧》，第二节课讲授《日日新》，第三节课由西人教员讲授《英华合璧》。《英华合璧》作为当时的汉语学习教材，被广泛用于传教士的汉语学习中。比如成立于1920年的成都协和宣教师训练学校（Union Missionary Training School, Chengtu），就用《英华合璧》作为教材。第一年的课程计划是学习《英华合璧》前20课，第二年的课程计划是学习第21课至第30课。

除去上述三部提及《英华合璧》的第二语言教材外，鲍康宁在《英华合璧》的推广和使用过程中对内容不断完善和修改，自1887年年底首版至1922年鲍康宁去世时，共发行十二版。就目前掌握的资料看，该书至少再版过十三次，且每次再版都对前一版进行了修订和扩充。从整体上看，《英华合璧》在当时编写的汉语教材中是十分完善和系统的，能够作为当时第二语言教学的典型教材。鉴于此，本研究将以此教材作为这一时期的考察对象。具体采用的版本为美国加州大学洛杉矶分校藏本《英华合璧》（第十二版）。

（二）《汉语实用入门（云南话）》

20世纪初期，除了传教士在第二语言教材方面的编写和探索外，国外的汉学研究也与当时第二语言教学的发展有着十分密切的关系。其中最具影响力的便是法国远东学院（École Française D'Extrême-Orient）。

1898年，为了研究越南西贡市（今胡志明市）的文化，当时的法属印度支那总督保罗·杜美（Paul Doumer）下令创立"法国印度支那古迹调查会"（Mission Archeologique d'Indochine），也可译为"法国印度支那考古学调查会",由法国金石铭文与文艺学院(Académie des Inscriptions et Belles-Lettres)负责学术监督工作,1900 年改为法国远东学院。法国远东学院的总部早期设在越南河内,20 世纪 50 年代因越南战争的关系迁回巴黎。

法国远东学院在两方面取得了举世瞩目的成果,其中之一就是汉学方面的成果。当今法国汉学的成果很多都与法国远东学院有着密不可分的关系。沙畹(E. Chavannes)、伯希和(P. Pelliot)、马伯乐(H. Maspero)等享誉世界的汉学家,都曾长期供职于该学院。而时任昆明法文学校校长的 Georges Cordier 也是供职于法国远东学院的语言学家之一,他同时还担任印度支那司法局翻译处处长以及法国远东学院和殖民科学院通讯院士[1]。他于 1908 年开始学习汉语,20 年后,河内的东京印馆于 1928 年出版了一本他编写的第二语言教材《汉语实用入门(云南话)》[2]。全书用法语编写,作者在介绍(第 3 页)中提到:

> 在中国,使用人群最多的语言就是官话,其实应称其为"共同语"。它是由北方话和南方话这两大方言组成,它们的语法近似但语音和词汇并不相同。而这本书里介绍的是中国南方地区的语言,特别是云南话。[3]

众所周知,云南话属西南官话,而法国远东学院的汉学研究主要集中在中国西部和西南地区,那么这一地区的语言就是他们需要掌握和学

---

[1] 在他编写的教材中可以看到这样的称谓 "Interprète en Chef du Service judiciaire de l'Indo-Chine; Membre correspondant de École Française D'Extrême-Orient et de l'académie des sciences colonials"。"通讯院士"即指外籍院士。

[2] 原书名为 *Méthode Pratique de Langue Chinoise*(*Dialecte Yunnanais*),出版于 1928 年。

[3] "La langue parlée par la majorité des Chinois porte le nom de *Kouan houa*. Ce qu'il ne faut pas traduite par langue mandarine mais plutôt par langue commune. Elle comprend deux grands dialectes possèdant une grammaire analogue mais different entre eux par la pronunciation de certains sons et par des idiotismes: le mandarin du nord et cului du sud. La langue que nous étudierons dans le present manuel est celle que l'on parle dans le sud de la Chine, et plus spécialement au Yunnan"。此处原文为法文,中文为笔者试译。

习的。想必这也是他编写此书的初衷。

《汉语实用入门（云南话）》全书共158页，分为三部分，即语法、课文、生词。其中语法部分讲解了汉语发音、声调、冠词、名词、形容词、数词、助词、量词、代词、副代词、介词、连词、叹词、尾词、秽言等。课文部分包括21个不同话题，涉及从生活到工作等诸多方面，如看病、天气、住宿、办公、家庭、饮食等。每个话题都是按照法语对译在左侧，汉语课文在中间，课文拼音在右侧的形式进行编排，这其中部分课文是根据董师中神父（Henri Boucher）1919年出版的《官话指南》改编而来①。收词共计3187条，按法语字母由A–Z的顺序编排，编排格式同话题部分。在生词部分开始处，编者指出"在到达本阶段后，若想继续提高汉语水平，还望请中国学者根据《官话指南》的课文进行改写后学习"②。也就是说，《汉语实用入门（云南话）》的难度等级低于《官话指南》。如果以《汉语水平词汇与汉字等级大纲》规定的四个界标为标准，那么《汉语实用入门（云南话）》大体相当于初级阶段的汉语教材③。

选取《汉语实用入门（云南话）》作为本阶段考察对象的原因包括：（1）这本教材是第一次被展现在学界，此前尚未有任何介绍和研究。（2）这本教材的编写目的并非是为传教服务，而这在北洋政府时期的第二语言教材中可谓凤毛麟角。（3）这本教材的编写体例不同于同时期其他第二语言教材，体现出不同身份人们不同的编写理念。

本研究所采用的版本为巴黎法兰西学院汉学图书馆藏本。

---

① 在教材中的部分话题后注有"Le texte de cette leçon a été redigé d'après la Boussole du Language mandarin du P. Henri Boucher"。

② "Arrivé à ce stade d'etudes, nous conseillons à ceux qui désirent pousser plus avant la connaissance du chinois de prendre la Boussole du langage mandarin et, avec l'aide d'un lettré chinois, de modifier, ainsi que nous l'avons fait, les leçons du dit livre"。此处原文为法文（详见教材第85页），中文为笔者试译。

③ 《汉语水平词汇与汉字等级大纲》提出的对外汉语教学词汇分级的四个界标为：1000词、3000词、5000词和8000词。其中1000词（最常用词）是为了满足旅游和最起码的生活需要的词汇量界标；而3000词是初级汉语水平的词汇量界标。

(三) 与本阶段第二语言教材相关的旁证

1.《日日新》(第二版)

鲍康宁(F. W. Baller)编写的《日日新》(*An Idiom a Lesson: a short course in elementary Chinese*)由内地会于1920年出版,全书共106页,教学对象是中国内地会的传教士。从1920年至1928年共再版四次,1921年发行的第二版在第一版的基础上增加了六个用于复习的练习题,并且为阅读部分增加了英文翻译。此后几个版本都没有大的改动。

《日日新》全书分为三部分。第一部分是序言,介绍了教材编写的目的、教学对象和编写内容。第二部分由30篇课文组成,每课教一个惯用语,每课有8个生词(均为单音节词),30课共计240个。采用三种注音方式,并且每个词都给出了英文对译。第三部分包括20篇阅读。从第二版起,教材中增加了练习和阅读部分的英文翻译,安排在第93页至第106页。就《日日新》的难度等级,教材编者在书中指出"初入中国,欲学汉语,时间灵活,必备本书。卅篇课文,以词为纲;廿篇辑要,巩固补充"①。大体可以认为《日日新》是一本初级水平的第二语言教材,书中的课文比较短小,编写的目的是帮助那些想学汉语的初学者,即刚来中国的传教士,尽快了解汉语并具备基本的语言能力。

在《日日新》的前言中,编者写道"(该书)第一版在四个月内销售了1000册,这表明越来越多的人比以前对学习汉语更感兴趣,也表明这本小书确实满足了人们的需要"②。由此可见《日日新》在当时社会中具有很大的影响力。

鲍康宁在担任安庆汉语培训机构校长期间,把《日日新》作为该机构的汉语学习教材之一。自1902年起,其他一些以教授来华传教士

---

① "The aim of this little book is to aid the new-comer who desires to speak 'Mandarin' the language of China to do so in as brief a time as possible. To this end thirty short Lessons, based on Idiom, form Part I; and a series of twenty Heading Lessons, designed to illustrate and supplement them, form Part II"。此处原文为英文(详见《日日新》第二版,i),中文为笔者试译。

② "The sale of the First Edition of 1,000 copies in four mouths may be taken as an indication that many more people are interested in Chinese than was formerly the case; and that this little book has met a real need"。此处原文为英文(详见《日日新》第二版,ii),中文为笔者试译。

汉语为主的语言培训机构也多采用《日日新》作为教材。之所以可以选用《日日新》作为旁证，是因为鲍康宁在《英华合璧》前言中说"作为本书的另一本入门性教材已编写出版，名为《日日新》。其中包括了一些汉语中的常用词，让学习者更有兴趣去进行下一步的学习"①。可见，《日日新》是作为《英华合璧》具有说明介绍性的手册而编写的。本次考察所采用的版本为美国加州大学伯克利分校《日日新》（第二版）藏本。

2. 《北京官话：汉语初阶》

《北京官话：汉语初阶》（*Premières Leçons de Chinois: Langue Mandarine de Pékin*），是微席叶（Arnold Vissière）编写，由荷兰莱顿大学 Brill 出版公司出版的一部第二语言教材。第一版于 1909 年发行，此后在 1914 年和 1928 年再版，前两版共有 27 课，第三版（1928 年）增加为 29 课。微席叶 1882 年来华，身份是法国公使馆翻译学生，之后到法国驻华使馆任汉文正使。1892 年起任法国驻上海总领事。他精通汉语，负责翻译日常文书等。回国后在巴黎现代东方语学校任教，后法国来华翻译，多出自其门下②。

微席叶在前言中指出该书为一年级学生的汉语教材。不过，这本教材没有严格意义上的课文。全部 29 课中，每一课的主题都是一类语法规则。前四课首先给出学习的生词，再大量举例说明语法规则，这些举例通常是前面词语的扩展或补充。这里的生词都是数字或常用单音节词，共 122 个。第五课在词汇方面相当于复习，基本没有新增词汇。第六、第七课给出了汉语的 214 个部首，第八课则列出了一些常作声旁的独体字（共 26 个）。从第九课到第二十七课，每课都根据词性列出了词汇，共计 1704 词。

之所以将这本书作为旁证是基于以下的考虑：其一，该教材是一部

---

① "A small book intended to serve as an introduction to this Primer has been prepared by the Author. It is entitled An Idiom a Lesson, and is intended to give the student such a hold on the common idioms of the language as will enable him to continue his studies with a more intelligent interest"。此处原文为英文（详见《英华合璧》第十二版，前言，第六段），中文为笔者试译。

② 具体参见 Bulletin de l'Ecole Française d'Extrême-Orient, 1930, Tome 30, pp. 649–653。

法语编写的第二语言教材,这在以英汉对译为主的第二语言教材时期是不多见的。其二,作者是当时在华官员,这不同于大多数传教士,教材编写的目的是为本国第二语言学习者服务,且这本教材是民国时期由国外出版社出版的一部第二语言教材,以此书作为一例旁证可以从另一个视角看待第二语言教材词语对译中出现的偏误现象,或许可以提供一些新的线索。然而,不同于同时期其他教材,这本书更像是一本以语法为基础编写的第二语言教材,不像其他教材附有课文和练习等一般第二语言教材应具备的组成部分。本研究所采用的版本为法国巴黎法兰西学院汉学图书馆《北京官话:汉语初阶》(第三版)藏本。

三 中华人民共和国成立初期(20世纪50年代)

(一)社会背景

程裕祯在《新中国对外汉语教学发展史》中提到,新中国成立之初,为了工作和交际的需要,在上海、广州、重庆等城市,"对外国人进行的汉语教学活动都已经是司空见惯的现象,只是既没有人把它当做一门学科加以研究和发展,也没有人把它当做一项事业予以鼓励和提倡,当然更不会有什么教学的组织机构和组织形式"。这是因为,1949年前的中国还没有一个相对稳定的社会环境,国际地位也并不突出,来华的留学生人数还不多,高校的接待能力也十分有限,并且语言教师和教育工作者们对汉语教学也并没形成有针对性的、系统性的认识。

根据《留学北大60年·发端》记载,新中国成立后,政府大力推进教育事业的发展,并积极开展对外交流。1952年暑假,进行高校间的院系调整,不久,清华大学东欧交换生中国语文专修班被整体调入北京大学,更名为"北京大学外国留学生中国语文专修班"。1953年4月,北京大学制订了《北京大学外国留学生中国语文专修班暂行规程(草案)》,其中提到"本班教学目的在于教授外国来华留学生基本掌握中国语文,以便进入中国高等学校学习或研究。为达此目的必须结合教授语文使其对新中国获得初步认识",在学制上则作了较为灵活的规定,"学习年限一年至二年。根据学生本人的语文基础及学习成绩及各项专业所需语文程度如何而定"。次年9月,北京大学外国留学生中国语文专修班制订了第一个针对来华汉语学习者的教学计划。包括"外国留学生汉语教学的要求是掌握汉语的基本知识，具备运用汉语听、说、读、写四方面的基本能力，为升入我国高等学校学习专业打下语言基础"。可以看到，作为留学生汉语教学机构的北京大学外国留学生中国语文专修班在这一时期处于领先地位。

（二）教材的选取

鉴于北京大学在新中国成立初期对外汉语教学领域中的作为，本阶段第二语言教材选取的即为1958年邓懿主编，由时代出版社出版，北京大学中国语文专修班编写的《汉语教科书》。这是新中国成立后第一本在高校中使用的正式出版的对外汉语教材，在当时的来华留学生汉语教学中地位和作用都十分重要。《汉语教科书》是针对中国语文专修班一年级汉语学习者的教材，分上下两册，上册42课，下册30课，并附有小词典。全书由三部分组成，分别为"绪论""语音""语法"。其中"绪论"部分简单介绍了现代汉语的基本特点；"语音"包括理论8课、口语练习4课，通过音素、拼音、声调等练习，先系统介绍《汉语拼音方案》，再过渡到简单的短句和对话；"语法"部分包括60课、170条语法点。商务印书馆在20世纪60年代出版了《汉语教科书》多语种的注释本，截至目前，《汉语教科书》已出版包括英、法、德、西、俄、日、印尼、印地、缅甸、阿拉伯等语种在内的多个版本。

本阶段将选用《汉语教科书》英语版、法语版两种语言注释本作为统计对象。其中英语版（*Modern Chinese Reader*），由时代出版社1958年出版，全书共72课，收词951条；法语版（*Manuel de Chinois*），由商务印书馆1964年出版，收词948条。采用的版本为法国巴黎法兰西学院汉学图书馆藏本。

四　中国新时期（21世纪）

（一）社会背景

改革开放以来，随着中国经济的发展，中国的国际地位和国际影响发生了根本性的历史转变，中国在世界经济舞台上发挥了越来越重要的作用。

汉语国际推广受到了高度的重视，对外汉语教育逐渐上升至国家战略层面。钱其琛在1999年的第二次全国对外汉语教学工作会议上就指出"对外汉语教学是一项国家和民族的事业"。胡锦涛也曾提到"汉语加快走向世界是件大好事，存在问题需引起重视，并研究解决的具体措施"，"汉语推广工作势头很好，不少国家纷纷要求建立孔子学院，我国宜加大对此项合作的支持力度，关键是培养合格的师资，望统筹规划，扎实推进，力求开办一所，就确保办好一所"。

根据教育部发布的《来华留学生简明统计2017》，2017年"共有来自204个国家和地区的48.92万名各类外国留学人员在全国31个省、自治区、直辖市的935所高等院校学校、科研院所和其它教育教学机构中学习"（以上数据均不含中国台湾地区、中国香港特别行政区和中国澳门特别行政区）。来华留学生总人数、生源国家和地区数、我国接收留学生单位数及中国政府奖学金生人数四项均创新中国成立以来新高。此外，据国家汉办数据显示，"截至2018年12月31日，全球154个国家（地区）建立548所孔子学院和1193个孔子课堂。孔子学院147国（地区）共548所，其中，亚洲34国（地区）126所，非洲43国59所，欧洲41国182所，美洲24国160所，大洋洲5国21所。孔子课堂83国（地区）共1193个（缅甸、瓦努阿图、格林纳达、莱索托、库克群岛、安道尔、欧盟只有课堂，没有学院），其中，亚洲22国114个，非洲18国41个，欧洲30国341个，美洲9国595个，大洋洲4国102个"。

（二）教材的选取

在全球"汉语热"的大环境下，华语教学出版社出版了《当代中文》（入门级）系列教材。该系列教材在2010年年底前已先后推出43个语种的对译版本，是当时全球已出版语种最多的成人对外汉语教材。并且，为了更有效地进行汉语教学，这些版本都针对母语者的不同国别进行了本土化的处理。比如英语版中出现的国名"加拿大"和"澳大利亚"在葡语版中则用"葡萄牙"和"巴西"代替。

本阶段考察的《当代中文》（入门级）即是在原《当代中文》教材基础上改编而成的。全套共包括三本，包括《课本》《练习册》和《汉字本》。本研究将选取其中的英语版、法语版、葡语版三个语种的《课本》作为考察和统计对象。

《当代中文》（入门级）第一册共包括20篇教学课文和2篇附加课文，生词部分包括课文生词、补充生词和附加课文的生词。在教材中，也出现一些未列入编号的词语，它们均是标号词语的词素，但对于初级语言能力又比较重要，因此编写进词语表，例如《当代中文》（入门级）第一课：

表3—6

词语	英语对译	法语对译	葡语对译
贵姓	What's (your) name?	Comment vous-appelez vous?	Qual é o nome?
姓	Surname	s'appeler, nom de famille	apelido

上面两个词语中"姓"是"贵姓"的词素之一，但同时它也是单音节词，并在日常生活中使用频率较高，教材中就把它单列出来。在统计词语数量时，这类词语也统一计入生词总数。

伴随着汉语的国际推广和汉语自身的发展，本阶段的汉语教材所体现的是新时期汉语，这与之前三个阶段的第二语言教材呈现动态的趋势。列入考察范围的《当代中文》（入门级）第一册的生词数三个语种版本的教材分别为：英语版（收词1047条），法语版（收词1049条），葡语版（收词1050条）。

五　第二语言教材选取小结

至此，本研究的基础数据库范围全部确定，共四个时期，涉及九本教材，具体参见表3—7。

表3—7　　　　　　基础数据库选取的教材

教材名称	成书年	对译语种	编写机构	收词（个）	译者
《暎咭唎国译语》	1748	汉语、英语	会同四译馆	734	通事
《播呀都噶礼雅话》	1748	汉语、葡语		2069	传教士

续表

教材名称		成书年	对译语种	编写机构	收词（个）	译者
《英华合璧》（第十二版）		1921	汉语、英语	中国内地会	1188	传教士
《汉语实用入门》		1928	汉语、法语	法国远东学院	3187	传教士
《汉语教科书》	英语版	1958	汉语、英语	北京大学外国留学生中国语文专修班	951	教师
	法语版	1964	汉语、法语		948	教师
《当代中文》（入门级）	英语版	2010	汉语、英语	国家汉办/孔子学院总部	1047	教师
	法语版	2010	汉语、法语		1049	教师
	葡语版	2010	汉语、葡语		1050	教师

这一数据库将用于归纳对译的不同方式以及对偏误与非偏误的界定。在后面章节的具体研究中，并不仅限于以上总结出的第二语言教材，而是还将参照其他双语材料和外文文献。

第二节 第二语言教材词语对译的方式

一 前人对翻译方式的研究

第二语言教材词语对译涉及目的语和母语之间的语码转换，这就需要对语码转换的方法进行划分。通常有两个角度可供选择，一种是从翻译的过程出发，另一种是从翻译的结果出发。前者考察的是语码转换选取的是哪些方法，以及为什么要选用这些方法。后者则是把特定社会文化语境中的语言材料作为考察对象，分析显性的语码转换方法以及隐性的动机和目的。

西方最早的翻译理论家西塞罗（Cicero）在《论最优秀的演说家》中第一次对翻译的方法进行了区分，即"作为解释员"（ut interpres）的翻译和"作为演说家"（ut orator）的翻译。前者指的是"词对词的翻译"，而后者则"采用更自由的方式将源语转化为译语"[1]。相比而言，中国历史上对翻译方法的讨论最早见于三国时佛经翻译家支谦的论述，他在

---

[1] "Ut interpres: to translate was to render one word at a time; ut orator: to render SL text more freely into the TL in order to persuade a TL audience effectively"。此处原文为英文，中文为笔者试译。

《法句经》序中论述,"其所传言,或得梵语,或以义出,音近质直。仆初嫌其为词不雅。维只难曰:'佛言依其义,不用饰,取其法,不以严。其传经者,令易晓勿失厥义,是则为善。'座中咸曰:'老氏称:"美言不信,信言不美。"仲尼亦云:"书不尽言,言不尽意。"明圣人意深邃无极。'今传梵义,实宜径达,是以自偈受译人口因顺本旨,不加文饰。译所下解,即阙下传。故有脱失,多不出者。然此虽词朴而旨深,文约而义博"。其中反映的核心就是翻译方法中"形式"和"内容"的问题。

此后相当长的一段时间内,人们并没有对翻译方法进行过多改变,直到 17 世纪英国人 J. Dryden(1680:68-72)在翻译奥维德《女杰书简》(*Heroides*)的前言中,提出了语际翻译的三种方法:直译(Metaphrase)、释译①(Paraphrase)和拟作(Imitation)。具体说来,直译即"字对字、行对行将原文从一种语言转为另一种语言"。释译则是"让人见到作者的真面目,但并非亦步亦趋地紧随原文,只略守其意义,但不会更改原意"。而拟作指的是"用这种方式的译者擅作主张,不但将原文的字词、意思随意更改,必要时索性一并弃去,只略施其意,然后随心所欲,而不顾原文的结构"②。实际上,这三类翻译方法中"拟作"完全可被视为"释译"的一种极端表现形式,只是在忠于原词的程度上有所差异。

19 世纪,德国学者施莱尔马赫(F. Schleiermacher)对翻译方法进行了诠释(2002:225—238)。他指出翻译的两种情况,即让读者靠近作者和让作者靠近读者。并在此基础上总结出了"异化"和"归化"两种翻

---

① 大部分文章将 paraphrase 称为"意译",但翻译本就是对"意"进行翻译的过程,因此"意译"一词难免让人混淆。为避免误会,本书选用"释译",即对目的语词进行解释和改写。以下同。

② "First, that of Metaphrase, or turning an Authour word by word, and Line by Line, from one Language into another. The second way is that of Paraphrase, or Translation with Latitude, where the Authour is kept in view by the Translator, so as never to be lost, but his words are not so strictly follow'd as his sense, and that too is admitted to be amplyfied, but not alter'd. The Third way is that of Imitation, where the Translator (if now he has not lost that Name) assumes the liberty not only to vary from the words and sence, but to forsake them both as he sees occasion; and taking only some general hints from the Original, to run division on the ground-work, as he pleases"。此处原文为英文,中文为笔者试译。

译方法，前者指"尽可能地不扰乱原作者的安宁，让读者去接近作者"，后者指"尽可能不扰乱读者的安静，让作者去接近读者"。尽管这种分类方式有其自身的优势，但Robinson认为，"异化"翻译其实就是直译或逐字翻译。

除上述观点外，维奈（J. P. Vinay）和达贝尔内（J. Darbelnet）（1958：61-64）提出直接翻译（direct translation）和间接翻译（oblique translation）两种方式，并指出直接翻译是基于源语信息与译语信息的完全匹配，而当语际信息不匹配时采用的翻译方法属于间接翻译。

二 第二语言教材词语对译方式分类

上面列出了古今中外具有代表性的翻译家。通过介绍他们的翻译观点能够总结出一个共性：尽管他们从不同出发点分析了翻译的方法，并提供了不同的分类，但是他们分析的核心内容均围绕着是以"形式"为主还是以"内容"为主展开，而这一点也与本研究所用的方法十分吻合。本研究中，依然以此作为对译大方向的主要划分标准。

其实，这种"形式"和"内容"的讨论就是在翻译界长期存在的"文质之争"。考虑到不同翻译方法的特点，本研究把第二语言教材词语对译的方法分为"质译"和"文译"两种。所谓"质译"指的是在汉语与外语进行语码转换时，翻译过程侧重于汉语词的形式。"文译"指的是在汉语与外语进行语码转换时，翻译过程侧重于汉语的内容，并适当改变汉语词的结构、形式。

不同于语篇翻译中需要照顾连贯和衔接的情况，第二语言教材中的词语对译比较独立。词语的义项往往由课文语境或社会语境加以限定，因此相对缺少变异性。而这就为本研究提供了一个相对静态的环境，通过对本研究中所涉及的全部第二语言教材中的词语对译的初步统计，本研究在"质译"和"文译"的基础上进一步对第二语言教材中出现的词语对译方式进行了二次分类。为了清晰起见，以下将用一幅世界地图简图加以说明。本图原图为明神宗万历三十年（1602）由耶稣会传教士利玛窦所制的《坤舆万国全图》，原图所现的大洲分布恰好可以用来说明本研究中词语释义方法的分类情况，具体见下：

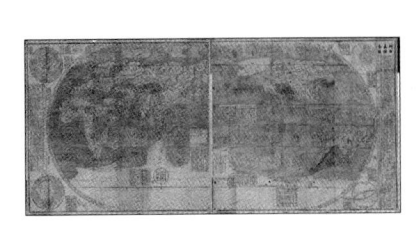

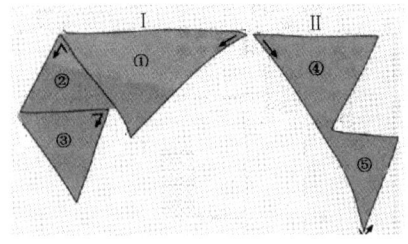

图 3—2　坤舆万国全图　　图 3—3　二语教材词语对译关系

图 3—2 为《坤舆万国全图》原图，图 3—3 为基于左图的二语教材语释义关系图，其中Ⅰ和Ⅱ分别代表翻译方法的两种最主要类型，即"质译"和"文译"。根据是否存在概念对等关系，"质译"方式下的源、译语关系可以区别为"直译方式"和"仿译方式"（③），而根据外语词出现的频度，"直译方式"又可进一步分出小类"同译方式"（①）和"等译方式"（②）；源语词语和译语词语在"文译"方式中的表现为"释义方式"（④）和"转译方式"（⑤）。

第三节　偏误标准的界定

由于受到多种因素的影响，汉语词和外语词在语码转换时不可避免地会出现对译中的偏误现象，如何对词语对译中的偏误现象进行界定并区分不同的偏误类别则是本节要讨论的内容。

一　同译方式中偏误标准的界定

在针对词语的偏误研究中，阎德早（1987：44）首次提出了"同译词"概念并进行了说明，他认为"在汉语外语的对译中出现的'多词一译'的词语，叫做'同译词'，也可称为'同译语'或'同译词语'"。通常，这种"多词一译"的对应关系容易导致偏误现象的发生，但二者之间并非存在必然的因果关系。通过统计不同阶段第二语言教材中词语的对译情况，"同译方式"类目中的合理对应现象有如表 3—8：

表 3—8

例	汉语词	外语词	教材名称
1a	矮	short（in height）	《当代中文》（入门级）英语版
1b	短	short（in length）	
2a	江	rio grande	《播呼都噶礼雅话》
2b	河	rio pequeno	

表 3—8 中，尽管这几例中均出现了"多词一译"的情况，但每一例都从不同角度避免了偏误现象的产生，例 1 中，英语 short 本身既包含"短"的义项，又包含"矮"的义项。在语码转换时，译者通过标注附加信息进行说明，即"矮"是"高度上的 short"，"短"是"长度上的 short"。例 2 的情况与例 1 类似，不同的是，在例 2 中合理对应的实现并非通过标注，而是作为解释的一部分，即"江"是"大 rio"，"河"是"小 rio"[①]。

除以上几种情况外，在第二语言教材中，汉语和外语之间在同译方式下的对应关系也表现为以下几种形式（见表 3—9）。

表 3—9

例	汉语词	外语词	教材名称
1a	愿意	willing	《英华合璧》（第十二版）
1b	甘心		
2	结果	result, effect, consequence	《汉语教科书》英语版
3	地铁	subway, metro, underground, tube	《当代中文》（入门级）英语版
4	教室	salle de cours, classe	《汉语教科书》法语版

在同译方式中，翻译者针对一个汉语词条常用到两种翻译策略，一种是选用单个外语词（原形或附加其他信息）进行对应，旨在简洁明确；另一种是罗列外语词进行对应，旨在通过外语词之间的相互限制和补充对汉语词进行说明。例 1 中，a、b 两个词条均使用 willing 作为对译，尽

[①] rio，葡语，英语中一般情况译为 river，即汉语中的"江、河"。

管对译对汉语词的意思进行了基本的表述，但却不能区分"愿意"和"甘心"之间的差异，而这种对应关系自身反映的就是一种偏误的现象。例2、例3、例4均反映的是用罗列外语词的方式对应汉语词。

例2中，汉语词对应于外语中的三个名词，其中result和consequence都可以译为"结果"，使用条件也比较近似。effect则不同，该词一般情况下被译为"效果"，而"效果"和"结果"在语义和语用层面都有很明显的差异。换句话说，从词条本身的汉、外对应上看，effect集合与result、consequence集合并不存在互补和共享的交集（见图3—4）。

例3中，汉语词同时对应于四个外语词，实际上，就"地铁"一词来说，对译中的四个名词没有实质性区别，区别仅在于subway源自美国英语，metro源自法国，underground和tube是英国英语的表述。本例中罗列出的外语词彼此重合，并不存在互补或限制的关系（见图3—5）。

例4中，汉语词"教室"对应于两个法语名词，它们同时含有"教室"的意思，但前者salle de cours仅表示"教室"，而classe还含有"等级、类别、课"等义项，说明salle de cours包含在classe的范畴中。用于对应"教室"一词时，salle de cours已能明确表示其含义，而classe反倒容易引发其他问题（见图3—6）。

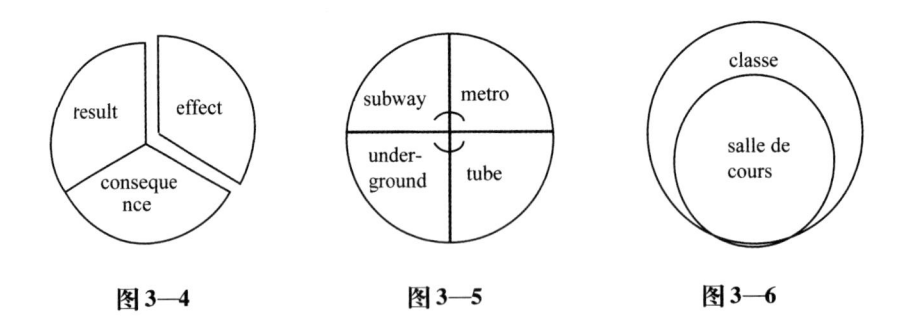

图3—4　　　　　　图3—5　　　　　　图3—6

基于以上典型问题，本书认为，在"同译方式"范围内，某个汉语词对应的外语词在下列情况下可以被视为偏误现象：

（1）多个汉语词X、X'……先后对应于同一个外语词Y，且对译未就语义范畴加以限制或区分。

(2) 在一种词性下，一个汉语词 X 同时对应于多个外语词 Y、Y'……时，

(a) 外语词之间在语义上呈现分离关系。
(b) 外语词之间在语义上呈现叠置关系。
(c) 外语词之间在语义上呈现包含关系。

二 等译方式中偏误标准的界定

"等译"，又称为"对等译法"或"等值译法"，是翻译过程中最基本的一种方法，也是最重要的一种方法。指的是通过对等的译法将汉语转换为外语的方式。所谓对等，是指可以在外语中找到同汉语某个词、词组、成语在形式和意义上的相应表达，这种对等关系在两种语言的转换过程中互为最优对应。

通过统计各阶段中第二语言教材的对译情况，"等译方式"中的合理对应现象有如下表3—10表现：

表 3—10

例	汉语词	外语词	教材名称
1	雾	fog	《暎咭唎国译语》
2	洗	lavar	《播哷都噶礼雅话》
3	回来	to come back	《英华合璧》（第十二版）
4	自学	to study by oneself	《汉语教科书》（英语版）
5	一步一步	pas à pas	《汉语实用入门（云南话）》
6	急	anxious; hurried; urgent	《英华合璧》（第十二版）

表3—10中展示的6个例子分别从不同方面反映了汉语词和外语词之间的"等译"关系。它们遵循汉语词和外语词互为最优选项的标准，并且在每本第二语言教材中均仅出现一次，以词条"雾"为例，在《暎咭唎国译语》中，"雾"和fog互为最优对应，且它们在此表中仅出现一次。例1反映的是名词和名词之间的"对译"关系。这是语码转换中最常见，也是最容易出现概念对等的情况。相比而言，由于动词自身具有的灵活

性，一般来说动词和动词之间实现"对译"的情况在数量上不比名词，但也并非罕见。例2的葡萄牙语词lavar和汉语词"洗"之间是语义层面的唯一对应。当然，现代汉语的特点之一就是词组的大量出现和使用，这也为词语对译带来了许多变数。尽管如此，统计时还是可以找到词组间的"等译"情况，比如例3和例4两组中的任何一组都可以满足汉、外间在语义上的自由转换和回译[①]。此外，人们常会有一种观念就是在非亲属语言间，汉语系统中的短语在外语系统中不容易具有"等译词"，但本研究在第二语言教材中找到了如例5的情况，汉语"一步一步"和法语对译完全一致。通过以上例子可以看到，"等译方式"普遍存在于汉、外对应中，从实词到词组再到成语的每个分支都会出现，是一种具有普遍性的对译方式。最后一例中的表现形式不同于前几例，词条"急"是通过在同一词条中列出汉语词的不同对应形式联合对译，在具体对译中，anxious、hurried、urgent分别对应于"急"做名词、动词和形容词时的主要义项[②]。

与此同时，在"等译方式"的对应中也会出现以下情况（见表3—11）：

表3—11

例	汉语词	外语词	教材名称
1	肥	fat	《咉咕唎国译语》
2	升	subir	《播呼都噶礼雅话》
3	拥护	soutenir	《汉语教科书》（法语版）
4	过期	overdue	《当代中文》（入门级）英语版
5	下（星期）	bas（semaine）	《汉语教科书》（法语版）

表3—11几个词条中，尽管汉语词和外语词对应在的第二语言教材中仅出现一次，但这种表面上的"唯一"对应关系实际上并不"唯一"。例1中，外语词fat除去可以对应于汉语词"胖"以外，还可以对应为

---

① "回译"，英文作back translation，指的是从顺译文出发，将译文译回原文的过程。
② 《英华合璧》（第十二版）在进行词语对译时，并不专门标注出汉语词的词性。

"肥",而"胖""肥"两词在语义上存在差异,这就容易导致第二语言学习者在跨文化交际中出现障碍(见图3—7)。相对来说,在《英华合璧》(第十二版)中,"肥"对应为 plump—of animals,尽管未用较为常见的 fat 进行对应,但这种对译在语义上更加清晰。

前文提到,动词的转化较名词的转化更不容易出现完全的"等译词",在例 2 中,汉语词"升"对应为葡语 subir。考虑到汉语和葡语的词汇系统和语义范畴自 18 世纪以来不断发生着变化,因此依照当时两种语言词语的对应关系进行比较是欠妥的。鉴于此,需要借助所选时期的双语词典进行比照和验证。为此本书选取了两本极具代表性的双语词典中的词条 subir 作为回译时的参照对象,一本是罗明坚、利玛窦 16 世纪后期合写的《葡汉辞典》手稿(1583—1588:146),另一本是江沙维(J. A. Gonçalves)编写的《洋汉合字汇》(1831:777),情况如下(见表3—12):

表3—12

汉语词	外语词	《葡汉辞典》	《洋汉合字汇》
升	subir	上、升、登	上、升、登、跻、陟

尽管在两部词典的对译中出现类似训诂学中的"互训"现象,但可以看出 subir 与"升"之间在语义范畴上存在差异。因此,原词条中将"升"对应于 subir 并非为最合适的方式。同样,现代汉语中也会遇到这样的情况,例 3 中,汉语词"拥护"的法语对译为 soutenir。实际上,该法语词在回译时既可以对应"支撑;扶住;支持,支援;拥护",又可以对应"坚持,主张,肯定;保持,维持;抵抗;忍受;补养",其语义覆盖范围之大不言而喻,其中的差异也是显而易见的。

例 4 的情况有别于前几例,汉语词"过期"和外语词 overdue 看似是等译词,但"过期"一词在英语中可以对应为 overdue 和 expired,这两个词分别对应"过期"的不同适用情况,就好像汉语词"借"在译为英语时需要同时对应 borrow 和 lend。换言之,将"过期"对应为 overdue 是不全面的(见图3—8)。此外,本书也给出了例 5 的情况,尽管法语词 bas

有"低、下"的意思,但是在汉语中,包括"下(星期)"在内的一系列以"下"加上时间或次数的词语,全都需要对应于法语中的prochaine。也就是说,bas(semaine)并不是"下(星期)"的最佳"等译词",prochaine(semaine)才是(见图3—9)。

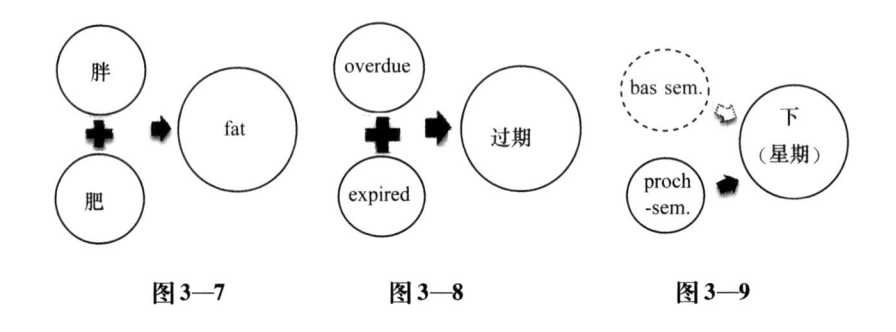

图3—7　　　　图3—8　　　　图3—9

基于以上的分析,在"等译方式"范围内,就某一个词条中汉语词和外语词的对应关系,在下列情况下可以被视为偏误现象:

(1)外语Y在回译时对应于同一词性的多个汉语词X、X'……并且各汉语词在语义上存在差异。

(2)在单一词性中,汉语词X需要对应于多个外语词Y、Y'……但译者仅选用词语Y进行对应。

(3)汉语词X在外语中存在固有对应词Y,但译者使用词语Z进行翻译。

三　仿译方式中偏误标准的界定

此类型的界定来自罗常培的《语言与文化》中对借代的描写。他在书中(2004:33—36)归纳出了甲、乙、丙、丁共四类借代情况,其中甲类为声音的替代,即把外族词语的声音转写下来,或混合外国语言和本地的意义造成新词。这类可继续分为纯译音、音兼义、音加义和译音误作译义四种情况。乙类为新谐声词,即外族词语借入后,人们又根据本族人的认知方式把它们进一步本土化,使它们成为具有本族语言特色的表意符号。丙类为借译词,即当许多本族过去没有的观念初从外族语中借来时,翻译的人不能把它和旧观念相印证,只好把原来的语词逐个直译下来。丁类为描写词,即有些外来的东西找不到相等的本地名词,于是造一个新词来描写它,或者在多少可以比较的本地物体上加上表类特征的符号。

根据本研究所涉及第二语言教材中的实际情况,我们采用的是宽范畴的词语借代翻译,也就是将这四类词语借代情况统称为词语对译中的"仿译方式"。就不同时期的表现,当汉语词语译成外语时,既可以是单音节词对应一个单词,也可以是双音节或多音节的词或词组逐一对应多个单词。

对于仿译词,人们的第一印象往往是语码转换时导致的语义空位,更极端的观点认为只要有仿译就一定会导致偏误。但事实并非如此(见表3—13)。

表3—13

例	汉语词	外语词	教材名称
1	龙	dragão	《播呼都噶礼雅话》
2		serpente	《嘆咭唎国译语》

在跨文化交际时,"龙"和 dragon 的对译是常被提及的,虽然这两种神话动物在外表上具有相似之处,但它们的文化内涵却是完全不同的。尽管如此,在第二语言教材的词语对译中几乎全部用 dragon 对应"龙",学界也往往将这个对应看作文化空缺的典型案例。

从词源学的角度看,拉丁语族诸语言的 dragon 一词均源于希腊语的 δράκων(dráko_ n),经拉丁语 draco 派生到各语言中(见表3—14)。

表3—14

法语	英语	西班牙语	意大利语	葡萄牙语
dragon	dragon	dragón	drago	dragão

16世纪末,耶稣会的利玛窦写过一本 *Storia dell'introduzione del cris-*

tianesimo in Cina（《基督教入华史》），其中在介绍中国人正月初一祭祖的场面时，对"龙"有过这样的描述（1942：80）"置一宝座，立镀金龙幔，皇权也"①。他用 dragoni（drago 的复数形式）对应汉语的"龙"，同时还指出了"龙"和"权"的关系。

也就是说，在16世纪末，耶稣会传教士已经了解"龙"在中国社会中的地位及其文化内涵，并不是简单地将"龙"与 drago 画上等号。尽管 dragon 一词在西方文化中另有其意，但在这里利玛窦并没有抵制"龙"，反而采用"文化适应"的方法，对"龙"加以客观说明，以更好地把中国的见闻告诉西方人。正如编辑此书的耶稣会士德礼贤（Pasquale M. d'Elia）在同页注释5中提到的"龙于中国，犹鹰于罗马，玛窦献钟于帝，钟盒满饰龙"②。这就能说明早期来华的耶稣会传教士对"龙"的社会文化内涵已有清晰的定位，并非在概念空位时随意选用 dragon 来对应。

在后一例中，与 dragon 的形式不同，"龙"一词被译为 serpente。该葡语词本指《圣经创世记》中出现的巨大蛇形恶魔，看起来在这里对应"龙"也并不合适。然而，在与利玛窦所处的相同时代里，葡萄牙道明会士克鲁士（Frei Gaspar da Cruz）于1569年著 *Tractado em que se cõtam muito por estẽso as cousas da China*（《中国概说》）一书，其中提到（1990：108）：

> 五位大员及其助手胸前和背上有皇帝权力的记号，那是用金线织成的一种蛇形，其中许多到了葡萄牙，常常被交给教堂作装饰之用。

对此，该书的译者在注释中指出这种"蛇形"就是"龙"。可以看

---

① "E tutti gli anni, in ogni citta per tutta la Cina, il primo giorno della luna, tutti i magistrati vanno ad un luogo, ciascheduni nella sua citta o terra, dove sta posto un trono reale, coperto con un ciborio pieno di dragoni intagliati e dorati per esser questa insegna reale, et altri lavori, e si pongono molte volte di ginocchi et inclinano con una cerimonia particolare molto grave, e gli acclamano con dieci milia anni di vita". 此处原文为意大利文，中文为笔者试译。

② "Il drago ear per la Cina ciò che l'aquila era per i Romani. La cosa e spiegata con particolarita ancora piu grandi piu sotto, in questo stesso numero. La cassa artistica che conteneva il grande orologio offerto dal Ricci all'imperatore era tutta fregiata di draghi". 此处原文为意大利文，中文为笔者试译。

到，原书作者很明确这种"蛇形"所包含的特殊含义，而选择 serpente 对应"龙"，并不是克鲁士本人命名的错误，只是因为他不清楚根据它的形状到底应归为哪类，是"龙形"还是"蛇形"。而实际上，不管归为哪类他都已经将选择的对应词赋予了源自"龙"的内在含义。

《播呀都噶礼雅话》是由葡萄牙传教士参与翻译的，而《哦咭唎国译语》反映的是"广东英语"这一中国皮钦语，但受到广东葡语的影响，词汇系统中仍保留了部分痕迹，serpente 即为其一。鉴于长期以来传教士在中国的活动，使得早期翻译中为 dragon 和 serpente 赋予了实际的"中国文化内涵"，这不是故意丑化"龙"的形象，而是被当时社会接纳的翻译方式。

因此采用"仿译"的方法是否会导致偏误需要根据当时社会的实际情况进行判断。同样，采用仿译方式的汉语多音节词，也并非均为偏误。比如《当代中文》（入门级）中的"京剧"一词，常用形式 Beijing Opera 已经是被社会认可的恰当表达。

当然，采用"仿译"的方法也会出现不同的问题，见表3—15：

表3—15

例	汉语词	外语词	教材名称
1	戏	théâtre	《汉语教科书》（法语版）
2	星宿	etoile	《汉语实用入门（云南话）》
3	庙	church	《哦咭唎国译语》
4	中国	middle country	《哦咭唎国译语》
5	水火	agua fogo	《播呀都噶礼雅话》
6	师傅	technician, master worker	《当代中文》（入门级）英语版

表3—15反映了各阶段第二语言教材中采用仿译方式进行词语翻译时出现的几类情况。例1中，汉语词"戏"和法语词 théâtre 指的均是具体的剧种，但"戏"在一般情况下即为"京剧"的简称，并且在课文第五十八课内出现的语境指的也是"京剧"，而 théâtre 指的是欧洲的"戏剧"，这和汉语词本身在语义上存在差距。同样的情况见例2，外语词

etoile 作为泛指意义上的"星",与汉语词"星宿"有着明显的区别。考虑到汉、外双方对特定概念的认知角度,"星宿"一词在外语中很难找到一个十分贴切的对应词,在利氏学社编写的一系列汉法词典中,并未将"星宿"译为 etoile,而是均对应为 constellation(汉语作"星座"),尽管如此,依然不能保证外语词与法语词的所指相同。也就是说,在这类中不管借用哪个外语概念进行"仿译",其结果都与汉语词的所指存在差异。

例 3 和例 4 为一组,例 3 中"庙"一词本身已具有被普遍接受的"仿译"对应词 temple,然而此处却选用了另一个 church(汉译为"教堂"),这种偏误的形成原因是本研究希望了解的,也是后文将具体分析的。同样,例 4"中国"一词的偏误现象也值得讨论,在《嘆咭唎国译语》中,"中国"并没有对应 China,而是通过"仿译"的方式将"中"和"国"分别翻译。

例 5 中,汉语词"水火"也是通过逐一对应的"仿译"方式进行翻译,其葡语 agua fogo 分别对应"水"和"火"。就此情况,笔者曾做过一个小范围的调查。调查了一些汉语水平很好的留学生,其中也包括双语熟练的华裔学生,这些第二语言学习者在听到 agua fogo 或 water fire 的第一反应几乎一致,即"这是什么",而其中不少人知道"水火"一词的含义。这也说明这种仿译方式的确是一种偏误现象。

例 6 中,"师傅"一词作为一种称呼并不仅限于技术领域,而是作为一种泛化的称呼方式,在面对多类人群时都会用到,采用仿译的方式翻译为 technician 就会在语义范畴上出现偏差。

通过以上例证的判断,在仿译方式中,汉语词和外语词的对应关系在下列情况中可以被视为偏误现象:

(1)译者不采用汉语词 X 在外语中存在的固有对应词(或表达)Y,而使用逐字对应的方式 Z 进行翻译(见图 3—10)。

(2)由于概念上的空位,使得外语词(或表达)Y 与汉语词 X 之间出现语义错位(见图 3—11)。

(3)译者依照汉语词 X 的形式进行逐字翻译,形成 Y,但 Y 不具有任何意义(见图 3—12)。

图 3—10　　　　　图 3—11　　　　　图 3—12

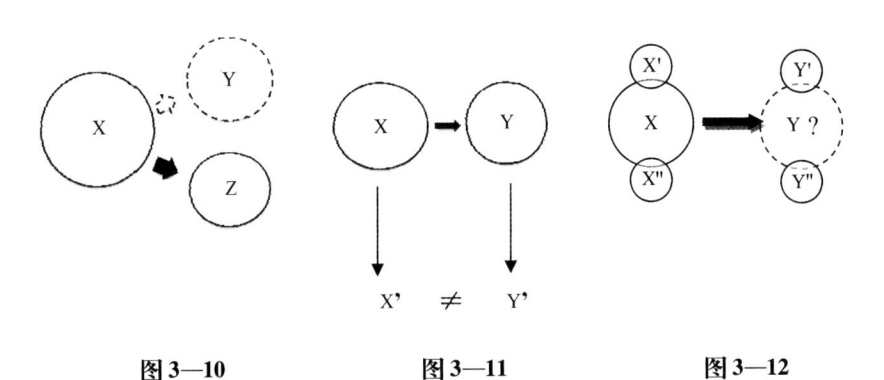

四　释译方式中偏误标准的界定

释译，英语作 paraphrase，也是翻译中常用的一种方法。前面曾提到 J. Dryden 提出的翻译三分法中就包括释译。一般来说，释译就是以松散的措辞、用自己的话表述某件事情。在第二语言教材的词语对译中并不能完全依赖直接翻译，在一些情况下需要对汉语词语进行解释或描写来完成语码的转换，其中多数情况是由于在外语系统中无法找到与汉语中的某个概念表达完全一致的词语表达，因此需要通过解释和描述完成汉语到外语的语码转换。以下将结合本研究涉及的第二语言教材，对其中采用释译方式的词语进行分析说明。

表 3—16

例	汉语词	外语表达	教材名称
1	晷	relógio do sol	《播呼都噶礼雅话》
2	元宝	a shoe of silver weighing about 50 ounces	《英华合璧》（第十二版）
3	收拾	mettre en bien etat	《弗喇安西雅话》
4	重视	considérer comme important	《汉语教科书》（法语版）
5	递给	remettre de la main a la main	《汉语实用入门（云南话）》
6	四季如春	éprimavera todo o ano	《当代中文》（入门级）葡语版

上表中的几个例子反映的都是释译方式下汉语到外语的转换，并且正确表现了汉语词的意义。例 1、例 2 反映的是对名词进行"释译"的情况，例 1 中的汉语词"晷"，指的是"日晷"，该词在英语中具有完全对等形式，即 sundial，但在葡语中则需要通过"释译"的方式进行翻译，外语 relógio do sol（字面意思是"太阳的钟"）能够正确表达汉语词的意义。例 2 中"元宝"一词本身并不存在外语的对应形式，译者就翻译成"约重 1417 克的鞋形银子"①。查阅相关材料可知，银元宝"外貌呈椭圆形及长方形，银元宝一般两耳高立，两耳中间面部凹下平坦洁白光润，底部有蜂窝，蜂窝口小洞大，深浅不一，分布自然，打击声音贯通一致，重量 1750 克左右"，将以上两种说法进行比较后不难发现，虽然不具备对等概念，但外语表达从外形上将"元宝"的基本情况进行了描述，正确传达了汉语词的意思。例 3、例 4、例 5 反映的是对译方式下动词间的转换情况。此三例中的汉语词在法语中并不存在概念上的等价词，通过采用释译方式进行翻译后都能够正确表现汉语词的意思，即"收拾"（放好）、"重视"（认为重要）、"递给"（从一只手交到另一只手）。例 6 反映的是成语的翻译，一般来说在两种语言系统中对待同一情况很少存在完全一致的比拟方法，就"四季如春"而言，同样的说法并不常见于葡语中，但通过释译方式后的说法基本上符合了汉语成语想要表达的意思，即"一年都是春天"。

以上几例反映的一个事实是，当一种语言中的某些概念在另一种语言中不具有对应表达时，就有可能需要借助描写和解释进行翻译。转换后的表达通常能够传递汉语词的主要意思，并不会曲解或变更原意。与此同时，在第二语言教材词语的对译中，也出现了如下表 3—17 几类典型现象：

表 3—17

例	汉语词	外语表达	教材名称
1	日落	sun going down	《嘆咭唎国译语》
2	开发区	newly opened area	《当代中文》（入门级）英语版
3	京城	muralha da corte	《播呀都噶礼雅话》
4	生番	né dans un pays étranger	《弗喇安西雅话》
5	车水马龙	tráfego engarrafado	《当代中文》（入门级）葡语版
6	默（写）	écrire sous la dictée	《汉语教科书》（法语版）
7	戴	to wear on the head or on the nose	《英华合璧》（第十二版）
8	墙垣	parede de Taipa	《播呀都噶礼雅话》

---

① 为了方便与下文比较，此处将 50 盎司换算为克。

上表中的例1和例2中，汉语词本身在外语中其实具有固定的对应形式 sunset 和 newly developed zones，但译者在翻译过程中却放弃了这一形式，采用另一种形式进行语码的转换。以前一个为例，其中"日落"在英语中主要的对应词为 sunset，教材中却对应为 sun going down，这种偏误现象出现的原因是本研究需要考察的。

例3和例4两例在对汉语词进行语码转换时，主要依据汉语词的形式，但没有考虑到汉语词的内容。如"京城"一词在能够找到的词典中主要的英语对应形式是 capital（首都），葡语作 corte。而此处"京"对应为 corte，"城"对应为 muralha，这样就割裂了汉语词的内容。同样的情况在"生番"一词中也表现得很清楚。关于"生番"，魏源在《圣武记》卷十一中提到"惟凉山内生番……多不火食"。《清史稿·穆宗纪二》也有过记载"日本兵船抵台湾登岸，与生番寻衅"，这里所说的"生番"是旧时侮称文明发展程度较低的人，多指少数民族或外族。但外语表达中并没有体现这一基本内容，其表达仅反映的是汉语词形式上的对应，即"出生在外国"。这种现象是"释译"方法导致的主要偏误之一。

除上述两种情况外，例5到例7所反映的是另一种"释译"的问题。以"车水马龙"为例，依据外语的翻译情况，首先肯定 tráfego engarrafado 并不是按照汉语词的形式进行翻译，而是侧重汉语词的内容进行翻译，外语可以理解为"交通繁忙"。实际上"交通繁忙"不是"车水马龙"的全部意思，即形容来往车马很多，连续不断的热闹情景。换句话说，这种"释译"的方式虽然从汉语词的内容出发进行翻译，但对汉语词进行描写时不能照顾全面或者出现语义上的偏转。

例8反映的是"释译"方法中的最后一个大类，"墙垣"中含 parede（汉译为"一堵墙"）之意，即属于广义上的"墙"，但从语义对应的角度看，汉语"墙垣"一词译为葡语 muro baixo（汉译为"矮墙"）更为妥当，译者在对译该词时并未采用此葡语意译，而是在表示"墙"的 parede 后添加了 Taipa 一词。从短语结构上看，该词是作为 parede 的修饰或限定成分，在江沙维所著《洋汉合字汇》中，作者把 Taipa 对应的汉语义写作"十字门"，而这个意思并没有体现在汉语词"墙垣"中。这就是说，在外语对译中出现了汉语词本身不具备的语义成分。这些成分是什么，是什么原因导致的，反映的又是什么问题，就是分析这类偏误现象时的重点。

通过以上的说明，在释译方式中，汉语词和对应的外语表达在下列情况下可以被视为偏误现象：

（1）汉语词 X 在外语中存在固有对应词（或表达）Y，但外语使用 Z 进行对应（见图 3—13）。

（2）外语表达 Y 未能涵盖汉语词 X 的全部内容。

（a）译者依照汉语词 X 的形式进行翻译，表达 Y 忽略了汉语词的内容 X′（见图 3—14）。

（b）译者依照汉语词 X 的内容进行翻译，表达 Y 或仅部分涵盖汉语词的内容，或出现语义上的偏转（见图 3—15）。

（3）外语表达 Y 出现了汉语词 X 在形式和内容以外的信息或冗余表达 Y′（见图 3—16）。

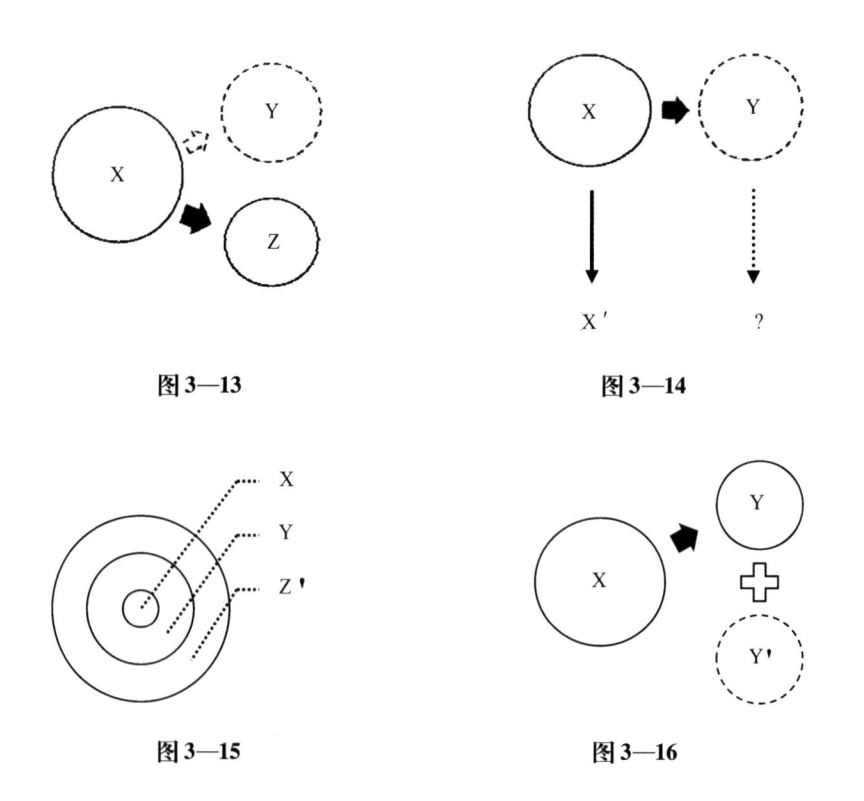

图 3—13

图 3—14

图 3—15

图 3—16

五 转译方式中偏误标准的界定

转译,英语作 conversion。所谓转译法指的是在语码转换的过程中,由于汉语和外语在语法和习惯表达上的差异,在保证汉语词语义不变的情况下,根据外语的规范表达方式进行词性转换的方法。使用转译法的目的是使翻译顺畅,在具体使用时一方面考虑的是句法关系,另一方面考虑的则是语篇关系。转译法的主要表现之一就是词类的转换,Catford(1978:78-79)称其为 Class-shift,并指出"翻译对应物与相对应的汉语词项的词类不同时,就出现了词类转译现象。由于词类逻辑对句子结构有依赖性,所以结构转换往往蕴含着词类转换"[1]。

词类转换本身与偏误问题并不构成绝对的因果关系,合理的词类转换可以使得翻译更加精准。然而,也应该看到,就第二语言教材中的词语对译而言,即便针对的是汉语词在课文中的主要义项,在实际对译中还是需要基于独立的语际间的语码转换,而非提升到小句或语篇层面的对应。因此,包括"连贯"和"衔接"在内的语篇要素以及结构关系的句法要素对语码转码的影响较小。这也使得在第二语言教材中采用转译方式进行翻译的词语较上述其他几类现象在数量上少得多,但绝非完全不存在。见表3—18:

表3—18

例	汉语词	外语词	教材名称
1	着急	s'inquiéter, être anxieux	《当代中文》(入门级)法语版
2	疼	to ache	《当代中文》(入门级)英语版

以上两例采用转译方式的词条中,"着急"和"疼"在教材中的词性

---

[1] "Class-shift, then occurs when the translation equivalent of a SL item is a member of a different class from the original item. Because of the logical dependence of class on structure (of the unit at the rank above) it is clear that structure-shifts usually entail class-shifts, through this may be demonstrable only at a secondary degree of delicacy"。此处原文为英文,中文为笔者试译。

标注都为形容词，而对译中则全部表现为动词形式。其一，从语义层面来看，这两个词在相应语言中不具备形容词性表达，与词条平行的同一系列其他语种的教材中也用动词进行对译，也就是说，选用动词形式是最主要的表达形式。其二，从课文中的实际语境来看，两个词在课文中的实际语境分别为"我肚子疼"和"别着急，我还没说完呢"。在这两句中，尽管汉语词的词性为形容词，但若将外语词放入原句的翻译中，都能够符合句意，并且也比其他表达方法更加合理。因此，在本研究中，与这两例情况一致的词条可以视为恰当的转译现象。

除此以外，初步统计本研究涉及的第二语言教材中的词语对译，能够发现，通过"转译"的方式进行语码转换还有下列词条反映的几类典型情况（见表3—19）。

表3—19

例	汉语词	外语对译	教材名称
1	伶俐	a clever young man	《㗆咭唎国译语》
2	轻	a light thing	《㗆咭唎国译语》
3	跛	boiter	《汉语实用入门》（云南话）
4	喜欢	content	《汉语实用入门》（云南话）
5	管事	governar	《播哷都噶礼雅话》
6	榜文	promulgar	《播哷都噶礼雅话》
7	可惜	hélas	《汉语实用入门》（云南话）
8	忠心	dévoué	《汉语实用入门》（云南话）

以上几例基本可以分为以下几类，例1和例2可以视为第一类。可以看到，作为形容词的"伶俐"和"轻"在英语中具有对应词 clever 和 light，但此处这两个汉语词均用英语中的名词性表达进行对应，并且在翻译时引入了汉语词本身不具备的名词性信息，从而使得汉语词和外语词语的对应关系变成了"伶俐—伶俐的青年"，"轻—轻的东西"，而这种并不符合一般对应关系的现象就可看作一种偏误。

例3到例6的四个词条可以视为第二类情况。这几例中的汉语词在外语中都具有相同词性的对应词或表达。其中，"跸"是形容词，意为"（脚）跛"，法语词boiter是动词，意为"跛行，蹒跚；站不住脚"，其形容词形式为boiteuse。在课文中的原句为"这个跛子是让人打跛的"，而从课文中附上的译句ce boiteux est devenu infirme, pour avoir été blessé par quelqu'un中可以看到，"跸"被译为形容词infirme，也就说明翻译成动词形式不是最合适的选择。例4的情况类似例3，汉语词"喜欢"在教材中为动词，课文中的原句为"为那样你不喜欢在云南"，在教材附上的译文中，此句被译为pourquoi n'aimez-vous pas le Yunnan。其中"喜欢"一词在译句中对应为动词"aimer（aimez的原型）"，不过该表述却没有反映在生词表的对译中，而是用形容词"满意的"进行对译。例5中，"管事"一词为名词，在《汉洋合字汇》（1833：685）中只有唯一解释"处事掌权之人"①，而这与原词条中葡语词governar（动词，译为"管、握权、管理"）没有直接联系。例6的情况类似例5，汉语词和外语词之间的词性也为名词到动词的对应，汉语词"榜文"指"公告；榜上的明文，或告示"，而葡语promulgar在《洋汉合字汇》（1831：668）中的解释为"传开、传扬、宣扬、颁布"。就常用词性而言，这二者之间所具有的对应关系并不紧密。

例7和例8的情况与前两类稍有不同。在例7中，法语词hélas为叹词，汉语常译为"哎呀"。通常情况下，在使用hélas和"哎呀"时，情感上常伴随有"可惜""不尽如人意"的含义。鉴于汉语和法语分属不同语系，而法语本身使用抽象的表达方式，可以说用hélas对应并非全无道理。然而，比较汉语词"可惜"和hélas的使用条件后可以看到，hélas一词并非适用于"可惜"的全部情况，很多情况下需要用名词dommage进行对应，比如"这太可惜了"。从此角度看，将汉语词"可惜"转译为hélas有不妥之处。例8中，法语词dévoué为形容词，汉语可译为"忠心的"。不能否认的是，在实际语篇翻译中词性的转换是保证译文达到

---

① 管事：tratar do negocio, que tem jurisdicção sobre terras, 此处原文为葡文，中文为笔者试译。

"信、达、雅"的一个不可或缺的因素。但同前例一样，作为名词的"忠心"并不是在所有情况下都可以用 dévoué 进行对应，而是需要选择名词形式 dévouement 进行对应。

结合以上分析，采用转译方式翻译时，汉语词和对应的外语表达在下列情况下可以被视为偏误现象：

（1）汉语词 X 在外语中本有恰当的同一词性对应词语 Y，

（a）但译者在外语词 Y 上附加其他成分 Z，从而改变外语表达的词性（见图3—17）。

（b）但译者采用其他词性的词语 Z 进行对应，并且 Z 在原语境中无法进行回译（见图3—18）。

（2）不同词性间，外语词 Y 可以在一些情况下可以回译为汉语词 X，但不能涵盖 X 的全部使用环境（见图3—19）。

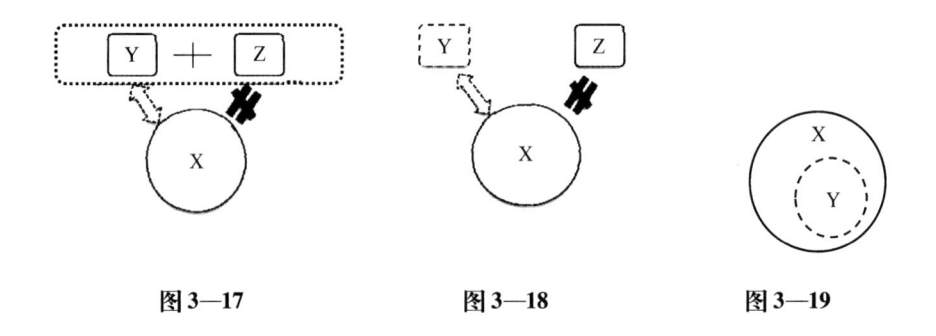

图3—17　　　　　　图3—18　　　　　　图3—19

如同语言中的其他现象一样，第二语言教材中的词语对译的确存在同时跨越多种类型的情况。对此，在本研究中，当某个词条中的对译同时涵盖多个偏误类型时，须按照"先概念后形式"的顺序进行归类（如表3—20）。

表3—20

汉语词	外语表达	教材名称
然灯	light a candle	《嘆咭唎国译语》

汉语词"然灯"在第二语言教材中对应为 light a candle，回译时可以对应为"点燃一盏灯"。而实际上"然灯"为名词，本指燃灯佛（dīpaṃkara），这一点可以通过平行的《华夷译语：播呼都噶礼雅话》进行验证，在后者中，"燃灯"对应为 casta de indios，回译时可以解释为"佛的一种"，尽管没有具体指出佛的名字，但比起《暎咭唎国译语》中的对应不容易引发歧义。由此可见，表3—20中的"然灯"应属词语对译偏误，其内部包括两种方式的对译偏误，一种是释译方式偏误，另一种是转译方式偏误。由于"然灯"的概念不存在于外语的概念系统中，尽管同时将名词转译为动词词组，但在实际归类中，本研究依然把该词条归入释译偏误。

通过以上的分析，在本研究中，将严格按照不同对译方式内的偏误种类进行统计分析，从而挖掘其中有价值的信息。这是因为不同的对译方式中词语的偏误特点也不同，通过本部分的考察可知区分或提取不同偏误类别是有客观标准的，这一标准是本研究提取和分类的依据。依照此标准，在对具体偏误现象进行分析时就能够找出导致偏误产生的原因和规律。

第四节　研究的基本步骤

本研究的基本步骤如下。

第一，甄别偏误词语。

对实词进行统计整理，并以表格的形式展现。为了使数据更加科学和严谨，本研究采用三种标准相互辅助来确认偏误，第一种是凭借自身的外语能力，这可以剥离出大多数词语对译偏误。对于那些不确定的词语对译，则会借助第二种标准，就是每个时期的权威双语词典，一方面可以辅助确认对译偏误，另一方面可以复审已筛选出的偏误。就某些词语，还将借助外语母语者进行第三次审查以确认词语对译的偏误与否。

第二，统计数据。

对甄别出来的词语对译偏误，从研究需求出发，统计数据。具体包括以下几个角度：一是偏误与非偏误的比例；二是每种对译方式内偏误的比例；三是每种词性的偏误与偏误总量的比例关系。这些数据是探讨第二语言教材词语对译偏误规律的最重要的数据。

第三，归纳描写偏误。

通过对各种对译方式中的偏误进行类型上的归纳，可以发掘出各种类型中的普遍性偏误和特殊性偏误。

第四，分析偏误成因。

通过对每个小类中的偏误进行分析，分别从社会环境、虚拟语境、交际环境、文化差异、价值关系等角度考察这些普遍性偏误和特殊性偏误形成的原因。对于早期的偏误现象，在分析时会参考相关史料。

第五，对偏误成因进行双向对比。

所谓双向对比包括：对比《暎咭唎国译语》和《播呼都噶礼雅话》中每种对译方式在偏误成因上的关联；对比《暎咭唎国译语》和《播呼都噶礼雅话》之间在偏误成因上的规律性因素。

第六，总结。

最后是对这些对比的结果进行总结，目的是发现中国皮钦语和汉语中介语的词语对译成因中的共有特征和规律性因素。

第 四 章

《嘆咭唎国译语》词语对译偏误研究

《嘆咭唎国译语》共收词734个（全书词表见附录Ⅳ），其中个别词条中出现了前面提到的外语对译和汉字注音不一致的现象，这给偏误的界定和提取带来了一定的困难。包括"西番译语系列""西洋译语系列"在内，汉语词和外语词（或表达）之间的对应关系是"华夷译语"的核心对应情况。基于这一编写规律，在《嘆咭唎国译语》的词语分析中，本研究主要根据的是这种对应关系，而将汉语词和汉字注音之间的对应关系以及外语词（或表达）和汉字注音的对应关系仅作为参考。

第一节 《嘆咭唎国译语》总体词语考察及统计

在对《嘆咭唎国译语》进行考察时，首先根据前章限定的研究范围，筛选出其中的汉语实词部分。表4—1展现的是词语分布的基本情况。

表4—1　　　　　　《嘆咭唎国译语》实词分布

词性	名词	动词	形容词	数词	量词	数量词	代词	总数
总词数（个）	457	87	66	13	3	6	11	643

再根据五种对译方式进行归类，分出偏误词语与非偏误词语，并为汉语词标注相应的词性。

表 4—2　　　　《暎咭唎国译语》偏误词与非偏误词分布

词性	名词	动词	形容词	数词	量词	数量词	代词	总数
非偏误词（个）	309	34	34	12	2	6	6	403
偏误词（个）	148	53	32	1	1	0	5	240

由表 4—2 可以看出，实词部分共 643 词，占全部词语数量的 87.6%。在全部实词中，按词语数量，前三位依次为名词（占全部实词数量的 71.1%）、动词（占全部实词数量的 13.5%）、形容词（占全部实词数量的 10.3%），三种词性的词语数量之和为 610，占全部实词数量的 94.9%。在表 4—2 中，除"数词"和"量词"类以外还专门列出了"数量词"一类。这是因为，数量词作为一个整体不止一次出现在《暎咭唎国译语》中，如数目门下出现"一两""一包"等。为了不影响数据的统计和之后的比较，本研究把与"一两"类型相同的数量词专门归为一类。为了进一步考察各类型词语在数据上的情况，本研究对偏误及非偏误词语进行二次划分：

表 4—3　　　　《暎咭唎国译语》各对译方式下词语分布

对译方式	词语数量（个）	名词	动词	形容词	数词	量词	数量词	代词	总数
同译方式	非偏误词	10							10
	偏误词	29	8	4					41
等译方式	非偏误词	249	31	30	12			6	328
	偏误词	47	16	11	1			3	78
仿译方式	非偏误词	31				2	6		39
	偏误词	38	3			1			42
释译方式	非偏误词	19	3	4					26
	偏误词	28	19	7				2	56
转译方式	非偏误词								0
	偏误词	6	7	10					23

通过表 4—3 提供的数据以及相关引申信息，能够看出以下几方面的

特征。

第一，从单一类型上考察，等译方式中的词语数量不论是非偏误词语还是偏误词语均最多，并且总量远高于其他几种方式，此后依次为：释译方式、仿译方式、同译方式和转译方式。这一顺序反映出了《暎咭唎国译语》的译者在进行母语和目的语词语码转换过程中的倾向性。

表4—4　　　　《暎咭唎国译语》各对译方式中的词语总数

对译方式	等译方式	释译方式	仿译方式	同译方式	转译方式
数量（个）	406	82	81	51	23

第二，尽管在等译方式中的偏误词总量比较大，但就偏误率而言，等译方式的偏误率却是最低的。其他几种方式的偏误率都远高于等译方式。偏误率由高到低依次为：转译方式、同译方式、释译方式、仿译方式、等译方式。

表4—5　　　　《暎咭唎国译语》各对译方式下词语偏误率

对译方式	转译方式	同译方式	释译方式	仿译方式	等译方式
偏误率（%）	100	80.4	68.3	51.9	19.2

这一现象反映出，在《暎咭唎国译语》中译者最容易出现词语对译偏误现象。可以看到，转译方式的偏误率较其他方式的偏误率更高，这说明当译者尝试将汉语词对应为词性不一致的外语词时出现问题的可能性就非常大。除等译方式外，其他方式中的词语偏误率也均超过50%。换言之，相较于等译方式，当译者采用其他方式进行语码转换时出现偏误的概率更大。

第三，在单一对译方式中，比较各种词性的情况可知，尽管名词数量所占比例最大，但就偏误率而言，动词和形容词更高（见表4—6）。在五种对译类型中分别有三类和两类的偏误率为100%。同样能看到，名词和代词也在特定方式中出现100%的偏误率。

表4—6 《暎咭唎国译语》对译方式中各词性偏误所占该词性词语总数比例

单位：%

单项偏误比例	名词	动词	形容词	数词	量词	数量词	代词
同译方式	74.4	100.0	100.0				
等译方式	15.9	34.0	26.8	7.7			33.3
仿译方式	55.1	100.0			33.3	0.0	
释译方式	59.6	86.4	66.7				100.0
转译方式	100.0	100.0	100.0				

从整体出发，通过考察每种词性中出现对译偏误的词语与该词性词语数量的关系，也得到了类似的数据（见表4—7）。

表4—7 《暎咭唎国译语》各词性偏误词语数量与该词性词语总量关系

词性	名词	动词	形容词	数词	量词	数量词	代词
偏误率（%）	32.4	60.1	49.3	7.7	33.3	0.0	45.6

综合表4—6和表4—7能够发现，动词和形容词在对译过程中出现偏误的概率比名词的情况更高。这说明，在《暎咭唎国译语》中，当汉语词为动词和形容词时，在寻找相对应的外语词时出现偏误的可能性更大。

第四，之前提到，在《暎咭唎国译语》中，名词偏误总数最多，数词、量词、代词中的偏误数量较少。考察每种方式中单一词性偏误占该方式全部偏误的比例关系可以发现，在各项偏误中，名词与动词、形容词比例差距最大的是仿译方式（见表4—8）。这从另一方面说明，当一个词采用仿译方式对译时出现较大偏误，那么这个词是名词的可能性最大。

表4—8 《暎咭唎国译语》各类型中单一词性偏误与该类全部偏误比例关系

单位：%

偏误/单项总和	名词	动词	形容词	数词	量词	数量词	代词
同译方式	70.7	19.5	9.8				
等译方式	60.3	20.5	14.1	1.3			3.8
仿译方式	90.4	7.1			2.3	0.0	
释译方式	50.0	33.9	12.5				3.5
转译方式	26.1	30.4	43.5				

第五，为了考察"质译"和"文译"两种方法在数据上存在的关联性，对《暎咭唎国译语》中的词语对译偏误进行归纳，即按类别考察每种词性中的词语对译偏误与该词性全部词语对译偏误的比例关系，得到表4—9。

表4—9 《暎咭唎国译语》各对译类型中
单一词性偏误与该词性全部偏误比例关系　　单位：%

对译方式	所占比例	名词	动词	形容词	数词	量词	数量词	代词
质译	同译词偏误	19.6	15.1	12.5				
	等译词偏误	31.8	30.2	34.4	100.0			60.0
	仿译词偏误	25.7	5.7			100.0	0	
	总比例	77.0	51.0	46.9	100.0	100.0	0	60.0
文译	释译词偏误	18.9	35.8	21.8				40.0
	转译词偏误	4.1	13.2	31.3				
	总比例	23.0	49.0	53.1				40.0

初步看这几种方式的比例关系分布并不集中，也不容易发现其中的内在差异。不过，当从整体上对"质译"和"文译"进行比较时就会发现各种词性之间的关系。在《暎咭唎国译语》中，动词和形容词对译的偏误率情况在"质译"和"文译"之间的分布比较平均，均在50%左右。而名词对译的偏误率则相差很大。也就是说，相较于动词和形容词对译中的偏误情况，名词在"质译"部分出现对译偏误的概率更高。

以上的分析是基于《暎咭唎国译语》中的对译偏误词语在数量上的差异进行的直观考察。从中能够在数据上为这一阶段第二语言教材的词语对译问题提供借鉴。当然，数据上的指标只是本研究考察的方面之一。在完成数据上的统计后，下一步就将针对每种对译方式中的偏误现象进行归纳和说明，分析导致偏误现象出现的因素到底有哪些。

第二节 《暎咭唎国译语》对译偏误成因分析

在前面的分析中提到，《暎咭唎国译语》的译者均是生活在广东地区的通事。根据同时期存在的其他汉语、英语对照词表可知，这些通事所掌握的英语并不是纯粹意义上的英语，而是一种夹杂着葡语成分的混合语。这种混合语可以看作广东葡语到广东英语发展过程中的过渡产物。《暎咭唎国译语》中的葡语和英语混杂现象，一般认为是在当时情况下通事们的自然语言状态。对于他们而言，同样作为外语的英语和葡语在日常交际中的差异是不显著的，而在交际目的的实现上却是相似的。基于这种考虑，在对《暎咭唎国译语》中的词语对译现象进行统计时，并不是将那些用葡语对译的词条全部认定为偏误，而是将葡语对译视为等同于英语对译的语言形式。所以，在统计时只是筛选出那些葡语对译时出现不对应的情况，而对于那些选用了正确的葡语形式对应汉语的词条，并不归入对译偏误行列。为了方便对数据进行统计以及对偏误原因的分析，本研究把《暎咭唎国译语》每种类型中的对译偏误分为英语部分和葡语部分。

在针对每种对译方式进行考察时，首先给出该方式下的总体偏误统计情况，然后在具体分析时，根据偏误现象的不同成因分门别类，最后选择偏误中最具代表性和普遍性的情况加以研究。对于那些不具备普遍性的对译偏误，在分析时则采用逐一考察的方式进行说明。

一 同译方式中的偏误成因

从总体情况上看，《暎咭唎国译语》同译词类型中的对译偏误分为19组，共计39词。其中英语部分为14组共29词，包括2个动词，4个形容词，23个名词；葡语部分为5组共10词，包括4个动词，6个名词。对应为英语的词条多于对应为葡语的词条。从词性上看，名词占优势。

（一）受语言内部因素影响导致的偏误

原因一：由语义固有差异导致的偏误。

由于汉语和英语（或葡语）分属孤立语和屈折语，这种语言类型之间存在的固有差异会导致两种语言在词语对译环节出现不对应的现象，而这种不对应并不是由译者自身的语言能力或社会、文化差异这些语外因素决定的。

表 4—10

汉语词	英语词	词性
师傅	master	名词
主		

在这组同译方式下的对译偏误中,汉语词"师傅"和"主"均对应为 master。如果从单个词语出发,这种对应本身并不存在疑问,因为英语词 master 既包括"师傅"的义项,也包括"主人"的义项。然而,同时出现在词表中的"师傅"和"主"之间在语义上并非是等同关系,它们在适用对象上存在着比较明显的差异。在现有研究成果中,这种偏误现象最为普遍,相关研究也最多。针对这种情况,研究者们侧重的是如何纠正此类对译中的偏误现象以及提出在教材编写时的相应策略,比如在对译中添加标记和符号。在谈到"编写者"的情况时,研究者们一般认为是缺乏相关的语言知识和翻译意识,才导致偏误的出现。不过,在《哎咭唎国译语》中也有另一些情况,比如:

表 4—11

汉语词	英语词	词性
饭	boil rice	名词
米	raw rice	

这两个词条中均有 rice,它既包括"饭"的意思又包括"米"的意思,为了保证语义的准确对应,译者添加了限制性成分"煮过的"和"生的"。这组词在对译时选用的方法,在现在的第二语言教材中都很难看到。由此看来,在当时,译者并不缺乏处理这类词语的策略和意识。恰恰相反,这能够说明人们在 18 世纪就已经认识到了语义关系上的不对应现象,并在翻译中进行了积极地处理。

虽然对学习意识和编写策略的考察是研究者们关注的焦点,但更重要的则是去发掘偏误现象背后的原因,也就是找到问题的根源。《暎咭唎国译语》中所说的"师傅"是与"徒弟"相对的,而"主"则与"奴婢"相对①。同时对应为 master 会让语言在使用中出现混淆并可能导致跨文化交际的障碍。产生这种对译偏误现象的原因,应该就是汉、英两种语言系统在类型上存在的固有差异。例如,英语和德语同属印欧语系的日耳曼语族,所以二者在语言内部各因素之间的距离就比英语和汉语之间的要小得多。正是这种差异的存在使得两种不同语系的语言在语码转换时出现偏误现象的概率更高。

上例所说的这种由类型差异导致的对译偏误现象是比较常见的,除了名词以外,还出现在形容词中,见下例表 4—12:

表 4—12

汉语词	英语词	词性
强	strong	形容词
硬		

在这组同译方式下的对译偏误中,汉语词"强"和"硬"均对应为 strong。相比上一例中的情况,这里涉及的两个汉语词的使用频率更高。之所以下这样的结论是因为除"华夷译语"系列外,"强"和"硬"在同一时期的其他第二语言教材中出现的次数远高于"师傅"和"主"。也就是说前者更常用。在多数情况下,strong 一词在翻译时主要取"强"的义项,同时在某些情况下取"硬"的义项②,但是"强"和"硬"在汉语中的适用环境并不一致。在原词条中,不但英语对译为 strong,相对应的汉字注音也同时对应为 strong③(之前提到《暎咭唎国译语》中的外语词和汉字注音分别由不同译者完成)。也就说明这种现象并不是个人行为或偶然的巧合,而是由于汉语和英语在类型上的差异,即词语语义间的

---

① "徒弟",《暎咭唎国译语》中记作 prentice;"奴婢",《暎咭唎国译语》中记作 escravo。
② 《英话注解》第 55 页将"硬"对应为 strong。
③ "强"和"硬"的汉字注音均对应为"意士达朗"。

固有差异导致了这种对应关系的产生。

原因二：由广东英语自身特征导致的偏误。

在《暎咭唎国译语》中，有的对译偏误现象在初步统计时会带给人们一种假象，只有进一步分析后才能发现偏误现象的根源，如：

表4—13

汉语词	英语词	词性
到	come	动词
来		

表4—13，汉语词"到"和"来"在译语中均对应come。一般情况下，汉语中的情况是，"到"和"来"可以在某些条件下进行互换而不影响意思。但是，由于"到"和"来"的方向指向不完全相同，因此并不适合将二者同时对应为come。在英语翻译时可以用两种方式表达这种方向的指向性，一种是用具有不同方向指向的词语分别进行一对一的对应；另一种是采用同一个词附加介词的形式进行对应。在这两种方式中，第二语言教材往往采用第一种方式进行翻译。在多数情况下，把"来"和come作为最优的对应，而不把come作为"到"的最优对应。这一点在字典中体现得比较全面。编写于清朝时期的一系列字典可以为此提供一些佐证：

表4—14　　　　清朝时期汉外词典中的"到"和"来"

编写时间	字典名称	汉语词	英语词
1874年	A Chinese and English Pocket Dictionary	到	to arrive
1883年	《增订英华字典》		to arrive
1892年	《圣谕广训词汇表》		to arrive at
1900年	《汉英分解字典》		to arrive at
1918年	《英华成语合璧字集》（第四版）		to arrive

续表

编写时间	字典名称	汉语词	英语词
18—19 世纪	大英博物馆藏《红毛番话》	来	come
1860 年	《英话注解》		come
1873 年	《隅举学语》		come
1883 年	《增订英华字典》		to come
1900 年	《汉英分解字典》		to come
1918 年	《英华成语合璧字集》（第四版）		to come

  这些字典有的是中国人编写的，有的是外国人编写的。但它们在处理"到"和"来"时却十分统一，即将"来"对应为 come，将"到"对应为 arrive。选择这两个词分别进行对应的方法较《嘆咭唎国译语》中的对应在语义关系上更加清楚，也比较不容易导致偏误现象的出现。谈到导致这种对译偏误现象的原因，人们或许会认为这一情况应与类型一提到的原因一致，就是由汉语和英语在语言类型学上存在的固有差异造成的。然而，考虑到当时的时代背景，其中还应该有另一层原因。《嘆咭唎国译语》反映的是广东英语这一特殊的混合语，它的词汇量并不丰富，比自然语言的数量少得多。Hall（1959：130）认为，世界上的混合语一般来说"词汇量都很小，多在七百到一千五百之间"。那么，对于"广东英语"的使用者而言，他就要用有限的词语组合成句来完成不同的交际需求，这就得选择那些使用频率最高的词用于交流。对他们来说，come 比 arrive 在实际应用中的使用范围更广，也更方便记忆（在同时期的广东方言注音中，come 主要用"今"或"监"作为注音汉字，而 arrive 则通常需要两到三个注音汉字）。正是这种由词汇量上的不足导致的"简易"使得词语在对译中出现偏误，可以想象，这种对应在实际生活中也一定会导致跨文化交际的障碍。

  这种现象不仅出现在动词的对应中，在其他词性中也有。

表 4—15

汉语词	英语词	词性
楪	dish	名词
盆		
杓①		

在这组偏误中，汉语词"楪""盆"和"杓"均对应为 dish。尽管这三者均为器皿，但所指并不相同，一般来说不能简单对应为同一个词，特别是当三者先后出现时。或许在特定情况中"楪"和"盆"可以对应为 dish，但"杓"在任何情况下都不能对应为 dish。《增订英华字典》（1883：398）对 dish 的解释是：盘、碗、盂。而《汉英分解字典》更加详细地对三个词进行了解释（1900：463，349，358）。

表 4—16

汉语词	英语词	词性
楪	a plate, a small dish, a saucer	名词
盆	a basin, a tub, a pot, a bowl	
杓	a calabash, a gourd, a ladle	

对这几个汉语词进行如此精确解释的前提是鲍康宁（F. W. Baller）自身对汉语非常精通，这让他能够在英语中找到每个汉语词在每个语义范畴上的合理对应。反观《暎咭唎国译语》的译者，他们的语言知识并不丰富，同时受限于广东英语自身的词汇量，所以当遇到非常用词或者不知道如何对应时，只能采用这种方式进行对应。

（二）受语言内部、语言外部因素共同影响导致的偏误

原因一：由汉语方言特征和学习方式导致的偏误。

对于另一些词语对译，往往一眼就知道词的对应关系是有问题的，但却不能阐述问题产生的原因。只有借助早先的研究，才能发掘出导致

---

① 杓，音 biāo，今作"勺"。

对译偏误的真正原因。

表4—17

汉语词	英语词	词性
帽	head	名词
头		

　　这里，汉语词"帽"和"头"均对应为head。很容易将这组词认定为偏误现象，因为英语词head本身并不含有"帽"的义项。这种对应关系看起来并不符合逻辑，应该是译者偶然产生的一种错误，因为人们都知道"帽"在英语中的常用对应词是hat，而不是head。那么，究竟是什么原因诱发了这种对译上的偏误？《暎咭唎国译语》抄本中对应"帽"和"头"的head一词均用"歇"作为汉字注音。已知的情况是译者均来自广东地区，使用的方言为粤方言。与普通话中的发音不同在于，"歇"字在广东方言中为入声字，国际音标记作［hit］。在《暎咭唎国译语》中，"歇"字除了作为head（［hed］）的注音汉字外，还作为英语词hair（［hɛr］）的注音汉字①。可以看到，其中"歇"中的首字母［h］只对应英语辅音［h］；韵母中的［i］既可以对应head中的元音［e］，也可以对应hair中的元音［ɛ］，而入声韵尾［t］本身就可以表示辅音结尾［t］和［d］。于是，得到了这样的一种组合结果［hɛt］，这与表示帽子的hat（［hæt］）在发音部位和发音方法上的相似度很高。

　　根据同一时期《澳门纪略》中的记音方式以及其他早期的双语对照手册可知，早期人们学习外语时首先借助的是直接认读汉字注音的方式，并非借助拉丁字母。受到汉语自身发音特点的影响，汉字注音并不能做到与外语词发音完全一致，往往会出现用一个汉字作为不同音节的注音的情况。另一方面，在外语记音时，受到学习者自身语音系统和语言使用环境的影响，不能做到清楚分辨每一个音节。因此当初次听到head和hat时，学习者并不能准确区分语音上的差别，就可能出现将两个词同记

---

① 在《暎咭唎国译语》身体门中，词条"毛"的汉字注音为"歇儿"。

为"歇"。而 head 本身的使用频率高于 hat，在之后的拉丁字母转换时，就会很自然地将单字"歇"全部记作 head，也就形成了词表中出现的用 head 分别对应"头"和"帽"的情况。

相同的情况也出现在下例中（见表4—18）。

表4—18

汉语词	英语词	词性
布	cloth	名词
衣		

表 4—18 中，汉语词"布"和"衣"均对应为 cloth，音标作[klɔθ]。英语词 cloth 本身包含的义项中只有"布"，没有"衣"。后者的正确对应词应为 clothes，音标作[kləuðz]。这两个英语词中无论元音还是辅音结尾，在汉语语音系统都不能够起到区别意义的作用。因此受到汉语自身发音系统的影响，语言学习者在学习环节并不能意识到其中的音位对立，就有可能将"布"和"衣"这两个汉语词同时记为 cloth。

（三）受语言外部因素影响导致的偏误

原因一：由文化空缺导致的偏误。

在《喫咕唎国译语》同译方式中，不仅包括类型一中的那些由语言类型上的差异导致的偏误，还包括另外一些原因。这些原因同样会引发词语对译的偏误现象。如：

表4—19

汉语词	葡语词	词性
钹	talha	名词
铙		

在这组同译方式的对译偏误中，汉语词"钹"和"铙"均对应为 talha。两个汉语词本指娱乐用的乐器，后被用于佛门中的伎乐供养，并成为塔供养及佛供养的法器。它们是中华民族独有的乐器，在西方国家很

难见到。在《嘆咭唎国译语》中译者将这两个汉语词同时对应为 talha。根据之前的研究可以确定 talha 并不是英语词，而是葡语词。通过对相关材料的整理，在《播哷都噶礼雅话》第五册的器用门中找到了 talha 一词，葡萄牙传教士用它对应汉语词"罈"。为了进一步确认，参照《洋汉合字汇》（1831：789）发现其中对 talha 的解释是"水缸、甕"。综合两者可知，talha 指的就是一种容器，与乐器毫无关系。显然，词条中用 talha 对应"钹"和"铙"是完全不合适的。这种由语言外部因素导致的偏误现象，究其原因是在他国文化中找不到与汉语中的概念相对应的词语，于是译者只能根据自己对物体本身的理解进行翻译。在这里，译者依据的不是人们通常在遇到此类情况时选择的功能相似性进行翻译，而是依据"钹"和"铙"在形状上的相似性选择词语对应。然而这种对应却加大了双方语义之间的距离。

可以说，这组例子中的外语词完全不能让人们联想到所对应的汉语原词。其他一些对应关系则多少可以为人们搭建一个理解的桥梁，如下例（表4—20）：

表4—20

汉语词	英语词	词性
拜	nod head	动词
叩头		

此处的汉语词"拜"和"叩头"均对应为英语 nod head。汉语中的"拜"和"叩头"之间并不是完全相等的关系。在古代，臣子见君王时要"拜"，而不是下跪"叩头"。一般来说，行拜礼多是用于特殊情况，比如祝贺。宋朝王楙在《野客丛书》（1991：329）中对此有过描写，"古者拜礼，非特首至地然后为拜也。凡头俯、膝屈、手动，皆谓之拜"。可见，叩头这一形式只是拜礼的一种，但不能代表拜礼。所以《嘆咭唎国译语》的译者将这两个词对应于同一形式就是一种对译的偏误现象。而且外语 nod head，汉语作"点头"，该词组与"拜"和"叩头"相距颇大。究其原因，主要是西方国家不存在中华民族的相关概念。特别是叩头，其中

最具代表性的是18世纪末英国马嘎尔尼来华拜见乾隆时引发的"礼仪之争"。同时,也能从中看到,《暎咭唎国译语》的译者在翻译时只是部分参照了"拜"和"叩头"的形式特征,而没有真正做到将原词的完整概念转换到英语中。这就使得"点头"的行为不论从程度上还是表达形式上都产生了距离。

(四)偏误成因尚不确定

表4—21

汉语词	英语词	汉字注音	词性
世界	good time	个多低墨	名词
水		挖达	

这组偏误中,汉语词"世界"和"水"均对应为good time。这种对应关系显然不合常理。一个最基本的常识是,"世界"和"水"在英语中都存在直接对应词,就是world和water,特别是后者的"水"。作为日常生活中使用频率很高的一个词,《暎咭唎国译语》的译者却没有选用,而用good time对应。这种情况自然不属于由语言内部差异导致的偏误,而应该是由语言外部因素引起的。这里选用的good time在英语中并无实际意义,更谈不上含有"世界"或"水"的意思。而且,通过两个词的汉字注音可以看到,"世界"的注音汉字"个多低墨"就是good time的注音,而"水"的注音汉字"挖达"实际对应的是water。此外,《暎咭唎国译语》中有"天下"一词,该词不论是英语对译还是汉字注音均对应的是whole world。这就说明两个译者都知道world一词。那么为什么要用good time作为"世界"和"水"的对译,它到底代表的是什么,是真的不会翻译还是说用good time作为某种临时性的标记,这一点在目前的研究中还没有得到答案。

通过上述对同译方式下词语对译偏误的分析,可以得到以下几点结论。

(1)《暎咭唎国译语》同译方式的对译偏误既包括由语言内部因素导致的,又包括由语言外部因素导致的。

（2）从词语数量上看，语言外部因素参与并导致的偏误（共 23 词）多于单纯的语言内部因素导致的偏误（共 16 词）。并且大多数类型中都包含了两种以上的词性。

（3）语言内部因素导致的偏误原因比较单一，主要是由于两种语言在类型上的差异产生的词语语义层面的不对应；语言外部因素导致的偏误原因比较复杂，包括社会背景、文化差异以及个人因素。

（4）特定类型词语对译偏误现象的成因是有主次之分的，并且在发展中往往伴随着诱因在顺序上的改变或者某种诱因的消失。

二 等译方式中的偏误成因

从总体情况上看，《㗆咭唎国译语》等译方式中的词语对译偏误共 78 个，包括 47 个名词、16 个动词、11 个形容词、3 个代词、1 个数词。采用英语词对应的偏误为 53 个，采用葡语词对应的偏误为 25 个。在考察等译方式中词语对译偏误产生的原因时，依然采用与前一种方式相同的分析依据，即根据不同成因划分为小类并举例说明。

（一）受语言内部因素影响导致的偏误

原因一：由"形态变化"导致的偏误。

与同译方式的偏误构成稍显不同的是，在等译方式中出现了几例代词的偏误现象，且表现形式相对集中，如：

表 4—22

汉语词	英语词	词性
我	I	代词
他	he	

以上两个词条中，"我"和"他"分别对应英语词 I 和 he，它们是英语第一人称单数和第三人称单数的主格形式。实际上，汉语的"我"和"他"不但可以对应英语人称代词的主格形式，而且可以对应相关代词的宾格形式，比如在句子 This is me, that is him（这个是我，那个是他）中，"我"和"他"就分别对应 me 和 him。出现这种情况是因为汉语不

存在英语中的格变化，因此在翻译时就容易出现例子中的偏误。此外，《暎咭唎国译语》中，汉语词"你"对应为 you 并没有出现偏误现象，这并不是因为译者翻译对了，而是因为在英语中 you 作为第二人称的主格和宾格代词时出现了重合。

除此以外，还有一种情况（表4—23）。

表 4—23

汉语词	英语词	词性
象牙	elephants tooths	名词

表4—23中汉语词"象牙"对应于英语 elephants tooths。表面上看，译者意识到了在翻译该汉语词时需要注意的问题，于是把"象"和"牙"的对应词全部添加了复数形式 s。可事实是，"牙"的对应词并不是直接在 tooth 后添加复数标记 s，而是将 tooth 变为 teeth。对于一个汉语母语者来说，英语中的复数标记是很难掌握的。存在于孤立语和屈折语之间的特征差异导致的偏误现象对汉语母语者来说是很难避免的。在葡语中还发现了这样的现象（表4—24）

表 4—24

汉语词	葡语词	词性
奴婢	escravo	名词

这里，汉语词"奴婢"对应为葡语词 escravo。葡语中的形态变化比英语更丰富，特别是在表示名词的阴阳性上。词 escravo 的结尾为 o，是名词的阳性标记。《洋汉合字汇》（1831：315）对 escravo 的解释是"奴才、奴役"，同页中表示"奴婢"的葡语词的对应形式为 escrava。如果按照"奴婢"一词在《洋汉合字汇》中的对译，那么肯定是应该对应为阴性名词。如果根据"奴婢"的初始义看，"奴"表示男仆人，"婢"表示女仆人，这个双音节词就是男女仆人的统称，那么就应该将阴性、阳性

词同时作为对应词。但在英语中没有阴性、阳性的区分，所以"奴婢"一词在词表中的汉字注音"设立"（英语拼写形式的构拟是 slave，为英语，表示"奴隶"）就反映不出这类问题。

综合以上三个例子可知，《暎咭唎国译语》的译者在进行翻译时出现的偏误表现为两种语言在"性、数、格"上的不一致。这种现象一方面是广东英语的自有特征，即语言内部形态变化的缺失决定的；另一方面也是由作为孤立语的汉语和作为屈折语的印欧语在语言内部存在的固有差异导致的。

原因二：由语义固有差异导致的偏误。

此类中的词语对译偏误现象是比较容易出现也是比较容易被发现的。尽管它们外在的表现形式并不局限于一种情况，但在《暎咭唎国译语》中也常出现下列情况（表4—25）：

表 4—25

汉语词	英语词	词性
江	river	名词

表 4—25 中汉语词"江"对应为英语词 river。这种对应关系所反映出的问题是比较明显的，英语词 river 的义项既包括汉语词"江"也包括汉语词"河"，如"长江"（the Yangtze River）和"黄河"（the Yellow River）。在汉语中"江"和"河"之间存在着一定的差异，因此用 river 一词对应"江"并不恰当。《播呀都噶礼雅话》中，葡国传教士也面临着相同的问题，对于此，他的处理方式是：

表 4—26

汉语词	葡语表达	词性
江	rio grande	名词
河	rio pequeno	

由于葡语 rio 与英语 river 一样在汉语中同时包含"江""河",因此在翻译时,译者通过添加修饰成分加以区分,"江"即大水,"河"即小水。

"江"与 river 的对应关系反映的是同一个英语词中包括多个语义相近的汉语词。而相反的情况在翻译中也经常出现,如:

表 4—27

汉语词	英语词	词性
借	to lend	动词

词条中汉语词"借"对应为英语词 lend。之所以说"借"的情况与"江"相反,是因为汉语词"借"包含了这一动作的两个方向,而在英语中是分别用不同词表达这两个方向的,lend 仅代表离心方,而代表向心方的是另一个词 borrow。由此看,原词条的对应形式是不合适的。但这个词本身的对译偏误是因人而异的,在大英博物馆所藏《红毛番话》中词条"借"的对应的是"巴剌/嗻",根据周振鹤的构拟,这里的"巴剌"和"嗻"分别为 borrow 和 lend 的粤方言汉字注音。同样编写于清朝,同样的语种,同样由中国人翻译,《红毛番话》中列出了"借"在英语中的两种对应情况,而《哝咕唎国译语》的译者却没有做到。

诚然,译者的外语水平对翻译结果的准确性起着一定作用,不过这背后体现的依然是汉语和英语本身在词语语义场上存在的固有差异。就好像意大利语母语者在学习西班牙语时很少会和汉语母语者在学习西班牙语时犯相同的错误,而不同汉语母语者在学习西班牙语时尽管所犯错误的具体表现形式不同,但导致错误的原因往往是相似的。

除了上述两种情况中列出的表示具体事物或动作的词外,不同语言在抽象事物的表达上也存在差异。

表 4—28

汉语词	葡语词	词性
兴隆	feliz	形容词

这里汉语词"兴隆"对应葡语词 feliz。该葡语词的义项非常广泛，既可以说人，又可以指物。用来形容人时表示的意思是"高兴"或者"幸运"，用来形容事时表示的意思是"有福"。原词"兴隆"的概念比较抽象，一般来说指的是生意好，那么用 feliz 作为对应就不是最恰当的选择，而这种不恰当由是 feliz 一词包含的不同语义场引发的。本书认为比较恰当的翻译可以参考《汉洋合字汇》（1833：83），里面用 florecente（现写作 florescente）作为"兴隆"的对译。该葡语词所含义项一般可对应为"蒸蒸日上"，它也仅用于买卖、工作。显然，用这个词对应要比用 feliz 更加合适。

另一方面，作为日常交际中的常用词，feliz 的使用范围非常广，使用频率也非常高，比如"新年快乐""祝你长寿"等常用语中都会使用到 feliz。那么，这位《噢咕唎国译语》的译者就有可能将 feliz 对应为"兴隆"。

原因三：由广东英语自身特征导致的偏误。

同译方式中反映出的一些原因同样存在于等译词对译中，并且在数量上呈现出一定的规模（表4—29）。

表4—29

汉语词	英语词	词性
阻挡	to stop	动词
可惜	sorry	形容词
入	to go in	动词

表4—29 的三个词条中，英语词均能够与汉语原词达成语义上的部分对应，但却不能在语义上做到与汉语词完全一致的对应。这并不是因为英语中没有与"阻挡""可惜""入"相对应的最优选择，以"入"为例，人们在翻译时，最常选用的并不是 to go in，而是 enter，这一点也可以从《英话注解》《英华成语合璧字集》等早期双语工具书中得到证实。而像"阻挡"和"可惜"虽未广泛出现在早期的双语词典中，但通过《英华成语合璧字集》（1918：955，464，429）可以对比其中的不同。

第四章 《哦咭唎国译语》词语对译偏误研究 / 103

表 4—30

汉语词	《哦咭唎国译语》	《英华成语合璧字集》
阻挡	to stop	to impede
可惜	sorry	pitiable
入	to go in	enter

显然，这些词的选用比起《哦咭唎国译语》中的情况要更加精确。但同时也应看到这些词相比《哦咭唎国译语》使用频率更低，使用范围也更窄。实际上，表4—30中反映出词语在语义上不对应的现象并不是由于两种语言中不具备相同的语义表达。三个词条中的英语对译选用的词（或词组）都是学习外语时最先接触到的一些词，它们不但使用频率很高，而且形式上也比较简单。之前提到，广东英语的词汇量不大，因此人们在使用这种混合语进行交流时就需要用有限的词语表达一些超范围的意思和功能。

（二）受语言内部、语言外部因素共同影响导致的偏误

原因一：由多义词和生活环境导致的偏误。

《哦咭唎国译语》中的汉语词反映了乾隆年间的语言面貌。受汉语单音节词义项认知的先后顺序影响，译者在翻译时容易出现以下问题（表4—31）：

表 4—31

汉语词	英语词/葡语词	词性
茜	coentro	名词
香	smell	
银	money	

在第一个词条中，汉语词"茜"对应为葡语词 coentro。"茜"一词在《哦咭唎国译语》花木门下，常用义是指染红色用的"茜草"。为了进行比较，通过查阅《播呀都噶礼雅话》，同样在花木门下找到了该词，然而其葡语对应并不是 coentro，而是 ruiva de tintureiro，字面上指的就是"红

色的染剂",《汉洋合字汇》(1833：733)中也给出了完全一样的翻译。原词条中 coentro 本身与"茜草"没有关系,而是指"芫茜",也称作"香菜"。可以看到,作为"茜草"和"芫茜"共同含有的汉字"茜"在同一种情况下对应成了两种概念。

在第二个词条中,汉语词"香"对应为英语词 smell。如果从字面上看,这种对应关系是可以的,因为"香"本身的义项中就包括 smell 所指的"香味"。《播哼都噶礼雅话》中"香"对应的葡语词 cheiroso 也指"香味"。如此看来,《喫咭唎国译语》中的对应并不属于偏误。然而,需要注意的是,在《播哼都噶礼雅话》中,"香"位于饮食门下,相邻词条包括"涩""甘",这就说明此处的"香"是一种味道。而《喫咭唎国译语》中的"香"位于香药门,相邻词条为"檀香",这就说明此处的"香"指的并不是味道,而是"草木香料"。同属一个系列的"西番译语"中,词条"香"的藏文的汉字注音为"思播思"(spos),意思是"熏香",指香炉里的香料末,如檀木末。那么,这就与词条中 smell 的所指产生了分歧。

在第三个词条中,汉语词"银"对应为英语词 money。出现这种对应关系并不是因为在"广东英语"系统中没有表示"银"的词。《喫咭唎国译语》中含有"银"的词条还包括"银印""银箔",这两个词的对译中的"银"都选择了英语词 silver 作为对应。词表中与词条"银"相邻的分别为"铜""锡""金"。这就说明,此处"银"指的就是一种金属,所以理应对应为 silver。实际上,译者选择的 money,对应的并不是金属的"银",而是"银子"。

例4—31 中反映的现象其实均属于在理解单音节汉语词时出现的语义错位现象。但不同于前两种类型,这里更多反映出了译者本身的个人因素。可以看到,在特定社会背景中,人们在词语义项的选择时依据的不仅包括客观事实,还包括个人对生活常识的理解和在生活中形成的词语义项上的倾向性。

这种夹带个人倾向的语义转移同样表现在双音节汉语词中。

表 4—32

汉语词	葡语词	词性
替职	impostor	名词

表 4—32 中汉语词"替职"被译为葡语词 impostor。"替职"一词指的是顶替工作，词语本身并不存在任何感情色彩。而葡语词 impostor 所含的意思却带有感情色彩，常被译为"冒名顶替"。一般来说，当一个人对待某一事物有特殊的态度倾向时，就有可能反映在语言的翻译过程中。可以看到，受到个人生活常识的影响，这位广东通事把原本客观的"替职"看作附加了特定社会因素的行为。

（三）受语言外部因素影响导致的偏误

原因一：由文化交往和社会环境导致的偏误。

到目前为止，通过不同类型的分析可以看到，词语对译的偏误会和不同的语言外部因素相联系。这种联系的形式比语言内部因素更加复杂和多样（如表 4—33）。

表 4—33

汉语词	葡语词	汉字注音
酱	Misso	未梳

表 4—33 中汉语词"酱"对应为外语词 misso。起初，我们并不清楚 misso 应该属于英语词还是葡语词，在查阅早期汉英双语词典后并没有发现相同的对应形式，但在《澳门纪略》中却有了"酱"一词，书中给出的汉字注音"未疏"与《㗄咭唎国译语》中的汉字注音"未梳"在发音上完全一致。这就可以肯定 misso 一词为葡语词。然而，包括《播呀都噶礼雅话》在内的同时期汉葡对照手册和权威字典中不但没有发现 misso，就连"酱"一词也并不常见。只在《汉洋合字汇》（1833：844）中找到了词条"酱"，对应为 achar、acipipe，但这两个词没有一个被《㗄咭唎国译语》选用。

实际上,《暎咭唎国译语》的译者为广东地区的通事,他的交际对象主要为来广东地区经商的商人、水手和传教士。他们在不同国家进行贸易或传教活动时也把一些当地的词语借用了过来。这里的 misso 就是借自日语词中的"みそ(味增)"。形成习惯后,生活在广东地区的通事就自然地将 misso 一词与"酱"关联起来。但 misso 却没有作为正式的对应词出现在同一时期的工具书中,甚至在近一个世纪后出版的《汉洋合字汇》和《洋汉合字汇》这样权威的汉葡双语字典中也未采纳。可以说受到地域的影响,《暎咭唎国译语》的译者学到的 misso 一词是一个尚未被接受的非正式用词,而他本人却把该词作为正确且唯一的对应词用于对译。还有一例同样值得一提:

表4—34

汉语词	英语词	词性
河	bay	名词

表4—34 中汉语词"河"对应为 bay。这种对应关系初看似乎缺乏道理,是由于与"河"相对应的 river 同样属于常用的高频词,因此并不应该用 bay 作为原词的对译,况且 bay、river 与"河"之间存在的语义差异,前者明显要大于后者。

实际情况是,《暎咭唎国译语》中与"河"相邻的词条即为"江"。前面提到,"江"已经对应了 river。作为前后相邻的词,译者不能再用 river 作为"河"的对应,就不得不选择另外一个词。英语词 bay 汉语作"湾",指的是船舶用以安全停靠,并能装卸货物及让乘客上下的水域。18世纪的广东地区,除珠江入海口外,区域内的水路并不宽敞。但是,作为海上贸易的集散地,广州又是众多船舶的必经之处。受自身体积的限制,大船驶入内陆的难度很大,因此当地人就用小船作为传递货物或上下人的工具,那么,众多小船在本就狭窄的水道中穿行,其状态就像是在岸边停泊,也就难免让翻译《暎咭唎国译语》的这位通事联想到"港湾"。图4—1 是杨浦区图书馆收藏的一张19世纪上海洋泾浜的贸易场面，以作参考。

图4—1 19世纪上海洋泾浜的贸易场面

（四）受个人因素影响导致的错误对译

一部分是由于译者的因素，另一部分是由于誊写者的因素，这些对译现象并非系统性地出现，因此不能简单归入偏误现象，而应称其为错误对译。这类现象从另一方面还能够作为佐证，提供一些关于《暎咭唎国译语》的翻译工作和译者的基本情况。

表4—35

汉语词	英语词	词性
木星	Mercury	
火星	Jupiter	名词
水星	Mars	

表中的例子之所以引起关注，是因为三个词条中的英语词并不对应汉语原词，而是交叉对应。正确的对应关系是 Mercury 对应"水星"，Jupiter 对应"木星"、Mars 对应"火星"。通过参看抄本发现这三个词条处

于同一页中，那么是什么原因导致了这种互舛的现象？是否存在这样的可能性，就是《嘆咭唎国译语》的参与者除了负责外语对译和汉字注音的通事外，还另有他人负责文字的誊写工作，因誊写错误出现上面的偏误现象。

表 4—36

汉语词	葡语词	词性
缎	capitulo	名词

表中汉语词"缎"对应为葡语词 capitulo。《汉洋合字汇》（1833：713）给"缎"的解释是 setim。而 capitulo 在《洋汉合字汇》（1831：132）中对应的是"章、篇"。原词条的这种对应关系无疑是有问题的。基本上可以得到这样的结论：译者误将"缎（锦缎）"当作"段（段落）"，于是做出如此的对应。这也从另一方面反映出《嘆咭唎国译语》的两个编写背景：其一是成书的过程不同寻常，其二是译者的文化水平的确不高。

（五）偏误成因尚不确定

此外，采用等译方式的对译偏误中依然存在尚不能给出合理解释的词语，如：

表 4—37

汉语词	英语词	词性
想	to study	动词

汉语词"想"是常用词，且使用频率很高。按道理应该不能与英语词 study 对应，后者指"学"。"想"和"学"之间不存在语义上的交集，且它们在粤方言中的发音也有明显差距。是什么原因导致这种偏误出现有待进一步研究。

通过对以上几种成因的分析，可以勾勒出《嘆咭唎国译语》等译方式下的全部偏误类型以及相应的偏误成因，再次统计后可知，其中只由语言内部因素导致的词语对译偏误为 38 例，由语言外部因素导致的词语对译偏误为 40 例，后者略多于前者。

三　仿译方式中的偏误成因

在前章中提到，当两种语言不具备对等概念时，一方借用本族语的构词材料对另一方的词逐一对译后形成的词称为仿译词。《喕咕唎国译语》中，仿译方式主要有两种表现形式，一种采用的是逐一对应汉语词中的每一个汉字后形成一个新的概念表达，另一种是选择与汉语词所指相近的现有外语表达直接作为对应词。

从整体上看，《喕咕唎国译语》仿译方式中的词语对译偏误共 42 个，包括 38 个名词、3 个动词、1 个量词。其中采用英语对应和葡语对应的均为 21 个。不同于前两种对译方式中英语明显多于葡语的情况，仿译方式的分布相似，说明这类词语带给译者的困难比其他方式多，否则他不会选择用葡语进行对应。

（一）受语言内部因素影响导致的偏误

原因一：由内部结构导致的偏误。

针对采用仿译方式出现的词语对译偏误情况，我们首先考察的依然是其中那些与语言内部因素相关的对译偏误，表 4—38 给出了部分典型用例：

表 4—38

汉语词	英语词	词性
大小	great small	名词
昼夜	dia night	
内外	in out	
饮食	drink comer	
番汉	stranger china	

这组词条中，外语对译均根据汉语词中每个汉字的意思进行了对应。其中有些外语对译为英语和葡语混杂对应，比如 drink comer，第一个词

drink 为英语词，对应"饮"，第二个词为葡语词，对应"食"。如前所述，考虑到广东英语自身的特点，这种英语、葡语杂糅的现象本身并不是偏误形成的根源。一般来说，采用仿译方式对译，最容易出现的问题就是完全依照汉语词的结构对应，而忽略了译语词之间的相互关系，这也是《哎咭唎国译语》中存在的主要偏误。以"昼夜"为例，"昼"代表白天，"夜"为晚上，而这两者之间还存在一个"和"，只不过是由于汉语构词的习惯，省略了这个连词。然而在英语、葡语这样的屈折语中，表达并列关系时几乎所有情况都需要借助连词，其中最常用的就是 and。只有加入连词，才能使那些意义相关、层次相同、功能也相同的成分形成一个并列词组。否则词和词之间的关系就会出现模糊，并诱发偏误现象。"昼夜"一词所对应的 dia night 就是由于缺少了连词从而使得词与词之间的关系不明确[①]，也就让采用仿译方式的对应无法达到与原词义相同的效果。

实际上，这种对应上的对译偏误现象也是广东英语自身特征的反映。由于这种混合语的内部语法结构不符合英语的习惯，而是以汉语语法为基础，因此中国人在理解上不会存在太大问题，在对应时也就不会过多关注内部结构关系。然而这些标记却是说印欧语系语言的人在理解时不可缺少的。

(二) 受语言内部、语言外部因素共同影响导致的偏误

原因一：由概念空位和个人知识能力导致的偏误。

表 4—39

汉语词	英语/葡语表达	词性
河州	rio e terra	名词
中国	middle country	

表中的例子涉及的汉语词均为地名，河州位于今甘肃省境内，与广东地区相隔甚远。之所以会出现在《哎咭唎国译语》中是由于在选词部

---

① 此处 dia 为葡语，对应"昼"；night 为英语，对应"夜"。

分完全照搬了《西番译语》中的词条和排版方式。"河州"在《西番译语》中的实际作用比在《暎咭唎国译语》中大得多，原因就是前者的使用环境包括河州，而后者则不是。对于身处广东地区的通事来说，他们并不一定熟悉这个词所指的地区，甚至根本不知道。那么在选择如何翻译时就会出现不确定的情况。根据原词条可以看到，"河州"被对应为葡语表达 rio e terra，前者指河，后者指州。通过这种方式得到的原词对应形式和原词所指几乎没有关系，甚至无法表明原词"河州"是个地名。而这正是由于地域因素在词语对译的某些环节产生了影响。

对于这类词译者们通常采用的办法是借音对应的方式，比如《暎咭唎国译语》里同为地名的"朵甘"①，就直接对应为 to kān。然而采用这种合理方式对应地名的词条也仅此一例。另有一例"临洮"②则被译者对应为葡语 dizaverter，该词前缀 dis - 为否定前缀，词根 verter 表示"翻译"③，合起来可译为"无法翻译"。这表明对于通事来说，他很可能根本不知道这类地名词所指地区。"河州"中的两个汉字辨识度高且有意义，所以就从语义上一一对应；"朵甘"虽辨识度高，但不好对应，所以就从语音上一一对应；"临洮"辨识度低，也就无法翻译。

后一词条中的情况更加明显，译者通过语义上的一一对应为"中国"一词对译。很显然，在英语中存在合理对应词 China。该词也出现在《暎咭唎国译语》中，汉语词"番汉"中的"汉"就对应了 China。词条"中国"的汉字注音为"煎乾的唎"，根据粤方言特征推测对应的是 Qing country，即"清朝"。宋朝石介在《中国论》中曾说"居天地之中者曰中国，居天地之偏者曰四夷"。middle country 对应的应该就是"居天地之中者"。这本身就与原词"中国"的所指不尽相同。《播呀都噶礼雅话》地理门下的"中国"一词被葡国传教士译为 China。对于广东地区的通事而言，并非都能将 China 概念中的"中国"与"清朝"的概念相联系，才会出现词条中反映的现象。

---

① "朵甘"，位于今西藏自治区昌都市东部。
② "临洮"，位于今甘肃省定西市西部。
③ 据《洋汉合字汇》（1831：851），verter 可以等于 traduzir。后者表示"翻译"。

对于像"朵甘"这样的词采用对译方式是可行的,不过这也并不意味着借音对应就是万无一失的。《㖿咭唎国译语》中也出现了下列两组词。

表4—40

汉语词	英语词	词性
皈依	kuēy y	动词
三宝	sān poiò	名词

在翻译这两个词条中的汉语词时,译者采用直接音译的方式作为外语对应词。但是这种对应后的新形式本身除了表明是非本族语词外,丝毫看不出它们的意义。负责《播呀都噶礼雅话》的传教士则采用了另一种方式:

表4—41

汉语词	葡语词	词性
皈依	fazer bonzo	动词
三宝	lugar do fò	名词

表中的葡语对应可分别回译为"做僧人""佛法的位次"。显然,表4—41的对译结果对原词的信息进行了说明,相较于4—40也更加容易理解。其中原因,一方面,由于这些汉语词适用范围比较窄,并且涉及的概念也很难在英语中找到一个固有的对应词,所以在翻译时才会出现语义上的空位;另一方面,由于传教士自身对这两种语言的精通程度远高于通事,所以在翻译时才能够正确理解汉语词并选择外语中的合理表达加以对应,尽管他们选用的词都比较简单。而负责《㖿咭唎国译语》的通事,一开始在理解这些汉语词的意思时可能就已经遇到了困难,自然也就谈不上对译的准确与否,采用借音的方式进行对应也是他们能够想到的最直接的解决方法了。

（三）受语言外部因素影响导致的偏误

原因一：由社会背景和文化倾向导致的偏误。

不管是选择与汉语词所指相近的外语表达直接作为对应词，还是采用逐一对应的方式，都会受到不同社会背景和文化倾向的影响。这一点在《暎咭唎国译语》中表现得尤为突出。

表4—42

汉语词	英语/葡语词	词性
寺院	church	名词
佛教	joss religion	名词
寺	convent	名词
法衣	casula	名词

表中的这几个汉语词同为与佛教有关的宗教词语，它们在英语中存在语义相近的表达，特别是"寺院"和"佛教"，前者常对应为temple，后者则对应为buddhism。然而在《暎咭唎国译语》中，这些汉语词的实际对应情况并非如此，从上至下分别为"教堂""神教""修道院"和"十字褡"①，这些词显然与汉语原词在概念所指上存在很大的差距。对于这种偏误的成因需要借助当时的社会背景加以考察。

早期入华的西方人主要有两类，一类是商人，另一类是传教士。对于传教士来说，他们一方面背负着在华传教的使命，另一方面由于受到明清政府的限制，无法进行大规模官方传教活动。明朝万历十年（1582）意大利耶稣会士利玛窦（Matteo Ricci）入华传教，次年获准入居广东肇庆。自利玛窦起，传教士们有意识地把天主教儒家化和佛教化，这样一来能够拉近传教士与中国百姓和士大夫阶层的距离，二来也可以减少由于传教而招致的麻烦。万历十三年（1585），在当地政府的协助下，利玛窦和罗明坚（Michele Ruggieri）在广东肇庆修建了一座教堂。利玛窦把它命名为圣童贞院。正门挂有肇庆知府王泮亲笔题的"仙花寺"匾额。于

---

① "十字褡"为天主教神父主持弥撒时穿在最外层的无袖祭服。

是，这座圣童贞院又被称为"仙花寺"，它是西方传教士在中国境内修建的第一座天主教堂。

依照这种模式，广东地区成为传教士在华的主要聚居地。以澳门为例，截至清雍正元年（1723）禁教，澳门的教堂数量很多。据《澳门记略》载，澳门地区当时较大的教堂便有"大庙"（澳门最早的主教座堂）、"风信庙"、"葛斯兰庙"、"龙松庙"、"板樟庙"、"唐人庙"（专为华人进教之所）、"三巴寺"、"小三巴寺"、"花王庙"等。这就说明，这些"寺"在当时特定的社会背景下并非仅为通常意义上的佛教场所，同时还包括了天主教进行传教的"教堂"或"修道院"。

就《㗄咭唎国译语》而言，其中的汉语词均为与清朝相关的概念。作为钦定者的乾隆不可能在执行禁教政策的同时还支持天主教的发展。而进行翻译工作的通事却受到传教士的影响将其中出现的绝大多数带有佛教含义的词语对应为与天主教相关的词，这与当时特定的社会情况是分不开的。其结果就是使得外语词与汉语原词的本义相违。

原因二：由交际环境导致的偏误。

选用哪个词对原词进行仿译，很大程度上取决于人们在交际环境中从哪个角度认识事物。

表4—43

汉语词	英语/葡语词	词性
里	mile	量词
正月	January	名词
酪	leite	名词
磬	sino	名词

在表4—43第一个词条中，汉语词"里"对应为英语词mile[①]。一般情况下，人们往往会认同这种对应关系，特别是把英语词mile进行回译

---

① Mile，英国长度计量单位，约等于1.6千米。

时，其汉语对应词一般指"英里"（但常缩略为"里"）。然而，以下情况是需要考虑的：首先，《喀咕唎国译语》的汉语词条均沿用了"西番译语"系列的词语，那么在主要针对汉族和西部民族的双语环境中，"里"不应该反映的是英语概念中的 mile。其次，通观整个词语表，里面并没有出现任何外语词，考虑到该词语表由乾隆钦定以及当时清朝对西方国家的政治态度，这里出现的"里"字就不应该是西方国家所说的 mile，而是中国的长度单位。作为参照，"里"在《播呼都噶礼雅话》中的对译是 décima parte de légua①，这种对"里"进行解释的表达显然比对应 mile 更精确。实际上，对于当时的广东通事而言，他们学习外语的目的就是使用。那么在进行翻译时，他们主要采用的就是简单的词与词的直接对应，而非采用一种更科学的解释。在日常交际中，这些通事主要接触的就是来华的外国人，他们接触到的是外国人对于事物的概念表达。在他们看来，汉语中的"里"和英语中的 mile 都是表示长距离的基本计量单位，它们的所指与社会生活中的地位在关联性上相同，这样就很自然地将二者看作等价物，而忽视了概念上是否真正对应。

词条"正月"也是如此。根据传教士翻译汉语的规律，在遇到中国的阴历月份时，并不是将它们简单地对应为阳历的各月，而是采用"序数词+月"的方式转换。以本词条为例，"正月"应该对译为 first moon，而此处的 January 对应的则为阳历一月。

汉语词"酪"和"磬"分别对应葡语词 leite 和 sino，前者表示"奶"，后者表示"钟"，也都与汉语原词出现了偏差。这两个汉语词所表达的为汉语中特有的事物，在英语中并不存在相应的概念。译者不知道应该用什么英语词进行对应，只能在他已有的葡语知识中选择相似的概念作为对译，不同之处在于，前者依照的是材料和颜色上的相似，后者依照的是形状和功能上的相似。

---

① décima parte de Légua：十分之一 Légua，在葡萄牙的计量单位中，Légua 约等于 4 千米。

原因三：由个人知识能力导致的偏误。

表4—44

汉语词	英语词	词性
虚空	empty	名词

本词条中，汉语词"虚空"被译为英语 empty。作为名词的"虚空"在《暎咭唎国译语》与"青空"相对，指的是"天空；空中"。英语词 empty 是形容词，一般译为"空的"。之所以会出现这样的对应是因为"虚空"一词的使用频率很低，特别是在以贸易为主导的通商口岸。通事受自身知识能力的限制，并不能完全理解"虚空"的所指。与"空"相比，"虚"很难在广东英语中找到相对应的词，因此在翻译时就只选择了"空"进行翻译。

（四）偏误成因尚不确定

此外，还有一些汉语词的对应比较奇怪，到目前为止尚不能明白其中的原因。

表4—45

汉语词	葡语词	词性
响钹	botica	名词
行移	jeito	动词

表4—45中汉语词"响钹"对应葡语词 botica，响钹是中国的一种打击乐器，而 botica 指的是"药铺"，二者没有任何相似性。其中的原因有待进一步考察。

综合仿译方式下的词语对译偏误情况，其中仅由语言内部因素导致的偏误为5个，而与语言外部因素相关的偏误为36个，数量上的差距是比较显著的。

四 释译方式中的偏误成因

在前三种对译方式中都可以看到一种现象，即针对外语对译而言，部分偏误情况仅受到单纯的语义层面的限制。同时有很大一部分情况除语义外，还包括社会、文化因素及个体差异。这些语言外部因素在语码转换中扮演着不同的角色，且并非遵循着相同的主次关系。然而，令我们感到有些意外的是，在释译方式中，偏误词语的分布及产生原因却是另外一种状况。

（一）受语言内部因素影响导致的偏误

原因一：由广东英语自身特征导致的偏误。

表 4—46

汉语词	英语表达	词性
酒盏	small cup	名词
天阴	bad weather	名词
日落	sun going down	名词

汉语词"酒盏"对应为 small cup。如果从英语表达的角度看，small cup 表示的是小号的杯子，它所涵盖的范围就不仅限于"酒盏"，还包括其他形状和类型的器物。由于在词语系统中找不到合适的对应词，因此只能通过组合的方式尽量接近汉语词的所指。"酒盏"一词的汉字注音为"远路"，前期工作中构拟出的外语词为 vinho（葡语，表示酒杯）。这也反映出在从广东葡语到广东英语的发展过程中，包括"酒盏"在内的一些词语在替换的速度上要滞后于其他基本词语。这也就是为什么在词表中一部分选择用葡语对应词，另一部分用不具备对应关系的英语简单词组进行对应。

后两条对应则显得更加清晰，"天阴"和"日落"在英语中本该对应为 cloudy 和 sunset。但无论是英语表达还是汉字注音，译者都没有选择最正确的对应形式，而是通过对已有基本词语的组合达到完成翻译的目的。其中反映出的就是在词汇量不足的情况下，如何用有限的词语达到交际最大化。

（二）受语言内部、语言外部因素共同影响导致的偏误

原因一：由"形态变化"和个人理解导致的偏误。

受到"广东英语"系统规则的影响，某些特定词语在翻译上容易遇到困难。

表4—47

汉语词	英语表达	词性
我每	my several times	代词

汉语词"我每"（今作"我们"），在词表中对应为 my several times（很多个我）。这一对应关系在《㖘咭唎国译语》中比较特殊。根据常识，汉语和英语都有表示第一人称复数的代词且形式简单。可是这里的对应却不是这样。Hall（1944：97）在文章中谈到，典型皮钦语的人称代词只有第一、第二、第三人称单数，没有复数形式。这与本研究目前掌握的中国皮钦语语料吻合（包括《澳门纪略》、大英博物馆所藏《红毛番话》在内的早期材料中并未出现第一人称复数的词语）。对于操广东英语的通事来说，日常生活中可能不常出现需要使用第一人称复数的情况。遇到"我每"一词，只能用广东英语这种没有第一人称复数的语言表达汉语"我们"的概念。于是，在实际对应中就通过第一人称单数附加表示数量的词语来弥补语言系统中的缺位。当然，随着语言发展，这一语义上的缺位也得到了有效的弥补。《增订华英通语》（1860：73右栏）的"我侪"所用的英语对应已经记作 we or us 了。

原因二：由语言内部结构和文化认知导致的偏误。

那些使用频率高并且比较容易理解的汉语词，并不会给译者在翻译上造成太大难度，因为他们能够正确理解汉语原词，并根据自身的外语知识和能力选择相应的外语表达。不过，有一些使用频率不高的双音节词会让译者在翻译中出现偏误。

表 4—48

汉语词	英语/葡语表达	词性
燃灯	light a candle	名词
土官	governo da terra	名词

在第一个词条中，汉语词"燃灯"被译为英语 light a candle（点亮一盏灯）。从字面上看似乎不存在问题。而实际上，汉语中的"燃灯"指的是"燃灯佛"（dīpaṃkara），他是佛教中纵三世佛之过去佛，在《播呀都噶礼雅话》中同样有词条"燃灯"，对应形式是 casta de indios，回译时可以解释为"佛的一种"。显然，《暎咭唎国译语》的译者根本不知道"燃灯"是什么，只能从字面上进行解释。如果仅从字面上看，"燃灯"确实是动宾结构，然而其整体词性却是名词。译者只是根据词语的内部结构进行翻译，而不是词语的概念。

第二个词条中，汉语词"土官"对应为葡语 governo da terra（土的官），译者对每个汉字进行了翻译。与仿译的方式不同，这里根据葡语的语法结构进行了调整。所谓"土官"，指的是封建王朝封赐的独霸一方且能世袭的官员或统治者。自宋代开始成为统治少数民族的本土官员的称呼。在明、清时期，土官主要在西部或西南地区，在华南地区的情况并不多见。《暎咭唎国译语》的译者不一定清楚"土官"作为一个固定双音节词的概念，只能将原词拆为"土"和"官"分别翻译。

（三）受语言外部因素影响导致的偏误

原因一：由虚拟语境导致的偏误。

一般来说，之所以要采用释译的方式对汉语词进行对应是因为词语在概念表达上的不对应，在具备可以用于配对的概念时就没有必要采用这种方式。然而《暎咭唎国译语》中出现了以下一类情况，并且数量还不少。

表 4—49

汉语词	英语表达	词性
知	I know it	动词
得	I have got it	动词
别	I take leave	动词
便益	It is good for you	形容词
肯	I will	动词

表 4—49 中，汉语原词均为生活常用词。各英语表达中均包含汉语词的正确对应形式，然而，它们却有着相同的特点，都加上了主语（"便益"词条中的 it 是形式主语），并且部分表达中还附加了宾语或补语。这就使得每一个英语表达形成了一个可以独立使用的单句。出现这样的情况并非是由广东英语自身的内部特征决定的，换言之，并非只要采用释译的方式就一定会形成一个独立单句。理由有二，一是在采用释译方式的词语偏误中，并非只有这一种类型；二是即便在上面一类的词语偏误中，除词条"肯"外，其余词条中的汉字注音中均不包括外语对译中的主语①。比如"对读"的汉字注音为"列得阿末"，对应 read over。此外，其他早期中外混合语的词语表中也没有发现同样的情况。那么，在这种将词附加成句的成因中，扮演主要角色的应该不是语言的自身特征，而是译者自身因素。

语言的翻译者在翻译过程中会受到个人语言习惯和语言交际的影响。这些词都是日常交际中常用的，并且这些英语表达本身没有句法上的错误，所以很可能是中外双方都在使用的。这些表达形式在经过多次使用后就可能成为通事在语言使用中的一种习惯用语。当一个人在单独语境中遇到孤立的汉语词时，就会自然将它们移入自己的虚拟语境中进行翻译，也就形成了上面出现的这种情况。由此也从另一方面证明，这些词在当时的社会环境中的使用频度和重要性要高于其他词语。在《咉咭唎国译语》中，像这样在对应汉语原词之外附加其他语言成分的现象还有

---

① 《咉咭唎国译语》中词条"肯"的英语对应为 I will，汉字注音为"嗳委儿"。

以下表现形式：

表4—50

汉语词	英语表达	词性
岁	Howold	名词
远	great way	形容词
迟	very slowly	形容词

汉语词"岁"在此处对应为how old（多大了）。根据原词表，"岁"指的是"年龄"，而不是表示疑问的"多大了"。一般情况下，"岁"并不能单独成句，而是需要放置于"几岁"这样的结构中才能使用。应该说，译者正是受到虚拟语境的影响，将"岁"还原到了特定的语境中，才会得到原词条中的英语表达形式。

在第二个词条中，汉语词"远"对应为great way。在英语中表示"远"一般用far。然而这个词并没有出现在早期的广东英语材料中。《哎咭唎国译语》中汉语词"远"的汉字注音为"孽列唛"，构拟出的英语形式就是great way。《红毛番话》同样收录了"远"，给出的对应是long way。从词语本身来看，far毫无疑问是"远"最准确的对应形式。对于当时的译者来说，舍去这个对应想必是另有原因的。当时的通事主要生活环境为沿海地区，货物主要依靠船舶运输，西方国家通过水路到广东地区要经过很长一段时间。在这种前提下，不管选用great way，还是long way，都要比far表现出的情感因素更丰富，尽管在今天看来这种对应从字面上说是欠妥的。

汉语词"迟"在此处的对应形式为very slowly（非常慢），其中very体现的是一种程度上的增强。虽然《哎咭唎国译语》中并没有出现其他包含slowly或slow的词，但在大英博物馆所藏《红毛番话》中却出现了词条中汉、英对译情况。汉语词"慢"的汉字注音为"士罗呒"，汉语词"迟"的汉字注音为"唎"。根据周振鹤的构拟，前者对应的是slowly（但根据汉字注音，对应的疑为slower），后者是late。这与"迟"在《哎唎啉国译语》中的汉字注音相似①。可见，把"迟"对应为 very slowly 并不是广东英语的固有形式。《噢咭唎国译语》的译者一方面受到自身词汇量的限制；另一方面，在语言交际中，"迟"往往伴随有"来不及做某事"，在 A Short Course of Primary Lessons in Mandarin（《官话简明教程》）（1911：16）中，英语 very slowly 是汉语"慢得很"的对应表达。在很多情况下，为了强调个人情感，附加程度副词会比直接使用对应词的力度更大。当它成为个人习惯后在翻译时就会直接采用这种方式进行对应。

原因二：由社会环境和文化倾向导致的偏误。

这种对汉语词语义上的曲解是由译者自身的理解能力导致的，除此以外，特定的社会环境也对翻译产生影响。

表 4—51

汉语词	英语表达	词性
经	a prayed book	名词
回回	moguls country	名词
玛瑙	mogo stone	名词

第一个词条中，汉语词"经"对应为英语 a prayed book（祷告书）。在《噢咭唎国译语》中，"经"本是佛教用语，但对译的"祷告书"却是天主教用语。这种对语义的曲解是受到特定社会环境影响而形成的。二者之间的对应关系与之前提到的将"寺庙"对应为"教堂"的情况如出一辙。由于通事的生活环境中存在的天主教事物和用语远多于佛教的，在这一大环境的影响下，他们就会自然而然地将两个本不相关的概念联系起来，而忽略正确的对应形式。另两种译语可以为本研究提供相应的佐证。

---

① 在《噢咭唎国译语》中，汉语词"迟"的汉字注音为"都列"，前期研究中构拟出的原型是 too late。

表 4—52

教材名称	汉语词	外语词	汉字注音	意思
《暎咈都噶礼雅话》	经	escritura	额斯格哩都喇	佛经
《回回馆译语》		آنرق	古剌恩	古兰经

对于文化水平比较高且生活在京城的传教士来说，他们有意识地将"经"对应为"佛经"；而受到地域社会因素的影响，"经"在《回回馆译语》中又对应为伊斯兰教的"古兰经"。

表 4—51 中的第二个词条"回回"对应为英语 Moguls country（蒙古国）。根据常识，"回回"指的是信仰伊斯兰教的人，不应该对应为蒙古。对此，白寿彝的《元代回教人与回教》（1983：171）指明"蒙古西征前，回教人之在中国者，虽间有赴内地贸易之事，但其集合及长期居留中心，仍限于京师及通商口岸。蒙古西征后，在宋之势力所控制之范围内，回教人之足迹虽仍限制于京师及各港口，但蒙古地方则已有不少回教人之聚居"。这就说明当时沿海港口是回教人主要聚居地，而这些人多从陆上丝绸之路来到蒙古，再从蒙古来到通商口岸经商或定居，或从海上丝绸之路直接来到沿海地区。容貌、语言、习俗上的相似关系使得当地人容易将回教人等同于来自蒙古的人。因此在翻译时也就自然地对应为蒙古。这也就是为什么在《回回馆译语》中，"回回"一词译为"母苏里妈恩"，即"穆斯林"，而在《暎咈唎国译语》中则译为"蒙古"。

在这一基础上也就能够解释为什么汉语词"玛瑙"对应为 mogo stone（蒙古石）。玛瑙多产于中国北方草原。清朝乾隆年间，以今内蒙古阜新市为代表的城市在玛瑙业上达到了鼎盛时期。据《清实录》中"宫廷琐事"载，"开挖窑洞十六，窑工千人，南部设有商邑"。那么，在通商口岸，当人们不知道如何翻译"玛瑙"时，就会用产地作为对应。

原因三：由个人知识能力导致的偏误。

社会因素在词语对译中扮演着重要的角色，个人因素也制约着语码转换中的对应关系。

表 4—53

汉语词	英语/葡语词	词性
皇国	mine world	名词
麒麟	animal famous	名词
临洮	dizaverter	名词

第一个词条中汉语词"皇国"对应为英语 mine world（我的国家）。"皇国"在概念上指的就是大清国，在印欧语系语言中的主要形式为 China。原词条中的表现形式实际上与之前提到的"中国"一词的对应有一定程度的联系。前面提到，这位通事还没建立 China 一词在汉语中新的对应（之前一直将 China 对应为"汉"）。所以，在遇到此类含有"中国"概念的词时，就不知道应该用哪个词进行对应，只能根据自己对汉语词的理解翻译。在与外国人的交际中，常用到的就是"你们国家"和"我们国家"。又由于广东英语缺少第一人称复数代词，所以用第一人称单数代替。

第二个词条中汉语词"麒麟"对应为英语 animal famous（有名的动物）。"麒麟"本身就是想象出来的动物，不可能在其他文化中找到一致的对应。对于译者而言，只能用有限的词语尽可能表达这一概念。这种对应反映的是译者在事物概念表达上的一种方式，就是用范围更大的表达来对应原有的汉语词。为了尽量控制这种范围，他选用了 famous 加以限制。然而，当把英语表达回译时会发现它既可以说是"麒麟"，也可以说是其他的动物。

第三个词条中汉语地名"临洮"被译为葡语 dizaverter。在葡语中该词前缀 dis- 为否定前缀，词根 verter 表示"翻译"[1]，合起来可译为"无法翻译"。不同于《暎咭唎国译语》中出现的其他地名（采用仿译的方式对应），这种对应关系表明当地的通事可能根本不知道这个词是什么，又不能空缺不翻译，所以只能选择解释说明的方法。

---

[1] 根据《洋汉合字汇》（1831：851），verter 可以等于 traduzir。后者表示"翻译"。

（四）偏误成因尚不确定

表4—54

汉语词	葡语表达	词性
考校	contermar tema	动词

汉语词"考校"对应为葡语 contermar tema。"考校"指考察比较，《汉洋合字汇》（1833：402）的标准葡语表达是 examinar comparando（考察比较）。在其他语言中也是如此，《英华成语合璧字集》（1921：452）对"考校"的解释是 to compare and examine（比较和考察）。在本词条中，葡语词 tema（今作 thema）指"题目"，而到目前为止并不能确定 contermar 一词到底指的是什么。因此只能将该词条归入此类。

五 转译方式中的偏误成因

一般情况下，人们在进行语码转换时都会把源语词的词性作为参考指标之一，由于《哢咶唎国译语》本身不包含相应词语的句子或语境，因此在翻译时往往需要把词性作为辅助信息，从而回避那些与汉语词词性不相符的对应。不过，《哢咶唎国译语》并不提供词性的信息，翻译时只能根据前后词语的词性或对词语本身的熟悉度判断，这就给翻译工作带来了一定的困难。对于其中大部分汉语词来说，译者翻译后的词性与汉语原词的词性一致，但也存在一些与汉语词词性不相符的外语词，而这些通过转译方式得出的词与汉语原词之间的对应准确程度是很低的。

（一）受语言内部、语言外部因素共同影响导致的偏误

原因一：由语言内部结构和个人理解导致的偏误。

表4—55

汉语词	英语表达	词性
马行	the horse walk	名词

本词条中，汉语词"马行"被译为英语 the horse walk。在《播哷都噶礼雅话》中的表现形式 andar do cavalo，也作"马行走"。然而，通过观察"马行"一词所在门类和相邻词语，发现在"马行"以后均为各种颜色和不同种类的马，词性全部都是名词。"马行走"和后面诸多词语的关系并不十分紧密。根据这种推断，汉语词"马行"指的并不是"马行走"而是"买卖马匹的商行"，这个"行"在这里应该是 háng，而不是 xíng。汉语中存在大量多音字，但是在不少早期双语对照材料中并没有对汉语词的语音形式进行标注，译者在翻译的过程中遇到多音字时往往根据这个汉字最主要的读音进行翻译，而不是该词的实际所指。

原因二：由多义词和语言使用习惯导致的偏误。

汉语的单音节词多含有多个义项，这就会涉及不同词性的筛选和选择问题，也给翻译造成了一定的困难，见下例（表4—56）。

表4—56

汉语词	英语词	词性
敬	honor	动词
早	soon	名词

表4—56中，汉语词"敬"对应为英语词 honor。"敬"有两个词性，一个是动词，另一个是名词。由于《暎咭唎国译语》并不提供文章或语境，也缺少体现词义的"来文"，因此在确定汉语词词性的时候，主要就是根据前后词的词性加以判断。"敬"在词表中的相邻词为"打"和"跪"，这两个词均为动词，以此推断"敬"也应该是动词。不过，译者并没有注意到这一点，因此在翻译时用自己更熟悉的英语名词形式进行对应。有意思的是，负责外语原文部分的通事把"敬"对应为 honor（名词形式），而负责汉字注音的通事则将其对应为"利是必睹"，也就是英文 respect（动词和名词形式）。

第二个词条中，汉语词"早"对应为英语词 soon。"早"在词表中位于时令门，与"晚"相对。指的就应该是"早晨"，也就是"早"的名词形式。作为副词的 soon 一般情况下不能单说，不过根据 Hall（1944：

99) 的研究，广东英语的语法特点之一就是"定语 + 词头，其中定语是副词，词头可以是形容词或副词"，他举的例子是 too late（太晚）。这个形式就能产生 too soon（太早），而这种表达在当时的社会和语言环境中是可行的。对于通事来说，在日常生活中的习惯用法可能并不是"早"的名词形式，而是"早"的副词形式。这种在词性选择上的倾向性在翻译中就影响了词语的对应关系。

（二）受语言外部因素影响导致的偏误

原因一：由虚拟语境导致的偏误。

这一类的词语对译偏误现象在转译方式中的数量有很多。它们具有的共同特点之一就是在语码转换时，无论汉语词的词性是形容词还是动词，转换后的外语表达都以名词性的词组或短语为主。

表 4—57

汉语词	英语表达	词性
轻	a light thing	
懒惰	a lazy young man	形容词
相同	same sort	

在这三个词条中，汉语词分别对应为"轻的东西""懒惰的年轻人""相同的样式"，汉语词在英语中都存在直接对应词，其中"轻"为 light，"懒惰"为 lazy，"相同"为 same。同时，在被认为是典型广东英语的《红毛番话》中，也分别出现 light、lazy 和 same，分别对应"轻"、"懒"和"同"。这里面有两个现象值得关注，一是正确的对应形式存在于当时的语言系统中，二是《咉咭唎国译语》的这几个词在对译里都包含了这些正确的词。也就是说译者并不是因为不知道这些词而采用转译的方式进行翻译。一个最简单的假设是，如果把这几个词还原到特定句子中会出现什么情况。一般来说，按照广东英语的结构，基本的句子包括：

（1）"这个东西很轻。" This one piecee a light thing.

（2）"这个人很懒惰。" He is a lazy young man.

（3）"我要相同的样式。" My wanchee same sort.

这些句子是生活中常会用到的。如果将这些句子放在一起再与 18 世纪广东地区的社会现实联系起来会发现，它们都和通商口岸的贸易交流有着某种关联。这样看来，这位译者将原词条中的汉语词对应为其他形式的英语表达是因为他将这些汉语词植入了自己生活中的虚拟语境，然而在从英语句子中分离出实际对应词时出现了问题，也就导致了这种对译上的偏误。

除了上面例子中反映出的在外语表达中出现附加成分外，还有一种情况。

原因二：由交际中的省略导致的偏误。

表 4—58

汉语词	葡语词	词性
朝贡	ambassadore	动词
语录	verbal	名词

汉语词"朝贡"和"语录"分别对应为葡语名词 ambassador（今作 embaixador）和形容词 verbal。就前者来说，《洋汉合字汇》（1831：284）明确给出了"朝贡"的对应表达，即 mandar embaixador。而《嘆咭唎国译语》中的对应形式则仅截取了正确形式的一部分去对应原词。就后者来说，"语录"一词的汉字注音为"威目"，似乎是英语词的注音。然而，通过比较可以发现，在《嘆咭唎国译语》中，注音汉字"目"主要用于对应 book（见表 4—59）：

表 4—59

汉语词	英语表达	汉字注音
医书	doctor book	乐哆目
卷	a book	目
经	a prayed book	别列目

可以看到，上面几个词条中，注音汉字"目"均对应为英语词 book。词条中，作为形容词的 verbal 表示"言语的"，本身不能代表"语录"的意思，而它的汉字注音"威目"就可以对应 verbal book（记录言语的书），并且作为"语录"的对应表达，尽管是葡语和英语的混杂。"朝贡"的情况与之类似，译者在翻译"语录"时，同样只是对部分信息进行了翻译，而这是由交际中的省略导致的。

（三）偏误成因尚不确定

尽管转译方式导致的词语偏误数量不多，但依然有尚不能确定成因的词条。

表 4—60

汉语词	葡语词	词性
显露	aparência	动词

词条中，汉语词"显露"被译为葡语 aparência。"显露"为动词，指的是"显出；表露"，而葡语词 aparência 为名词，其主要义项是"外表、表面"。将汉语原词和葡语词进行比较，能够看到二者之间是存在一定联系的，一般来说，"显露"出来的都是"外表"的现象。《汉洋合字汇》（1833：890）对"显露"的解释为 apparecer，也就是 aparência 的动词形式。《播呼都噶礼雅话》中则译为 manifestar，汉语可以表达为"发现"。暂且不考虑这两种译法哪种更好，单就词性上说，它们至少都依照了原词的词性。无法判断此处出现的词性不对应现象的原因是：其一，根据《哎咕唎国译语》葡语词和英语词的分布情况可知这位通事的葡语水平高于英语水平，甚至有可能母语就是葡语。作为一个葡语熟练的人，在翻译时不应该出现这种不对应的现象。其二，汉语词"显露"本身并没有名词形式，在日常生活以及粤方言中也几乎没有活用为名词的情况。基于以上考虑，只能暂且将它归入本类。

第三节 《暎咭唎国译语》对译偏误数据及成因讨论

作为"过渡方言"的一种,《暎咭唎国译语》代表的是中国皮钦语的早期形式。我们首先对《暎咭唎国译语》中词语对译偏误方式进行划分;其次在对每种方式内的偏误现象进行描写的同时进行二次分类;最后采用对比的方法并借助相关词典、史料等文献对各类偏误产生的原因进行考察。

在研究中发现,尽管所有偏误词语从表面上看都是由语义不对应导致的冲突,但仔细分析发现导致偏误形成的原因是多样化的。有些是由单一原因引起的,比如,由于汉语中没有形态变化,那么在用屈折语(以英语为例)对译汉语中的代词时就很容易出现偏误。还有些是由多种原因共同引起的,这其中既包括语言内部因素和语言外部因素共同作用导致的偏误,也包括社会环境、文化倾向等语言外部因素共同作用导致的偏误。在综合各种成因后,《暎咭唎国译语》中词语偏误的分布可见表4—61(偏误总词表见附录Ⅰ)。

表4—61　　　　《暎咭唎国译语》中词语偏误的分布

类型	语内因素		语言内、外部因素共同作用	语外因素 社会、文化、个人	尚未确定成因	非系统的错误
	外语	类型				
同译方式	11	16	4	8	2	
等译方式	13	38	14	4	2	7
仿译方式		5		33	4	
释译方式	12		8	34	2	
转译方式			8	13	2	
总偏误数	36	59	34	92	12	7
	95					
总偏误率	39.6%		14.2%	38.3%	5%	2.9%

表4—61中,语言内部因素包括外语和类型两种不同原因,外语因素主要指的是词汇量因素,而类型因素包括汉、外语言系统存在的固有差

异，比如性、数、格的问题，语义场的问题等。语言内部、外部因素共同作用时，其中的语言内部特征表现的均为汉语的特征，比如语音形式、一字多音、一词多义、语法结构等因素，而语言外部特征则包含社会因素、个人因素。单纯的语言外部因素导致的语义冲突包括社会因素、文化因素、个人因素三类情况，它们往往相互伴随着出现，而单纯由一种因素导致的偏误现象在数量上并不多。

考察每种成因的偏误数量与总偏误的比例发现，单纯由语言内部因素导致的偏误和单纯由语言外部因素导致的偏误在比例上基本相当。这也说明，18 世纪时，作为"过渡方言"的广东英语中，以通事为主要人群的学习者在学习第二语言时，由语言内部因素和语言外部因素导致的语义冲突几乎是相等的。其中传达出的信息包括两方面，一方面，在有时过于强调语言内部因素作用的第二语言教学中，人们却忽略了语言外部因素的地位，而这种忽略的前提并不是因为语言外部因素所占比例少；另一方面，在语言接触领域，一种观点认为就语言接触产生的"冲突"而言，起主导作用的主要是文化心态或社会背景这样的语言外部要素，它们存在于冲突产生、扩散、延续和消失的各个环节，但并不能简单地用语义空缺或句法差异对其进行解释说明。这种观点有可能是过度强调了外部因素在"冲突"中的作用，实际情况并非那么绝对。

第五章

《播呼都噶礼雅话》词语对译偏误研究

与《㖾咭唎国译语》的通事译者身份不同,《播呼都噶礼雅话》的葡语译者是来华的葡萄牙传教士。由汉、葡对译的情况可以看出,其内容全部以葡语进行翻译,并不掺杂任何其他语言成分。就基本对应关系而言,这位传教士的汉语水平显然要比广东通事的英语水平高得多。

从明朝开始到清中期,来华传教士首先在华南沿海登陆,然后在广东地区一边学习汉语一边进行传教活动。当汉语水平达到一定程度后,大多数传教士会在耶稣会的安排下前往中国内陆各地区进行传教,少部分在当时在朝的耶稣会士的推荐下入朝服务①,主要工作包括撰写各领域的书籍,参与绘画及雕刻工作,翻译往来书信等。实际上,这些工作同样有助于传教士自身汉语水平的提高。

作为汉语学习者,这些来华传教士通过正规渠道、系统地学习汉语。通常的方式包括:(1)聘请教官话的老师;(2)由已学成汉语的传教士教授初学者;(3)借助传教士编写的汉语学习材料学习,如《西儒耳目资》②;(4)通过正规学校学习,如"圣保禄学院"③。因此由来华传教士

---

① 耶稣会士:作为天主教修会之一的耶稣会(The Society of Jesus)成员的统称。外文通常在人名之后用 S. J. 表示,在中国又多指来华传教的耶稣会传教士。

② 明末,天主教耶稣会来华传教士金尼阁(Nicolas Trigault),在利玛窦等人的罗马字注音方案的基础上,于1625年写成一部用于帮助西洋人学习汉语、汉字的罗马字注音字汇,即《西儒耳目资》,次年出版于杭州。

③ 据《澳门百科全书》(澳门基金会1999年版)记载,"1594年起,耶稣会规定凡入华传教的耶稣会士,一律要先在澳门学习中国语言文学和礼仪,同年12月,果阿耶稣会长鲁德拉斯委托贝勒兹、代峰拉以及平托三人将原来只有小学规模的圣保禄公学升为大学规格的圣保禄学院"。

翻译的《播呼都噶礼雅话》，在词语对译中能够客观地体现当时来华传教士的语言水平，其中的汉、葡对应情况反映的就是一种在目的语学习过程中出现的典型"过渡方言"，即中介语。

《播呼都噶礼雅话》收词 2069 个（全书词表见附录Ⅴ），不同于《暎咭唎国译语》中外语形式与汉字注音的不同步现象，《播呼都噶礼雅话》除个别词条（比如：汉语词"蝦蟇"，葡语对应为 cão，汉字注音为"喇昂"），其余外语形式均与注音汉字保持一致。早期葡语形式与现代葡语形式在拼写上有所不同，另外研究涉及的晒蓝本在词语书写上有时也会出现模糊不清，因此，借助汉字注音能够辅助确定葡语原词。这样也可以避免在分析时因为原词表中葡语词书写的问题产生误认现象。

第一节　《播呼都噶礼雅话》对译偏误成因分析

按照前章考察《暎咭唎国译语》时确定的研究范围，首先筛选出《播呼都噶礼雅话》中的全部实词，共计 1782 个。表 5—1 反映的是《播呼都噶礼雅话》实词分布的基本情况。

表 5—1　　　　　《播呼都噶礼雅话》对译分布

词性	名词	动词	形容词	数词	量词	数量词	代词	总数
总词数（个）	1188	325	190	34	9	21	15	1782

进而，依据已归纳出的五种对译方式进行归类，分出偏误词语与非偏误词语，并为汉语词标注词性。

表 5—2　　　　《播呼都噶礼雅话》偏误词与非偏误词分布

词性	名词	动词	形容词	数词	量词	数量词	代词	总数
非偏误词（个）	908	145	99	33	9	19	11	1224
偏误词（个）	280	180	91	1	0	2	4	558

由表5—2可以看到，实词部分共1782词，占全部词语数量的86.1%。在全部实词中，按词语数量多少，前三位依次为名词（占全部实词数量的66.7%）、动词（占全部实词数量的18.2%）、形容词（占全部实词数量的10.7%），这一顺序与《暎咭唎国译语》一致。三种词性的词语数量之和为1703，占全部实词数量的95.6%。同样，除"数词"和"量词"类外还列出了"数量词"一类，以便考察。

通过二次划分其中的偏误及非偏误词语，可以观察每种对译方式下词语在数量上的情况。

表5—3　　《播呼都噶礼雅话》各对译方式下词语分布

数量	词性	名词	动词	形容词	数词	量词	数量词	代词	总数
同译方式	非偏误词	134	6	0					140
	偏误词	82	84	32					198
等译方式	非偏误词	617	110	70	33			10	840
	偏误词	92	61	50	1			3	207
仿译方式	非偏误词	38	5			1	18		62
	偏误词	34	10						44
释译方式	非偏误词	115	24	29		2	1	1	172
	偏误词	59	12	3			2	1	77
转译方式	非偏误词	4			6				10
	偏误词	13	13	6					32

通过分析表5—3提供的数据以及相关引申信息，能够获得以下几方面的特征：

第一，从单一类型上考察，等译方式中的词语不论是非偏误词语还是偏误词语的数量上均最多，这一点与《暎咭唎国译语》一致。不同之处在于，《播呼都噶礼雅话》中同译方式的词语总量高于等译方式外的其他几类，而《暎咭唎国译语》中同译方式的词语总量仅高于转译方式的词语。之所以出现这种情况是因为相比《暎咭唎国译语》而言，《播呼都噶礼雅话》的收词量更大，所收录词语中的那些语义特征相似的词比前者更多，由此产生了数量上的差距。

表5—4　　　《播呼都噶礼雅话》各对译方式中的词语总数

对译方式	等译方式	同译方式	释译方式	仿译方式	转译方式
数量（个）	1047	338	249	106	42

第二，表5—4、表5—5反映的是《播呼都噶礼雅话》中，译者最容易出现对译偏误现象的类型。与《暎咭唎国译语》相似，等译方式中的偏误词语虽然总量比较大，但偏误率依然是最低的。其他几种类型的词语在偏误率上都明显高于等译方式的。此外，转译方式的偏误率依旧最高，说明在缺乏语境的词语对译中，当译者借助虚拟语境理解汉语词所指词性时出现问题的可能性非常大。

表5—5　　　《播呼都噶礼雅话》各对译方式下词语偏误率

对译方式	转译方式	同译方式	仿译方式	释译方式	等译方式
偏误率（%）	76.2	58.6	41.5	31.8	19.8

略有不同的是，表5—5中释译方式和仿译方式的偏误率在顺序上较《暎咭唎国译语》发生了对调。根据前文的分析，多数情况下选择仿译或释译方式是因为两种语言间存在概念空位，那么对于母语为汉语的人来说，附加了语法层面的描写或复杂结构的组合比用单一外语词逐个对应更难。相反，对于母语不是汉语的人来说，去描写一个词要比直接对应更简单，因为直接对应看似是每个词素的对应，实际上则要正确理解该词素，而这一点母语为汉语的人更占优势。

第三，从整体上看，比较各种词性的情况，尽管名词数量最多，但就偏误率而言，动词（除释译方式）和形容词（除释译方式）的偏误比例均远高于名词的（见表5—6）。值得注意的是，在《播呼都噶礼雅话》中，量词（共计9个）的对译的偏误率皆为零[①]。这恰恰可以反映出来在

[①]　《暎咭唎国译语》中共出现3个量词，偏误率为33.3%。

华传教士在学习汉语的过程中对量词的重视程度比较高,并且在自己的母语中找到了相应的表达或描写方式进行对应。

表5—6　　　　　《播哷都噶礼雅话》对译方式中各词性
偏误所占该词性词语总数的比例　　　　单位:%

单项偏误比例	名词	动词	形容词	数词	量词	数量词	代词
同译方式	38.0	93.3	100.0				
等译方式	13.0	35.7	41.7	2.9			23.1
仿译方式	47.2	66.7			0.0	0.0	
释译方式	33.9	33.3	9.4		0.0	66.7	50.0
转译方式	76.5	100.0	100.0		0.0		

如果从整体出发,通过考察每种词性中出现对译偏误的词语与该词性词语数量的关系,也会得到类型的数据(见表5—7):

表5—7　　　　　《播哷都噶礼雅话》各词性偏误词语
数量与该词性词语总量的关系

词性	名词	动词	形容词	数词	量词	数量词	代词
偏误率(%)	23.6	55.4	47.9	2.9	0.0	9.5	26.7

结合表5—6和表5—7可以看到,在《播哷都噶礼雅话》中,动词和形容词出现词语对译偏误的概率较高,而名词实际上则没有那么高。综合《暎咭唎国译语》中的情况能够说明,动词和形容词的对译是最应该关注的,因为它们反映的往往是那些抽象的概念,所以在语码转换中出现偏误的概率就会增加。

第四,分析每种对译方式中单一词性偏误占该对译方式全部偏误的比例关系可以发现,在《播哷都噶礼雅话》各项偏误中,名词与动词、形容词比例差距最大的是仿译方式(见表5—8),这与《暎咭唎国译语》的情况完全一致,后者中,名词、动词的比例分别为90.4%和7.1%。而两者对译方式的比例差距也极其类似,后者中,名词、动词、形容词的比例分别为 50.0%、33.9% 和 12.5%。这一方面说明,在早期第二语言教材中名词的收词量和受重视程度高于其他词性;另一方面也说明,在词语对译的过程中应该尽量避免通过仿译和释译的方式翻译名词。

表5—8　　　　　　《播呼都噶礼雅话》各类型中
单一词性偏误与该类全部偏误的比例　　　　单位:%

偏误率(%)＼词性 对译方式	名词	动词	形容词	数词	量词	数量词	代词
同译方式	41.4	42.4	16.2				
等译方式	44.4	29.5	24.2	0.5			1.4
仿译方式	77.3	22.7					
释译方式	76.6	15.6	3.9			2.6	1.3
转译方式	40.6	40.6	18.8				

第五,上一章在对《暎咭唎国译语》的研究中,考察了"质译"和"文译"两种方法在翻译词语数量上的关系,发现动词和形容词的对译偏误情况在"质译"和"文译"之间的分布比较平均,均在50%左右。名词对译的偏误则相对较大。然而,在统计了《播呼都噶礼雅话》中的相关数据后发现,"质译"和"文译"下三种主要词性的偏误率差距都很明显,出现的偏误全部集中在"质译"部分。如果比较中国皮钦语和中介语这两种"过渡方言"就会发现,"质译"和"文译"反映出的正是两种语言的不同学习过程。对于中国皮钦语的学习者来说,并不是系统地进行词汇学习,更多的是通过实际的语言交际学习这种语言,即通过句子或对话来学习词,所以"文译"部分的比例相对较大;而汉语中介语的学习者则是比较系统地进行过目的语词汇的学习,因为他们在翻译模式的选择上倾向性十分明显,这就与现代第二语言词语学习的基本规律一致,即先学词,再学句子。

表5—9　　　　　　　《播呼都噶礼雅话》各对译类型
单一词性偏误与该词性全部偏误的比例　　单位：%

对译方式	偏误率（%）词性	名词	动词	形容词	数词	量词	数量词	代词
质译	同译词偏误	29.2	46.7	35.2				
	等译词偏误	32.9	33.9	54.9	100			75.0
	仿译词偏误	12.1	5.6					
	总比例	74.2	86.2	90.1	100			75.0
文译	释译词偏误	21.1	6.7	3.3			100	25.0
	转译词偏误	4.6	7.2	6.6				
	总比例	25.7	13.9	9.9			100	25.0

通过以上分析，我们基本掌握了《播呼都噶礼雅话》的词语对译偏误在数量上的表现，并且通过与《暎咭唎国译语》的对比，找到了其中存在的一些共同点。为了保证研究结论的可比性，接下来同样把《播呼都噶礼雅话》的词语对译归入以上五种方式，通过具体归纳和说明，考察各类型偏误成因。

第二节　各类对译方式的偏误成因

一　同译方式中的偏误成因

总体上看，《播呼都噶礼雅话》同译方式中的对译偏误分为95组，共计198词。其中名词共41组82词，动词共39组84词，形容词共15组32词。名词、动词的对译偏误占多数。从整体数量上，《播呼都噶礼雅话》同译方式的偏误词和非偏误词均高于《暎咭唎国译语》中的同类情况。这主要是由两种因素导致的：一是词表本身在收词数量上的差异，二是受时代背景和汉语发展的影响。《播呼都噶礼雅话》中的双音节词的比例明显增加，其中出现了一定数量的近义单音节词和包含该词素的双音节词共现的情况，也就增加了同译方式的词语基数。

(一) 受语言内部因素影响导致的偏误

原因一：由语义固有差异导致的偏误。

在同译方式的对译偏误中，特征最明显的依然是只包含一种诱因的偏误现象，它们在数量上占多数，并且分布也比较广。

表5—10

汉语词	葡语词	词性
矮	pequeno	形容词
小		

以表5—10中的一组词为例，葡语词pequeno先后对应为汉语中的形容词"矮"和"小"。尽管与《㖠咕唎国译语》采用等译方式进行对译的汉语词"短"的具体对应形式不同①，但它们的内部成因是一致的。从《洋汉合字汇》（1831：619）对pequeno的解释，可以看到这个词包括"小、短、矮"等义项。众所周知，汉语词"矮"和"小"的语义范畴并不相同，一般来说，"矮"用于形容高度上的"小"，而"小"能够表示的情况要比"矮"更多。尽管葡语pequeno和英语short（短、矮）在两个词表中对应为不同汉语词，但是同属于印欧语系的客观事实使得pequeno和short的语义范畴是基本一致的，其中反映出的是人们观察事物的角度和认知方式的相似。相反，由于汉语和葡语自身的语言类型不同，势必会出现由于两种语言之间的固有差异导致的语义不对应。

表5—11

汉语词	葡语词	词性
食	comer	动词
吃		
蹄	unha	名词
指甲		

---

① 在《㖠咕唎国译语》中，汉语词"短"对应为英语short。

表5—11中分别为同译方式下动词和名词的偏误现象。在第一组词条中，葡语词 comer（相当于英语的 eat）先后对应汉语词"食"和"吃"。这里首先需要确定"食"的词性。观察该词在《播呼都噶礼雅话》中出现的位置可以发现，该词先后出现在"饮食门"和"鸟兽门"。在前者中，"食"对应为 comida。根据对应关系可知，此处指的是"食物"，也就是"食"的名词义。而在后者中对应为 comer，指的是"食"的动词义，即"吃东西"。通过初步的分析外加词语所处门类可知，其中的"食"和"吃"分别用于人和动物。虽然，门类的不同可以对 comer 的语义起到一定的限制，但是这种区分并不能从根本上解决不同语言在对应中的固有差异。

同样，在第二组词条中，葡语词 unha 分别对应汉语词"蹄"和"指甲"。这两个词在汉语里的语义范畴是十分清晰的。前者的对象是马、牛、猪等哺乳动物，后者的对象是人。除了使用对象不同，两个汉语词的语义所指也不同。"蹄"包含"甲"，"指甲"则不包含"指"。然而这种差异并不直接体现在单个的葡语词中，若不进一步加以解释，就会出现语义上的不对应。由《播呼都噶礼雅话》中的对应可知，这位葡国传教士并不是没有注意到这种差异，比如他将汉语词"爪"对译为 unha de passaro，也就是鸟的"蹄"或"指甲"。对比 unha 出现的不同情况可以推断，在词语翻译过程中选用合适的对应并不难，难的是为某一类语义相近的词分别选用合适的对应词语。实际上，这种"临时"采用的对应从一方面说明了译者对语义固有差异的敏感性，另一方面其实还是反映了语言间存在的固有差异。

如前所述，《播呼都噶礼雅话》的收词比《噗咭唎国译语》更能够体现汉语从单音节词到双音节词的过渡特征。其首要前提是需要有两个具有同类语义特征的单音节词，以便能在语言的发展中逐渐组合成一个新的双音节词。通过考察《播呼都噶礼雅话》中的相应表现，可以看到两种语言间存在的某些固有语义冲突会随着一方语言状况的发展而改变。

表 5—12

汉语词	葡语词	词性
移	mover	动词
动		
尊	nobre	形容词
贵		

表5—12中，汉语词"移"和"动"都对应为葡语词 mover（相当于英语的 move）。汉语词"尊"和"贵"都对应为葡语词 nobre（相当于英语的 noble）。各组对应中的语义差异是明显的。葡语词 mover 从语义上看与"动"更相似，因为二者都包含了"外力或内力导致的位移"，而"移"侧重的是"外力导致的位移"。在后一组词中，葡语词 nobre 从语义角度看侧重的是"贵"，而不是"尊"。严格意义上讲，汉语词"移"和"尊"在对译时需要附加特定信息才能够达到语义上的一致，就"移"来说，《汉洋合字汇》（1833：621）给出的解释是 mudar de lugar。与此同时也应看到，随着汉语的发展，这两组单音节词在组合后分别形成了并列结构的双音节词"移动"和"尊贵"。那么就这二者的翻译来看，比较恰当的对应形式也正是 mover 和 nobre，比如《汉洋合字汇》（1833：205）就把"尊贵"对应为 nobre。而曾经存在的语义不对应也随着汉语单音节词的重新组合发生了改变。当然，就《播呼都噶礼雅话》的情况而言，这种现象主要表现为语义特征相似的单音节词在组合后形成并列结构的双音节词。

（二）受语言内部、语言外部因素共同影响导致的偏误

原因一：由音节扩展和学习方式共同导致的偏误。

除了上面说到的这种单音节词到双音节词过渡的形式外，《播呼都噶礼雅话》还包括了另一种过渡形式，见下例。

表 5—13

汉语词	葡语词	词性
昔	antigamente	名词
古昔		

表 5—13 中汉语词"昔"和"古昔"同时对译为葡语 antigamente。就这两个汉语词本身来说，反映的是一种从单音节向双音节过渡的现象。因为它们包含了相同的语义特征，都表示"以前"。差异在于，"古昔"从"昔"的义项中分离后所表达的时间跨度更久。而就葡语词 antigamente 而言，该词在古汉语中表示的是"昔"，在现代汉语中表示的是"以前"。这似乎都不能十分恰当地表达"比较长的时间"。也就是说，对于"古昔"来说，仅用 antigamente 作为对应是不全面的。

但是这种对应关系从另一方面反映出，作为译者的传教士在理解汉语词时最优先考虑的是义项是什么，或者说他认为学习某个汉语词时最应该掌握的义项是什么。这种倾向性就会在词语的翻译中体现出来。具体表现为，当某个对应词能够基本表达汉语原词的时候，尽管不是语义上的完全对应，但译者往往就会采用该对应词作为汉语词的对译。这样的情况在《播哷都噶礼雅话》还有很多。

表 5—14

汉语词	葡语词	词性
阻	impedir	动词
阻挡		
闲	ociozo	形容词
清闲		

第一组词条中，汉语词"阻"和"阻挡"同时对应为葡语 impedir。同样，这两个汉语词在语义上都包括"使不能前进"。然而比起"阻"强

调结果的语义倾向来说，"阻挡"一词强调的是动作本身。实际上，在原词表中与"阻"相邻的词就是"挡"。只不过这一次译者并没有采用同译的方式，将二者对应为一个词，而是把"挡"翻译为 obstar（相当于英语的 obstruct）。这恰好说明此处的"阻"并不是"阻挡"的意思，而是"阻止"的意思。一般情况下，表示"阻止"义的"阻"不应该对应于 impedir，而应作 sostar[①]，语义上更侧重"止"。这个例子中反映出的就是一个典型的第二语言学习现象。很显然，对于这位葡国传教士来说，"阻"的义项中表示"阻挡"的情况比表示"阻止"的情况更重要或更常用。也有可能他在学习时根本就不知道"阻止"这个义项。那么在同时接触到"阻"和"阻止"时，他就很难区分其中的语义差异，甚至将二者视为一物，尽管词表本身可以为他提供一些附加信息。

相反的情况是"闲"和"清闲"，这两个词同时对应为 ociozo（今作 ocioso）。在原词表中"闲"与"忙"相对，指"不忙"。从这个角度看，与 ociozo 的语义是吻合的。而"清闲"的语义范畴比"闲"更窄，具体指的是"清静悠闲"。虽然葡语词 ociozo 在某种程度上可以表示"悠闲"，但却不能表达"清静"的意思。原词表中出现 ociozo 同时对应"闲"和"清闲"，也说明了汉语词在从单音节到双音节的过渡中，对语言学习者产生的影响。换言之，在汉语学习过程中，双音节词中的某些语义特征在翻译时是可以被忽略的，从而回归到已知的单音节词的语义对应上。

（三）受语言外部因素影响导致的偏误

原因一：由文化差异导致的偏误。

除由语言内部差异导致的词语对译偏误外，由文化、社会等外部因素的差异导致的对译偏误同样值得关注，它们也是导致偏误产生的重要原因。

---

① 葡语 sostar，参见《汉洋合字汇》（1833：75），该词今作 sustar。

表 5—15

汉语词	葡语词	词性
官桂	canèla	名词
桂皮		

《播呀都噶礼雅话》香药门中收录了"官桂"和"桂皮"两个词。在有些材料中将这二者看作同一种物品，如《中草药学》（1980 版）"肉桂"条下写"有谓官桂者，来源较为复杂……通常供作佐食调味用"，指的就是"桂皮"。实际上它们的所指并不相同。《本草图经》载"牡桂，皮薄色黄少脂肉，气如木兰，味亦相类，削去皮名桂心，今所谓官桂，疑是此也"①。明代刘纯《医经小学》中的十九畏歌有"官桂善能调冷气，若逢石脂便相欺"，主要采用它的药用价值便是很好的证明。人们常说的"桂皮"一般来说只作为香料或者调味品，而不是取其药用价值。

这种区别在熟悉中草药的中国人看来应该是显而易见的。不过对于外国人来说，他们在生活中较常用的是"桂皮"，对"官桂"的概念并不熟悉。当同时遇到这二者的时候，译者就只能统一翻译为葡语 canèla，指的就是"桂皮"，但实际上是为葡语原词附加了一个新的所指。

从词表中的汉葡对应情况看，这种由于文化因素的差异导致的偏误主要集中在名词中。

表 5—16

汉语词	葡语词	词性
番人	estrangeiro	名词
夷人		
福	felicidade	名词
福禄		

---

① 官桂有多个别名，其中一个就是牡桂。

在第一组词条中，汉语词"番人"和"夷人"均对应为葡语 estangeiro（相当于英语的 foreigner）。研究表明，明清以来，对"番"和"夷"的区分是比较明确的，"番"主要指代周边少数民族，而"夷"除了指代少数民族还包括外国。比如乾隆二十四年（1759）两广总督李侍尧在奏折中说"外洋各国夷船到粤……其货物均系江浙等省商民贩运来粤，转售外夷，载运回国"。同样，乾隆四十九年（1784）两广总督舒常在奏折中提到"有意打利亚奴国夷人德天赐、颜诗莫二名，附搭双鹰国夷船到广，情愿进京效力等情"[1]。乾隆皇帝也曾对"夷"有过明确的叙述，乾隆五十八年（1793），他在写给英国国王的信中说"天朝物产丰盈，无所不有，原不籍外夷货物以通有无"。这些都能够说明"夷"至少在乾隆时期更多代表的是外国。通过词表中的对应情况，葡语 estangeiro 的确可以表示"夷人"，但就词语本身的语义看，并不能表示"番人"。之所以出现上述的对应，很大程度上源自汉语的学习过程。其一，在学习者的母语中没有"番"和"夷"的差别，大多数情况他们只用 estangeiro 表示"外国"。其二，在学习过程中他们也没对二者的差别进行了解。当然，从另外一个层面考虑，对于这些传教士来说，他们并不需要掌握"番"和"夷"的区别，因为在日常生活中不论是"番人"还是"夷人"，在他们看来指的都是既不是满族人也不是汉人的群体。

后一组词条中的情况也十分典型，汉语词"福"和"福禄"同时对应为葡语 felicidade。在汉语中，"福"和"福禄"的区别是很明显的，尽管在《说文解字》中有"禄，福也"，但是双音节词"福禄"除了表示"福气"外，还表示"爵禄"。这就很难用 felicidade 一个词翻译。不过，在《汉洋合字汇》（1833：597）的词条"福"和《洋汉合字汇》（1831：365）的词条 felicidade 下，都首先将这二者作为对译。此外在《播呼都噶礼雅话》通用门中有"受福"一词，也同样用该词对译[2]，这样看起来 felicidade 对应"福"是没问题的。然而，这个葡语词在实际的翻译中，最恰当的对应并不是特定文化层面的"福气"，而是一般层面的"幸

---

[1] "意打利亚"是 Italia 的音译，今作"意大利"。
[2] "受福"，葡语作 ter felicidade。

福"。《汉洋合字汇》（1833：597）给出了两个词条，分别是"福善"（a fortuna he boa）和"自求多福"（procurou muitas fortunas），这里包含的 fortuna 才是表示"福气"的意思。

这组例子一方面说明特定文化带给词语对译的困难和问题，另一方面也反映出了一种普遍的现象，就是在以单音节词为主的早期汉语学习中，学习者首先掌握的义项可能并不是中国人认为最主要的义项，而是与学习者自身生活关系最密切的义项。

原因二：由社会、文化价值观念差异导致的偏误。

《播呀都噶礼雅话》中词语对译偏误的情况与《嘆咭唎国译语》有很多相似之处，但也出现了后者不具备的偏误现象。

表 5—17

汉语词	葡语词	词性
经典	livro	名词
书		

表 5—17 中给出了同译方式下的偏误对译，汉语词"经典"和"书"同时对应为葡语 livro（相当于英语的 book）。就这两个汉语词来说，"经典"肯定包含在"书"的范围内，不管是宗教典籍、儒家典籍，还是文献典籍，都是书。不过这种范围上的差异在译者看来是没有必要区分的，在给本国国君的公文翻译中，只要翻译成 livro，就完全可以表达文章的意思，并不会因为将"经典"翻译为 escritura 或者 sermão 就能更好地理解字句[①]。除此以外，本研究在《播呀都噶礼雅话》中还找到了几例更有说服力的词条。

---

① 葡语 escritura 参见《汉洋合字汇》（1833：67）词条"典"；葡语 sermão 参见《嘆咭唎国译语》通用门词条"经典"。

表 5—18

汉语词	葡语词	词性
给	dar	动词
与		
赏赐		
恶	mao	形容词
歹		
奸诈		

在第一组词条中，汉语词"给""与""赏赐"均对应为葡语 dar（相当于英语中的 give）。很显然，这三个汉语词都对应为 dar 是不合适的。"给"在汉语中更侧重口语体，而"与"和"赏赐"相对来说则更侧重书面体。而且，"与"和"赏赐"本身也存在着语义范畴上的差异，根据《汉洋合字汇》（1833：863）可知，"赏赐"在葡语中应该翻译为 premiar，这就说明并不是因为葡语中没有表达相同概念的词语才出现这种对应关系。之所以要用宽范畴的 dar 对应窄范畴的"赏赐"，本书认为，其中的原因是：在译者看来，这几个汉语词在语义和语体上的差异并不会对目的语语言的输入构成障碍，反而能够帮助他们更快更简便地理解汉语文章的意思。换句话说，不管是"给"还是"与"，理解成 dar 就可以实现交流和传递基本信息的任务，而不需要更精确的语义信息。

葡语 mao 的对应情况也可作为此观点的另一个佐证。同上例一样，葡语 mao 在《播呼都噶礼雅话》中先后对应"恶""歹""奸诈"，这三个词在语义和语体上的关系与"给"组的情况几乎完全一致，如口语体和书面体，又如"奸诈"在葡语中的实际对应词 estratagema。根据 18 世纪上半叶乾隆禁教的社会现实看，传教士们在翻译中选择的这种对应方式是否基于保护基督教或维护其母国与清朝的关系？换句话说，如果采用这种翻译，那么将汉语口谕或者敕书翻译成葡语时就不会因为感情色彩和语体的"完全对应"导致本国君主的不满。比如在 18 世纪下半叶的马嘎尔尼来访事件中，乾隆皇帝在 1793 年 9 月给英国国王的回信《乾隆赐英吉利国王敕书》中说道：

> 奉天承运皇帝敕谕英吉利国王知悉，咨尔国王远在重洋，倾心向化，特遣使恭赍表章，航海来廷，叩祝万寿，并备进方物，用将忱悃。

当然，英吉利国王看不懂中文，因此需要由当时的来华传教士进行翻译后才能转交。于是，这一部分内容经过翻译后变成了：

> You, O King, live beyond the confines of many seas, nevertheless, impelled by your humble desire to partake of the benefits of our civilisation, you have dispatched a mission respectfully bearing your memorial. Your Envoy has crossed the seas and paid his respects at my Court on the anniversary of my birthday. To show your devotion, you have also sent offerings of your country's produce.①

对比这两份材料就会发现，原文中的那些有可能导致英吉利国王不满或带有侮辱性的词语都被婉转地改写或删除了。其中"倾心"这个带有自傲和尊卑感的词被改成了带有自谦性质的humble，而另一个在英吉利国会被认为是侮辱性的词"叩"则干脆没有翻译，而是简单地写作pay respect（表达敬意）。可见，翻译后的文字在意思表达上与原文实际含义存在不小的差距。这就可以解释为什么《播呼都噶礼雅话》中有一些可能带有偏见或感情色彩较重的词被婉转地对应为相对简单且模糊的词。通过这种方式，一来能够避免在公文翻译中由于用词导致的不必要的麻烦，二来可以让其他人在借助这个词表进行翻译时也能够合理选用对应词。这种表现可以与20世纪后期提出的"面子"理论进行比较，不同之处在于，Brown和Levinson（1987：61）把面子界定为"每一个社会

---

① 英文参见 E. Backhouse & Bland, J. P. *Annals and Memoirs of the Court of Peking*, Boston: Houghton Mifflin, 1914, p. 322。

成员意欲为自己挣得的一种在公众中的个人形象",主要强调的是对个体形象的维护。而《播呼都噶礼雅话》中体现的面子行为却具有社会取向,是对社会形象的维护,这一点与传统上以"个体主义"倾向为主的西方文化价值观相反,反倒与以"集体主义"倾向为主的中国文化价值观一致。

原因三:由社会环境和语言能力共同导致的偏误。

在《播呼都噶礼雅话》的同译方式下,还有一类偏误,尽管出现的数量不多,但通过分析其中产生的原因,也可以让人们了解语言发展过程中的一些客观因素。

表 5—19

汉语词	葡语词	词性
声闻	thema	名词
题目		
商	mercador	名词
客人		

在第一组词条中,汉语"声闻"和"题目"均对应为葡语 thema(今作 tema)。可以肯定的是,位于"经部门"中的"声闻"与位于"文史门"中的"题目"差距甚远,从词表本身看,它们之间不存在任何相似的语义特征。"声闻"一词本是佛教用语,指弟子。在《㗆咭唎国译语》中这个词被译为 cursai[①],然而这里作为对应的 thema 与汉语原词义毫不相干,也谈不上与佛教的关系。

从词条本身看,"题目"一般指用作考试的题(与其相邻的词语分别为"科举""考人"),但此处的 thema 并不代表这个意思。通过前面的分析可知,这位传教士的汉语学习经历了由单音节词到双音节词的过渡阶段,在语言学习的过程中他先接触的一定是单音节词,然后才是双音节

---

① 葡语 cursai,疑为 cursisita,可指"学生、弟子"。

词。而学习双音节的模式包括两种,一种是从整体上进行学习,另一种是根据双音节中的每个词素进行学习。根据此处的对译可知,他并不是从整体上掌握这个与考试相关的"题目"的。《汉洋合字汇》(1833:887)给"题目"作出的解释是 letreiro da porta(题写在门楣上方的文字),就是人们今天所说的"题额,匾额"。这就使得对译与原词出现了偏差,但却反映出了与"声闻"一词的关系。明清时期,"声闻"一词常被用于匾额上,取其"名声"之意,其中最著名的匾额包括明代洪武七年(1374)的"声闻四达"和清代乾隆五年(1740)的"声闻于天"。应该说,尽管在《播呀都噶礼雅话》中,"声闻"一词有明显的佛教指向(其前后分别有"大乘""妙法""皈依"),但这位葡国传教士并不知道"声闻"所包含的佛教含义。他也不知道"声闻"的现实含义。自利玛窦开始,来华传教士均是根据以单音节为主的古汉语学习汉语,而像"声闻"这种双音节词在学习时出现的概率是不高的,同时在公文翻译中也很少用到。由于在日常生活中见到的也只是用作匾额的书写中,因此在翻译时只能选择这种对应。

第二组词条中的汉语词"商"和"客人"都被译作 mercador(相当于英语的 merchant)。从语义关系看,该葡语词仅能作为前者的对应,而不能用于后者。尽管在"客人"一词的语义范畴中包括"客商",但它既不是主要义项,也不是社会常用义项。之所以出现这种对应关系,是因为在传教士的工作和生活环境中,常常接触到的是各国来华进行贸易的商人。当地中国人在与这些人交往时,不大可能直呼其名,因此需要用一个词指代他们。比较常用的一个词就是"客人",因为这个词既包含了一定的敬意,又不会引起误会。传教士在这种环境中生活,自然会将这种对应关系吸收为一种"正确"的形式。

原因四:由个人语言水平导致的偏误。

应该说前几种偏误现象是特定的社会背景在词语对译中的表现。同译方式中的另一类情况同样值得关注。

表 5—20

汉语词	葡语词	词性
成		动词
修	aperfeiçoar	形容词
诚		

表 5—20 中，汉语词"成""修""诚"同时对应为葡语 aperfeiçoar，其中"成"表示"完成"，"修"表示"使完美"。如果仅考察"成"和"修"，那么根据《洋汉合字汇》（1831：56），aperfeiçoar 一词包含的义项主要有"作成功、完、功行圆满"，可以作为上述两个汉语词的葡语对译，也说明这种对应上的语义冲突是由语言外部因素导致的可能性很小。这位传教士把"诚"也翻译为 aperfeiçoar 就有些不同寻常了。因为这个葡语词并不包含"诚"的语义。实际上，"诚"在词典中翻译为 sinceridade①。之所以出现这样的对应关系一定是由于译者将"诚"误当作"成"。并且，在词表中确实能找到这样的词条：

表 5—21

汉语词	葡语词	词性
熟	maduro	形容词
诚实		

将"熟"与葡语 maduro 对应是十分恰当的。而"诚实"则完全不可能与 maduro 有任何语义上的交叉，一般在葡语中可对应为 fidelidade②。一个合理的解释就是该葡语词在汉语中可以对应"熟、成熟"，那么结合上一例，可以推测译者将"诚"当作"成"，而把"诚实"看作"成熟"。

像这样的情况主要是由译者的汉语水平导致的，在词表中还出现了

---

① 具体可参见《汉洋合字汇》（1833：801）词条"诚"。
② 同上。

另外一些反映译者语言能力不足的词语。

表 5—22

汉语词	葡语词	词性
伺候	esperar	动词
望		
讨	pedir	动词
乞讨		
野	dezerto	名词
野地		

第一组中,葡语 esperar 有可以对应"望"(意思为观望)的义项,但却很难与"伺候"联系起来。esperar 的基本义项包括"伺机、等候"。该义项虽与"伺候"不一致,但却提供了一个信息,就是译者可能根本不知道这个词的意思。他在翻译时只能够根据单个汉字的意思进行对应。尽管不敢断定他是借助于哪本词典或工具书进行的翻译,不过至少反映出译者的汉语水平制约了翻译的精确度。后两组例子反映的是义项的选取,两个葡语词可以分别作为汉语词条中双音节词的对应形式,但不能对应单音节词。葡语 pedir 相当于汉语的"乞讨",dezerto 相当于汉语的"野地"。实际上,《播呼都噶礼雅话》中的"讨"和"野",并不是"乞讨"和"野地",而是作"讨伐"和"郊外"讲,它们在"讨"和"野"义项中分别表示不同的语义范畴,并且不具有相似的语义特征。如果将二者互释就会产生语义上的不对应。这说明,译者在翻译时对汉语词义的选择出现了偏差,也就是说他并不是根据该词在词表中的相邻词进行判断后翻译,而是根据该词在自身心理词典中的习惯表达和主要义项进行翻译。在《播呼都噶礼雅话》的这种同译方式中,单、双音节词混杂的对译偏误现象所占比例之高是超出我们预期设想的。

(四)受个人因素影响导致的错误对译

除了出现的各种偏误外,同译方式中还包括了错误的情况,本书将在此加以说明。

表 5—23

汉语词	葡语词	词性
厨役	cozinheiro grande	名词
火头	cozinheiro pequeno	
虾蟇	cão	名词
犬		

第一组词条中两个汉语词分别对应为不同的葡语，初步看这种对译是非常合理的，因为葡语分别为"大厨"和"小厨"，它区别了两个汉语词的所指。但是，实际上出现了互舛的现象，也就是说，cozinheiro grande 应该对应"火头"，cozinheiro pequeno 则应该对应"厨役"。从《播呼都噶礼雅话》的编写过程看，这种情况不太可能是译者在翻译时犯的错误，而更可能是在誊写阶段由抄写者犯的错误。

后一组词条中的对译情况乍看是很难解释的。葡语词 cão（相当于英语的 dog）指"犬"是完全没有问题的，但是又能指"虾蟇"的确是很难理解的，因为无论从字形、字义的任何一个方面看，"虾蟇"和"犬"是毫无关系的。而对应"虾蟇"的 cão 的汉字注音是"喇昂"，和葡语词并没有对应关系（这种译音和释义不对应的情况在《播呼都噶礼雅话》中仅此一例）。"虾蟇"指蛤蟆，葡语作 rã，即为"喇昂"。由此判断对应"虾蟇"的 cão 应该是 rã 的误写。

（五）偏误成因尚不确定

表 5—24

汉语词	葡语词	词性
悟	despreza	动词
轻慢		

这里，汉语词"悟"和"轻慢"都对应为葡语 despreza（今作 despresa）。该词表示"看不起，鄙视"，《洋汉合字汇》（1831：282）的解释也为"轻慢、藐视"。但却与"悟"的含义找不到任何关联。这种情况

到目前为止还没发现形成的真正原因,只能暂且搁置。

二 等译方式中的偏误成因

从总体情况上看,《播呼都噶礼雅话》等译方式中的词语对译偏误共207词,包括92个名词、61个动词、50个形容词、3个代词、1个数词。其中名词、动词、形容词三种词性的数量均明显多于《暎咭唎国译语》。

(一)受语言内部因素影响导致的偏误

原因一:由"形态变化"导致的偏误。

在分析《暎咭唎国译语》等译方式的情况时,我们曾具体考察了一类偏误现象,即由于汉语不具备英语(或葡语)形态变化的特征而导致的偏误。通过统计《播呼都噶礼雅话》中出现的偏误,以下将对相关问题进行进一步的分析。

表 5—25

汉语词	葡语词	词性
我	eu	代词
他	elle	
你	eu	

在《暎咭唎国译语》中,当译者对应"我"和"他"这样的代词时,只选择了相对应的第一人称单数代词的主格形式,而忽视了相对应的第三人称单数代词的宾格形式。之所以出现这种情况,是因为汉语不存在英语的格变化,因此在翻译时就容易出现例子中的偏误。然而,在《播呼都噶礼雅话》中也发现了这样的情况,汉语词"我"对应为葡语eu(相当于英语的 I),在翻译时,译者也只是对应出了第一人称单数的主格形式,而没有给出第三人称单数的宾格形式 me(相当于英语的 me)。出现这种现象显然不是由于译者的语言水平导致的。作为一个葡萄牙人,这位传教士的葡语水平是不容置疑的,他不可能不知道第三人称单数的宾格形式 me。实际上,周劭在《向晚漫笔》(2000:8)中提到,清朝皇帝所用的"朕"字,"仅可用于皇帝的诏书上,皇帝平时的说话也应和常

人一样，也应是以'我'字为第一人称的"。另外，雍正元年五月初一（1723年6月3日），雍正皇帝在养心殿对直隶马兰口镇标中军游击李栋说过这样一段话：

> 我教你进来，对对年貌岁数，认认你。你出来好生做官。我的耳目甚长，你好——我也知道，你不好——我也知道。你父亲做官很好，照依你父亲一样做官才是，不可辜负我的恩。与赏貂皮一张。

可以看到，在18世纪的清朝，"我"字使用并不是老百姓的专利，统治阶层也用这个词。同时，"我"字出现在第一人称主格的位置要多于第三人称单数的位置，因此在翻译时就选用了一个适用范围更广的词作为对应，这样一来，既可以覆盖大多数情况，也可以保证《播呼都噶礼雅话》整个体例的统一。而汉语词"他"和"你"的葡语翻译 elle（今作 ele）和 tu 也仿照了相同的翻译思路，即选取主要的形式（第一人称单数），而放弃了相应的第三人称单数形式（"他"的宾格是 o，"你"的宾格是 te）。

在《喊咭唎国译语》中出现了用阳性名词 escravo 表示男、女性同指的"奴婢"的现象，这也是汉、葡双方的固有差异导致的。《播呼都噶礼雅话》中也存在同样的词条。

表5—26

汉语词	葡语词	词性
奴婢	Escravo	名词

从对应情况看，两个对译的用词完全一致。尽管可以认为这种对应关系的出现有可能是因为《播呼都噶礼雅话》的译者不认识"婢"，所以只翻译出了其中的"奴"，然而实际上还应归因于阴、阳性的差异。不管"奴婢"一词是特指还是泛指，其中都包含了女性成员，因此在翻译时就有必要给出阴性的形式。

原因二：由语义固有差异导致的偏误。

从整体上看，由"形态变化"导致的对译偏误在《喊咭唎国译语》和《播呼都噶礼雅话》中出现的频率是很低的，而且基本上是代词。相对而言，集中出现的还是那些由语言类型上的语义固有差异导致的偏误。具体可再细分为以下几种。

表 5—27

汉语词	葡语词	词性
听	ouvir	动词

这里，汉语词"听"被译为葡语 ouvir。虽然对于部分情况，"听"对应为 ouvir 是恰当的。但实际上，在葡语中还有另一个词 escutar 同样表示"听"。这种语义上的差异就好像汉语和英语的情况一样，英语里也有 hear 和 listen 两个词可以表示"听"的意思。也就是说，如果只用 ouvir 对应"听"并不能覆盖后者的语义范畴，而是只有两个词共现时才可能覆盖"听"的基本义项。当没有照顾到这种汉、葡语义中的一对多现象时，就会在实际翻译中导致偏误。

表 5—28

汉语词	葡语词	词性
明	claro	形容词
短	curto	形容词
推	empurrar	动词

与"听"的对译不同，这组词条反映的是完全相对的情况。在第一个词条中，汉语词"明"对应为葡语词 claro（相当于英语的 clear）。根据语义关系可知，汉语原词实际上只是葡语词的部分义项，也就是说，如果只是简单地将二者画上等号就会成为一种偏误。葡语词 claro 除表示

"明亮"的"明",还包含"清楚""亮""晴"这些义项①。在这种偏误形成的原因中,占主导地位的应该是汉、葡两种语言在词语语义上存在的固有差异。后两个词条也是如此,汉语词"短"和"推"分别对应为葡语词 curto 和 empurrar。考察这两个葡语词的语义范畴可知,curto 除了包括横向的"短"以外,还包括纵向的"矮",而 empurrar 既能指"推",又能指"碰""撞"。可以看到,当没有照顾到这种汉、葡语义中的多对一现象时,就会在实际翻译中造成偏误。

除了上面两种形式外,还有一种情况也十分典型。

表 5—29

汉语词	葡语词	词性
碟	pires	名词
盘	prato	

表 5—29 中,两个汉语词"碟"和"盘"分别对应为葡语词 pires(相当于英语的 dish)和 prato(相当于英语的 plate)。在分析《暎咭唎国译语》时,我们曾提到词表中三个不同的汉语词"楪""盆""杓"均对应为 dish。当时提到,广东英语受限于自身的词汇量,在翻译时就会采用这种"简便"的方式。而上表中的例子则稍有不同,是因为译者使用的是非常规范的葡语,因此并不存在词汇量的问题。不过语义差异同样存在,各民族看待事物的角度不同,使得语码转换时会出现模糊对应的情况,就这里的"楪"和"盘"而言,它们之间在某些情况下可以相互替换,在某些情况下又区分得十分清楚,在葡语中 pires 和 prato 也是如此。因此就出现了汉、葡语义中的多对多情况。

可以说,虽然以上三个表格中展现的偏误现象在具体表现形式上存在一定区别,但导致词语对译偏误的根本原因是一致的,即不同类型的语言在词语语义范畴上的固有差异。

---

① 具体可参见《洋汉合字汇》(1831:163)中的词条 claro。

(二) 受语言内部、语言外部因素共同影响导致的偏误

原因一：由多义词和交际环境共同导致的偏误。

我们在分析《暎咭唎国译语》中的对译偏误时曾提到一些词，它们产生的原因是在特定社会背景中人们对生活常识的理解以及在生活中形成的词语义项选择习惯。《播呀都噶礼雅话》的同译方式下也出现了这类现象。通过统计可以看到，这类情况在后者中出现的数量远大于前者，而这种差异与译者的身份是分不开。

表 5—30

汉语词	葡语词	词性
零	miudeza	动词
腰	rins	名词
密	segredo	形容词
实	sincèro	形容词

表 5—30 是等译方式下典型的一些情况。第一个词条中，汉语词"零"对应为葡语词 miudeza。根据汉语词目编排的位置，"零"位于天文门，通过相邻词目（前为"消"，后为"明、昏"）可知，此处的"零"指的是"液体降落"，即《汉洋合字汇》（1833：900）对"零"的解释 cahir da chuva。但此处对应的 miudeza 则不同，该词指的是"小事情"，也就是"零碎"的意思①。选择这个葡语词进行对应就反映出了传教士在汉语学习过程中的一种习惯。他们在进行翻译时不一定会去考虑词的真正所指，而是根据自己掌握的意思或常用的义项进行翻译。

第二个词条中，汉语词"腰"被译为葡语 rins（应为 rim 的误写），在原词表中，词目"腰"属身体门，相邻词目为"胸""背""肩"。也就是说，这里的"腰"指的是"胯上胁下的部分，在身体的中部"。然而葡语 rins 则对应的另一种情况，这个词指的是"肾"，也就是"腰子"。由此可见，传教士在翻译时先想到的并不是"腰部"一词，而是某种动

---

① 具体可参见《洋汉合字汇》（1831：534），词条 miudeza。

物的肾。只有这样,才有可能出现这种对应关系。

如果说前两个词条与生活环境的联系相对紧密,后两个词条则更侧重语言学习的过程。其中,汉语词"密"被译为葡语词 segredo,"实"被译为葡语词 sincèro。根据《播呼都噶礼雅话》词目编排顺序,"密"指的是疏密的"密"(原页为:精、粗、疏、密),而葡语词 segredo 指的则是秘密的"密"。同样,"实"指的是真实的"实"(原页为:虚、实、真、假),而葡语 sincèro 指的则是诚实的"实"。从偏误情况可以看到,在"密"的义项中,"秘密"比"疏密"出现频率更高,使用场合也更广。"实"的义项中,"诚实"也比"真实"的使用频率更高。早期汉语学习者掌握单音节词时,最先掌握的应该是交往中最常用的义项,甚至有时候他们只掌握这一个义项,而不学习其他那些可能同样常用的义项,否则不应出现上述现象。

(三) 受语言外部因素影响导致的偏误

原因一:由社会、文化价值观念差异导致的偏误。

在前面的论述中说到,明清时期来华的传教士,特别是那些服务于朝廷的外国人在翻译时会有意识地将一些汉语词婉转地表达或改写成自己的母语。这些汉语词原本多带有尊卑、位序、语气、态度等方面的倾向性,甚至是含有侮辱性的。而这是基于特定社会因素的一种普遍现象。在等译方式的对译中,也出现了一些用相似规则对应的词。

表 5—31

汉语词	葡语词	词性
侍奉	assistir	动词
敬拜	visitar	

第一个词条中,汉语词"侍奉"被译为葡语词 assistir。这种对应在词性上是没有问题的。不过,如果仔细分析两个词,就会发现其中的差异。在汉语中"侍奉"可以表示"伺候、服侍",也可以表示"虔诚地致力于",其中都含有对话双方在地位上的差异。而葡语词 assistir 作为及物动词时表示的是 ajudar、acompanhar,相当于汉语中的"协助、帮助"。

《洋汉合字汇》（1831：75）中对 assistir 的解释是"在旁侧、陪伴"。可以看到，assistir 是一个中性词，并不含有任何与地位尊卑相关的语义倾向。

其实，在葡语系统中并非没有表达"侍奉"的词，最常用的就是 servir（相当于英语的 serve）。不过，对于传教士来说这个词的适用范围很窄，主要用于宗教领域。以《华夷译语》（西洋馆）涉及的诸语种为例，这个词的使用情况是一致的。在耶稣会的教义中，传教士能够"侍奉"的只有天主。他们使用 servir 是十分谨慎的，而且所指是明确的，因为只有这种特定的"主从"关系是可以用 servir 表示的。对于传教士来说，他们并不是不知道"侍奉"的含义。利玛窦抵达广东肇庆后，向当地官员解释来华原因时说"我们是从遥远的西方而来的教士，因为仰慕中国，希望可以留下，至死在这里侍奉天主"。可见，在传教士的理解中，"侍奉"一词可以指向的只有天主，而皇帝或其他人则不在此之列。

反观《播哷都噶礼雅话》，由于汉语词目是乾隆皇帝钦定的，他的思维模式和使用场合一定是以清朝为核心的。在此基础上，"侍奉"并不是要侍奉耶稣，而是侍奉皇帝或者朝廷。这些在当时是传教士和西方国家不能接受的。因此，为了避免其中不必要的冲突，同时为了西方国家在华的长远利益，传教士就将本该对应"侍奉"的 servir 换成 assistir。如此既能满足清朝的要求，也能保全本国君主的面子。

与此类似，词目"敬拜"对应葡语词 visitar（相当于英语的 visit）。对于明清时期的帝王来说，他们敬拜的对象主要是祖先、天、神。而对耶稣会的来华传教士而言，他们能够"敬拜"的对象只有天主。虽然从精神层面看，这些敬拜的对象有相似之处，但核心价值是有差别的。特别是传教士，不管他们在表面上怎样迎合明清皇帝和朝廷，但天主在他们内心的地位是不可动摇的。像"敬""拜""奉"这样的词从早期来华的传教士开始便用于天主教的教义翻译中，比如万历十一年（1583），意大利传教士罗明坚在广东肇庆出版了《祖传天主十诫》，其中第一诫就是"要诚心奉敬一位天主，不可祭拜别等神像"。另外，当时的传教士和朝廷的关系也并不和谐。乾隆十四年十月十九（1749 年 11 月 28 日），西洋传教士刘松龄（Augustin F. Hallerstein）在南堂（宣武门教堂）给自己的

第五章 《播呼都噶礼雅话》词语对译偏误研究 / 161

兄弟写了封信，其中有这样的叙述：

> 我们发现，打击我们的官员的地位下降了，但是欧洲人和天主教的最大敌人正是皇帝自己，而且他身体还好（不会立即死亡）。他基本上听从他父亲的原则，欧洲人只是在宫廷有用，而在外地各省没有什么用。所以他下决心把传教士从各省赶走，但容忍他们在首都存在。①

显然这里的"皇帝"指的就是乾隆。可以说，像这样一位"敌人"，他祭拜寺庙、祖先的行为并没有"神圣"的意味，因此用表示"拜访"义的 visitar 就可以对应皇帝所说的"敬拜"了。

原因二：由地域因素导致的偏误。

不同于前例，表中反映的偏误是另一种情况。

表 5—32

汉语词	葡语词	词性
氷	caramelo	名词

这个词条中，汉语词"氷"（今作"冰"）对应为葡语 caramelo。首先需要确定"氷"的词性，因为它本身有名词、动词、形容词三种词性，而《播呼都噶礼雅话》中并未提供针对每个词语的例句及具体使用语境。不过，判断该词的词性和具体所指并不困难。词表中与"氷"前后相邻的两个词分别是"斗"和"雹"②，这说明"氷"应是与前后词语词性一致的名词。鉴于"冰"属于"天文门"，那么按照一般的理解，这里的"氷"应指自然界中"冰雪"的"冰"。从语义对应角度看，"氷"在葡语中写作 gelo，而且这种对应往往是唯一的。比如在《汉洋合字汇》

---

① 参见 Mandarin, *Hallerstein Kranjec na Kitajskem Dvoru*, Didakta, 2003. pp. 266 – 270，信件，第 s 号。
② 词表中"斗"指"星斗"，"雹"指"冰雹"。

(1833：36) 中词目"冰"的对译就是 gelo，这些证据却都与 caramelo 产生了冲突。《洋汉合字汇》(1831：134) 给 caramelo 的解释是"雪冰、雪磅、雪凝、糖霜"。尽管这几个义项看似与"冰"十分接近，但实际上却有所不同，除"糖霜"外，其他几个义项指的均是汉语中的"霰"。众所周知，"冰"在乾隆时期的京城极其常见，夏季亦可从冰窖中取用，也就是说，《播呼都噶礼雅话》中的"冰"指的是固体的水，并不等同于"雪冰、雪磅、雪凝"。那么这位传教士把这里的"冰"译为 caramelo 必有其特殊原因。

一方面，鉴于澳门所处地理位置及气候条件，下雪的可能性极低，那么"冰"对于当时生活在澳门地区的人们也就难以得见。另一方面，明清时期的澳门一直是以葡萄牙人为主导的欧洲商队来华的主要口岸。徐萨斯 (2000：53) 指出，葡萄牙人 1553 年入居澳门，传教和贸易是他们的两大目标。随着葡萄牙人的开发，澳门在 16、17 世纪已变成了连接亚洲、欧洲和拉丁美洲海上贸易之路的重要枢纽。当时中国在继续保证传统产品出口量的同时，为了满足亚欧各国的生活需求，还不断增加糖类产品的出口量。据《长崎荷兰商馆日记》(1987：236) 记载：

> 1641 年，运到长崎的有白砂糖 5427500 斤，黑砂糖 251700 斤，冰糖 47300 斤，这一年销往日本的各种糖共 5726500 斤。1644 年，运到长崎的有黑砂糖 849600 斤，白砂糖 489800 斤，冰糖 78150 斤。1645 年，又向日本出口黑砂糖 1553000 斤，白砂糖 1770100 斤，冰糖 54800 斤。

17 世纪的欧洲对中国蔗糖的需求极大，特别是荷兰的东印度公司，更是不遗余力地在中国采购糖类产品。据格拉曼 (Kristof Glamann) 在《荷兰—亚洲贸易，1620—1740》(1958：153) 中说，"They [director of the Dutch East India Company] first of all ordered Chinese *poeder*, *brood* and *kandij* sugar"（他们 [荷兰东印度公司的股东们] 首要的采购对象是中国的 *poeder*、*brood* 和 *kandij*），按照林仁川 (1987：242) 的说法，这里的 poeder、brood 和 kandij 指的分别是砂糖、板糖、冰糖。

可见，在明清时期的沿海贸易活动中糖类所占比例很大。结合前面提到的澳门地区的自然地理因素和 caramelo 义项之一的"糖霜"，可以推测，在对译汉语原词时，这位葡萄牙传教士把"冰"理解成了"糖"。一般来说来华传教士都是从广东沿海进入内陆的，在抵达广东地区之前，这位传教士肯定能能够区分 gelo（冰）和 caramelo（糖），然而由于一方面自然冰在广东地区并不常见，另一方面在日常的贸易活动中接触到的都是与 caramelo 的意思相关的糖类产品，在经过一段时间的生活和学习后，他自身语言系统中 gelo（冰）的概念开始弱化，而作"糖霜"讲的 caramelo 逐渐取代了 gelo（冰）的概念，成为日常生活中的主要词语。又因其来京后不久便开始了该书的编译工作，他的思维模式依旧停留在澳门社会生活中，在遇到"冰"时，便会下意识地用 caramelo 这个常用且含有与对应词语相似义项的词作为对译。

就此可以看出，这里出现的"冰"对译为 caramelo 是一种语义不对应现象，而这是由于个人社会因素的差异使得某些本不具有共性的语义成分出现了变化，进而在对译时导致了词语在语义上的迁移。

原因三：由学习环境导致的偏误。

此外，语言的学习环境也诱发偏误的产生。

表5—33

汉语词	葡语词	词性
虾	caranguejo	名词
蠏	langosta	

表中"虾"一词，它的葡语对译是 caranguejo，这个葡语词指的并不是虾，而是"蟹"。而词条"蠏"的葡语对译 langosta 指的却是"虾"。从概念本身看，"虾"和"蟹"当然不一样。其中原因与这位传教士的个人情况相关。前面提到，传教士来华学习汉语时并不会直接来到京城学习，往往是先在广东学习汉语，那么他们开始掌握的就是粤方言。根据这两个汉字的中古音地位，可以知道"虾"和"蟹"都是匣母的开口二等字。而对外国人来说，粤方言的声调是语言学习的一大难点。因此当

声调模糊的时候他们就很可能混淆"虾"和"蟹"的读音,也就会出现这种对应。另外,由于两个汉语词在《播哷都噶礼雅话》中的顺序并非像其他互舛的词一样前后相邻,而是被别的词条隔开,因此本研究并不认为这是誊写上的互舛导致的偏误。

原因四:由理解方式差异导致的偏误。

表 5—34

汉语词	葡语词	词性
螺	lesma	名词
肾	bexiga	

此类情况与个人理解的概念所指有关。第一个词条中,汉语词"螺"被译为葡语 lesma。可以肯定的是,"螺"指海螺,而且葡语中存在一致的概念 caracol①。然而,对应的 lesma 实际上指的是"蜗牛"。可见,这位传教士并没能区分中国的"螺"和外国的"蜗牛",因为中国的"螺"在外形上与西方的可食用的蜗牛十分相似,并且在食用方法上也有相似之处。这种特点就给这位传教士造成了错觉,因此在进行翻译时,译者的第一反应并不是正确的对应词 caracol,而是根据相似性的特征选取了 lesma 作为对应。第二个词条中,汉语词"肾"对应为 bexiga。实际上,在前面讨论词条"腰"的时候提到,对应的葡语 rins 指的不是腰,而是"腰子",也就是"肾"。这里的 bexiga 指的其实是"膀胱"。对比后发现,这位传教士并不是不知道什么是"肾",因为他知道"腰子"这种更口语化的表达。他只是不知道"腰子"作为医学名词或者更正式的说法是"肾"。在遇到这个词时,想必他并没有查阅词典。因为如果那样的话,他一定会找到正确的对应。很可能他是询问了别人,得到的答案是一个"和尿液有关的器官",于是他才可能想到当"膀胱"讲的 bexiga,而不是另一个"和尿液有关的器官"——肾。

综合以上几个例子可知,在汉、外词语对译的过程中形成的偏误与

---

① 具体可参见《汉洋合字汇》(1833:779),词条"螺"。

译者个人的社会、文化、语言能力是分不开的。其中很多偏误都不是由两种语言间的固有语义差异导致的。这种差异也很难在翻译时仅依靠词典就能够避免,这是因为有些概念在词典中也不正确,比如"虾"在《汉洋合字汇》(1833:775)中给的解释是 sapo,而这个葡语词实际上指的是"蛤蟆"。

原因五:由个人语言水平导致的偏误。

词语对译中的偏误现象不仅能够反映出特定社会下的大背景,而且一些偏误也能够体现出与个体相关的社会、文化信息。这些有助于更好地了解语言发展过程中的影响因素,也能够为语言研究提供更多的客观事实。

表5—35

汉语词	葡语词	词性
俊	completo	动词
肚	ventrículo	名词

这里引人注意的并不只是词表中词语对译本身,更是那些隐藏在其中的各种信息。特别是面对这样一部成书时间较长但相关记录较少的文献,就更需要通过细节来挖掘更多的信息。上表的汉语词"俊"对应为葡语词 completo。这个汉语词在《播呼都噶礼雅话》中位于通用门,相邻词目为"得、失、丑、俊"。很容易知道,这里的"俊"是"丑"的反义词,指"英俊"。然而相对的葡语词却并非此意。译者给出的 completo(相当于英语中的 complete)与"俊"很难联系到一起,《洋汉合字汇》(1831:176)给 completo 的解释是"完全的、十分的、全的"。通过分析,能够确定这位传教士翻译的并不是"俊",而是"竣",而且《汉洋合字汇》(1833:582)词条"竣"的解释恰恰就是 completo。这就说明,对于这位传教士而言,他更熟悉的是"竣"字,而不是"俊"。尽管从字形上看,后者比前者简单,但这也正好说明"竣"字是译者生活中更常用的。与此同时,也给研究提出了一个新的问题,就是传教士进行翻译时用的顺序和最后成书的顺序是不是一样?因为就相邻词条看,"得、失、丑"的对应都没有问题,而且在"丑、俊"之前连续出现了16组反

义词，如果是按照这种顺序进行翻译的话，译者就应该能推测出"俊"和"丑"的关系。因此，有理由推断实际的翻译工作可能并不是最终成稿的样子。

再看第二个词条，汉语词"肚"对应葡语词 ventrículo。这个汉语词位于身体门，相邻词目顺序为"唇、齿、牙、乳、肚"。参照《暎咭唎国译语》身体门下同样有词目"肚"，其对应的英语是 belly，即肚子，并且顺序也比较一致"唇、齿、乳、手、肚"。因此，有理由认为《播呀都噶礼雅话》中的"肚"指的也是肚子。《汉洋合字汇》（1833：471）给"肚"的解释是 barriga，而且是唯一解释。同样在《澳门纪略》中，"肚"的汉字注音是"马哩家"，原词也就是 barriga。这就与原词对应的 ventrículo 产生了不一致。这个葡语词回译成汉语指的是"心房"，与"肚子"的所指有很大差距。进一步分析发现，传教士之所以给出这样的对应，是因为他把"肚"看成了"脏（zàng）"，即"心脏"。同样，从字形上看，传教士熟悉的是字形更复杂的那个词。

应该说"俊"和"肚"在日常生活中的出现频率更高，但在这位传教士的生活环境中，"竣"和"脏"字可能更常用。这也给我们一个启发，就是在第二语言教学中，教师教给学习者的词到底应该是什么样的？是应该教那些教师认为常用的词还是学习者们认为常用的词？这二者之间的差异在 300 年前的社会就已经出现了。

（四）受个人因素影响导致的错误对译

对于等译方式中的错误对译，这里仍将它们单列出来。

表 5—36

汉语词	葡语词	词性
睡	deitar	动词
卧	dormir	

此处两个词条中的葡语 deitar 和 dormir 分别对应"睡"和"卧"。然而实际情况是，前者 deitar 指的是"卧"，而 dormir 指的是"睡"。对于这两个汉语词来说，出现互舛的现象不应该是译者翻译时出现的错误，

而应该是在誊写过程中偶然出现的问题，因此不能归入偏误的范围。

（五）偏误成因尚不确定

表5—37

汉语词	葡语词	词性
牙	mò	名词

本词条中，汉语词"牙"指的就是嘴里的"牙"。一般情况下，在葡语中，对应"牙"的词是dente，而这里的mò指的是用于研磨物体的"磨石、碾子"①。二者之间的对应关系本书还不能十分确定。译者有可能是想将"牙"和"齿"区分开，mò似乎可以表示臼齿，但是"齿"才是白齿，这种对应尚待进一步研究。

三　仿译方式中的偏误成因

当语码转换的过程中出现语义空位时，译者往往会采用仿译的方式进行翻译。这种空位主要反映的是文化和社会差异。需要再次强调的是，仿译不会直接导致偏误的产生，对于那些新造词语来说并不大可能出现语义冲突。只有对应时出现语义错位才会导致偏误的产生。在《播呼都噶礼雅话》的仿译方式中，词语对译偏误情况可以分为以下几类。

（一）受语言内部、语言外部因素共同影响导致的偏误

原因一：由多义词和个人语言能力共同导致的偏误。

表5—38

汉语词	葡语词	词性
烧香	accender cheiro	动词
妙法	boa ley	名词
节	divisão	名词

---

① 具体可参见《洋汉合字汇》（1831：534），词条mò。

在第一行中，汉语词"烧香"被译为葡语 accender cheiro，其中 accender 对应"烧"，cheiro 对应"香"。在这里第一个词素"烧"的对应是恰当的，问题出在对"香"的理解上。一般来说，"香"作名词时可以指"用以祭祀祖先或神佛的草木香"，也可以指"香料"。很显然此处的"香"指的是前者。然而，葡语 cheiro 并不能与此对应。《洋汉合字汇》（1831：157）对此的解释就是"香料"，更确切地说，它指的是"香精、香水"①。但这并不是说在葡语中没有对应"香"的词。《洋汉合字汇》（1831：634）用到了一个词 pivete，并在解释中指明它就是"香柱"。在葡语和英语的对应中 piveteiro 对应为 sandlestick（檀香），也表明在相关外语中存在对应说法②。当单音节词含有多个义项时，译者在翻译时会根据自己的理解来选择对应词，而不是按照汉语词实际所指的意思对应，特别是实际义项中那些译者不常用的或者不了解的意思（比如与佛教相关的词），自然就会导致冲突的出现。

上表中的最后一个词条"妙法"被译为葡语 boa ley（ley，今作 lei），其中 boa 对应"妙"，ley 对应"法"。就《播哷都噶礼雅话》而言，但凡汉语词中有"法"的，葡语全部对应为 ley，也就是"法律"，这从侧面说明"法律"这个词在当时传教士看来是十分重要的。不过，单音节词"法"虽然表示"法律"的情况比较多，但也有其他义项。如双音节词"妙法"，若仅从字面上解释，此处的"法"比较恰当的理解可以是"方法、道理"，也就是葡语 methode 或 doutrina③。此外，"妙法"位于"经部门"，相邻词包括"大宝、大乘、声闻"等佛教词。这样看来，此处的"妙法"并不是简单的字面意思，而是取其佛教中的意思，即"义理深奥的佛法"。前面提到，传教士对中国的宗教态度并不友善，往往带有批判的性质，这从利玛窦时期就已经开始。在谈及佛教时，他认为"或者由于他们使臣方面的错误，或者因为他们所到国家的人民对福音的敌意，

---

① 具体可参照《新葡英双解袖珍词典》（1809：102），词条 cheiros。
② 同上书，词条 piveteiro。
③ 具体可参照《洋汉合字汇》（1831：528，278），词条 methode 和 doutrina。

结果中国人接受了错误的输入品，而不是他们所追求的真理"①。这里的真理指的就是天主教。对佛教的看法影响着在华传教士，除个别涉及宗教对比的人员外，大部分在朝传教士都从事绘画、天文、音乐、测绘等方面的工作，因此他们不会去关心佛教的观念，也很少接触佛教的道理。而明清时的帝王却对佛家和道家的思想十分熟悉，并将那些他们认为重要的词语编排进《华夷译语》中。当传教士遇到一个与宗教相关的汉语词时，由于无法确定所指，只能简单按照每个词素的意思进行对应，这样就很难避免出现义项选择错误，从而导致了偏误的产生。这种情况不仅限于双音节词，单音节词也会出现此类现象。

最后一个词条中，汉语词"节"被译成葡语词 divisão。葡语词 divisão 有多个义项，主要包括"分隔、分开、分枝"②。而汉语的"节"也有多个义项，并且与 divisão 存在着语义交集，因此可以确定译者一定是根据"物体的分段或两段之间连接的部分"这个义项理解的，也就是"一节竹子"的"节"。《汉洋合字汇》（1833：687）在词条"节"下给出了多个词组分别代表不同义项，结合《播呼都噶礼雅话》可知，"节"位于"时令门"，前为十二个地支，后接表月亮盈亏的"望、朔"，此外又出现"四时""四季""八节"，因此可以断定这里的"节"指的是"节气"。而"节气"与 divisão 则完全不一样，它的正确对应形式应为 estaçaõ③。可见，像"节"这样的词，之所以出现词语对译偏误是因为原词既含有多个义项，又包括另一方不存在的概念所指，译者自然会根据最熟悉的义项来对应。

（二）受语言外部因素影响导致的偏误

原因一：由文化差异导致的偏误。

两种语言之间由于语义空位产生的差异使得人们在翻译一些具体事物时，会选择自身母语系统中现有的概念进行对应。这种对应对译者来说不会造成歧义，但对学习者而言就不那么简单了。

---

① 参见金尼阁《利玛窦中国札记：传教士利玛窦神父的远征中国史》，何高济译，广西师范大学出版社 2001 年版，第 106 页。
② 具体可参照 Diccionario da Lingua Portugueza（1831：631），词条 divisão。
③ 具体可参照《洋汉合字汇》（1831：328），词条 estaçaõ。

表 5—39

汉语词	葡语词	词性
仁	piedade	名词

这里的汉语词"仁"对应为葡语词 piedade。对于汉语原词,《汉洋合字汇》(1833：102)给出的解释是"仁：humanidade"。该词在《英华分韵撮要》(1856：679)里的解释是"仁：humanity"。由于是英、葡同源，因此指的就是"仁"。不过，piedade 则有所不同。这个词源于拉丁语，《汉阳字典》(1853：10)对"仁"的解释为 pietas①，体现的是一种美德。西塞罗（Cicero）给出的定义是"（pietas 就是）一种对家国天下的责任"②。这种观点似乎与"仁"极为相似，但实际上，Wagenvoort(1980：7)指出，pietas 包含的"是一种对上帝和众神无处不在的敬意"。于是，一个本不带有宗教色彩的"仁"就被附加了典型的西方宗教信息。对比同时期其他材料可知，《嗼咭唎国译语》的译者在词语对应中出现的宗教痕迹属于无意识地输出。换言之，他就是这么学习语言的。而《播呀都噶礼雅话》的译者在词语对应中出现的宗教痕迹属于有意识地输出，是一种主观刻意的行为。

表 5—40 所展现的情况可以作为补充。

表 5—40

汉语词	葡语词	词性
阳	forma	名词
阴	materia	
大鹏	arpìa	

---

① 《汉洋字典》，*Dictionarium Sinico-Latinum*，是 Auctore M. de Guignes 编写的一部汉语、拉丁语对照的词典，于 1853 年由 Typis Missionis de Propaganda Fide 在香港出版。

② "Pietatem, quae erga patriam aut parentes aut alios sanguine coniunctos officium conservare moneat"，此处原文为意大利文，中文为笔者试译。出自西塞罗（Cicero, M. T）. *de Inventione*, B. C. 46. [Edited by] Steven M. Wight. Universita di Pavia, 1999, Vol 2. 22. 66.

汉语词"阴"和"阳"这对抽象概念反映的是古代中国人对世界的认识。他们从哲学的角度出发，总结出了"阴"和"阳"。这种对立统一的关系也构成道教的基本观点，也就是说任何事物都含有"阴""阳"二要素。但是这种本土的宗教观点显然很难被信仰天主教的传教士接受。在他们看来这不过是一种人们认识事物的角度，而这种角度在西方哲学中已经存在了。他们认为，一个事物的存在包括了两种基本要素，即原质（materia）和原形（forma）。原质（物质要素）一般指的是具体的材料构成，而原形（形式要素）指的是表象。这二者是决定与被决定的关系，只有二者统一才是具体事物。通过这点也能看到，这种语义冲突实际上是建立在不同宗教信仰和世界观之上的。在早期的汉外翻译中，人们会主动地、有意识地用自己语言中的世界观覆盖其他语言中的相应情况。

还有第三个词条"大鹏"。从形象上看，"鹏"是传说中的一种大鸟，而葡语 arpìa 指的也是神话中的大鸟，这种鸟"有宽大的翅膀，有人形的脖颈和面庞，双脚带钩，硕大的肚皮长满羽毛"[1]。从形象上看，二者之间的相似度很高。不过这两个概念都有着特殊的宗教背景。汉语中"大鹏"是佛教的祥瑞之鸟，而西方的 arpìa 则是希腊神话中的妖怪。也就是说，二者表现的文化含义是完全不同的。由此可见，对于此类情况，用文化错位来替代文化空缺反而会导致更多信息上的冲突，也更容易形成偏误。除上述抽象概念外，也有一些具体概念的对译偏误。

表 5—41

汉语词	葡语词	词性
酥油	manteiga	名词
乡党	patricio	名词

---

[1] 参见但丁《神曲》地狱篇第十三章。原文为意大利文"Ali hanno late, e colli e visi umani, piè con artigli, e pennuto 'l gran ventre"，中文为笔者试译。

第一个词条中，汉语词"酥油"被译为葡语 manteiga。在这个词的对应上，《播呀都噶礼雅话》和《嘆咭唎国译语》可以说完全一致。后者将"酥油"对应为英语的 butter。然而，不管是 butter 还是 manteiga，指的都不是"酥油"，而是西方的"黄油"。需要指出的是，两个译者并不是一个国家的，他们的身份、背景也完全不一样。尽管如此，他们却作出相同的选择，也就是依据两个概念在形状、制作方法、用途等方面的相似性。而且这种对应似乎是当时社会下最普遍采纳的对应，甚至《英华成语合璧字集》（1921：828）在翻译"酥油"时，不但给出了形式，还给出了汉语拼音 butter（huang² yu²），也就是"黄油"。可以对比一下，在现代翻译中，"酥油"在英文里一般对应为两种形式，一个是 ghee，另一种是 Tibet butter[①]。这两种翻译都比译成"黄油"更贴切。这其实也反映出人们认识事物是呈阶段性的，现代社会中的语码转换更侧重对应的准确性，为的是不影响词语的理解和认识，而早期社会则更侧重对应的简便性，为的是不影响交际和表达。

但是有时候在概念的选择上可能会出现其他层面的冲突。以人物门中的"乡党"一词为例，这个词对应为葡语词 patrício。初看这种对应是恰当的，因为"乡党"所包含的"同乡、同宗族"之意与 patrício 所含"乡亲"之意基本一致[②]。然而，倘若继续推敲就会发现葡语词 patrício 除"乡亲"外，还包括"贵族"的义项，也就是说，对应双方的语义范畴并不一致，就会导致其他层面的语义冲突。

原因二：由理解方式差异导致的偏误。

从《播呀都噶礼雅话》的词语对译情况来看，这位传教士的汉语水平虽然好过广东通事的外语水平，但并没有想象中的高，也许他能够解读多数汉语词目，但绝对不是全部。对于那些不能解读的词目，他就会选择其他方法翻译汉语词目的意思，而这些方法并不一定带来正确的对应。

[①] Ghee 指的是印度酥油，Tibet Butter 指的是西藏酥油。
[②] 具体可参见《洋汉合字汇》（1831：609），词条 patrício。

第五章 《播哗都噶礼雅话》词语对译偏误研究 / 173

表5—42

汉语词	葡语词	词性
丹墀	circumferencia	名词

表5—42中，汉语词"丹墀"被译为葡语circumferencia。"丹墀"在汉语里指的是宫殿前的红色台阶及台阶上的空地，并常伴有石雕。而葡语circumferencia从构词角度看并不应该是呈方形的，而是"圆形圈界"。根据 *Diccionario da Lingua Portugueza*（1831：393），葡语词circumferencia指"用线围成的圆形外围"①。那么是什么原因导致了这种对应？比较合理的解释只有译者混淆了"丹墀"和另一种物体时。根据葡语的对译，这个葡语词实际上指的应该是一个类似"圜丘"的台面。进而能够发现，"丹墀"实际上是"圜丘"的一部分，也就是链接每一层的台阶围成的方形区域。可见，这位葡国传教士应该是通过实物来认识"丹墀"的，但他却把"丹墀"误认为是作为整体讲的"圜丘"，从而形成了这种对应关系。从这种角度认识事物的并不止这一个，同样的情况还有下例。

表5—43

汉语词	葡语词	词性
铃杵	badàlo	名词

这个词条中，汉语词"铃杵"对应为葡语词badàlo。汉语的"铃杵"是佛教、道教特有的一种法器，是僧、道游方时手持的响器。而葡语词badàlo则另有所指，根据《新葡英双解袖珍词典》（1809：65），这个葡语词的解释是"铃舌"②。同样，《洋汉合字汇》（1831：88）给badàlo的解释是"钟舌"。那么"铃杵"和"钟舌、铃舌"之间存在什么样的联系才会有这样的对应？可以肯定的是，天主教的传教士对佛教或道教的法器并不了解，在遇到"铃杵"一词时他只有借助实物才能知道具体所

---

① "A linha que forma o círculo, periferia". 此处原文为葡文，中文为笔者试译。
② "The clapper of a bell". 此处原文为英文，中文为笔者试译。

指是什么。当另一个人给他展示所谓"铃杵"时,铃内的"铃舌"自然会摆动并会发出声音。这种声音给传教士的印象超越了"铃杵"本身的印象,因为对大多数人来说,声音会更有说服力和穿透性。于是,一个不应该用于对应的实物由于声音的出现替代了原有实物的位置,也就出现了"铃杵"和"铃舌"的对应。

原因三:由汉语学习方式和汉语水平共同导致的偏误。

《播呼都噶礼雅话》的一大特点就是双音节词的大量出现。之前提到,明清来华传教士在初学汉语时基本上都是先学单音节词,而这种学习方法在从单音节词到双音节词过渡的过程中就会受到干扰,也就会导致词语对应时出现偏误。《播呼都噶礼雅话》中的双音节词对译在仿译方式下主要表现为以下几种情况:

表5—44

汉语词	葡语表达	词性
生番	nascer estrangeiro	名词
胸背	peito, costas	名词
饮食	comer, beber	名词

第一个词条"生番"被译为葡语 nascer estrangeiro,其中 nascer 对应"生",表示出生,estrangeiro 对应"番",表示外国。从每一个词素的对应情况看翻译是合理的。但是汉语在从以单音节词为主到单、双音节并存的发展过程中,词义是在改变的。尽管有些双音节词的意思可以由每个词素的意思之和大致得出,但这并不适用于全部情况。"生番"作为一个双音节词"在明清两代主要指边疆地区的少数族群"。显然它指的并不是"生在外国"。能够看到,通过这种方式来理解汉语词并不仅限于翻译《播呼都噶礼雅话》的葡萄牙传教士,在《弗喇安西雅话》中,负责翻译的法国传教士把"生番"解释为 né dans une pays etranger(出生在外国)。虽然他没有采用仿译的方式,而是用释译的方式进行对应,但从中同样能够看到译者是通过单音节词的简单相加来理解双音节词的。

第二个词条"胸背"被译为"peito, costas",其中 peito 对应"胸",

costas 对应"背"。值得注意的是两个葡语词之间的逗号,这说明译者是用这种方式表示两个葡语词为并列关系,因为罗列两个名词是不能够表示任何意义的。从葡语对应上看,译者也是将"胸背"当作两个单音节词组成的并列词组,而不是一个双音节词。根据"胸背"在《播呼都噶礼雅话》中所处位置(衣服门)可知,它指的是朝服上的补子,也就是衣服胸前和背后的装饰,用来代表官品的级别。而这个"新"概念是译者不了解的,因此才会简单地采用分别对应的方法。同样最后一个词"饮食"被译为"comer, beber",其中 comer 对应"食",表示吃,beber 对应"饮",表示喝。译者依然将原词理解为并列结构,这本身是可以的。但是"饮食"作为一个双音节词所表示的可以是"吃喝",也可以是"饮料和食品",如果按照后者,用 comer 和 beber 这样的动词对应就是不合适的。

由此基本可以看出传教士在遇到不熟悉的双音节词时采用的翻译策略,那就是,根据双音节词中每个词素的词性选择葡语中相同词性的词作为对应。对于那些在葡语中不具意义的组合形式采用添加标点的方式进行对应。但是重点在于译者无法确定汉语中哪些单音节词组合后可能会形成新的意思。所以简单的对应就导致了词语对译中的偏误。

可以说,对于上表中出现的偏误来说,导致偏误的原因是比较明显的。此外,也出现了比较极端的情况:

表 5—45

汉语词	葡语词	词性
都纲	compendio	名词
斗级	medir	名词

在第一个词条中,汉语词"都纲"被译为葡语词 compendio。这个汉语词位于"经部门",前接"国师""禅师",因此可以肯定"都纲"为宗教官职。这个名称始于魏晋,后历代沿袭。明代初期,中央政府在边远地区设都纲司,而都纲的职责就是主管佛教一切事宜。元代念常在《佛祖历代通载》卷二二中对"都纲"进行过描写,即"谕天下设立宣政院、僧录、僧正、都纲司,锡以印信。行移各路,主掌教门,护持教

法，赖圣天子不负佛嘱也"①。然而，词表中"都纲"所对应的葡语词 compendio 与汉语原词的所指完全没有关系。根据《洋汉合字汇》（1831：175），这个葡语词的意思是"撮要、摘要"。通过分析发现，这个葡语词在回译时可以翻成"纲"，这是因为本研究找到了一个葡语书目 *Compendio di Materia Medica*，这本书实际上指的就是李时珍编写的《本草纲目》。综合起来看，原词条的 compendio 对应的是"都纲"中的"纲"，但是没对"都"进行翻译。这并不是因为译者不知道"都"怎么翻，因为在词表中单音节词"都"被译为 corte（首都、都城）。尚不清楚译者为什么不翻译"都纲"中的"都"，但可以肯定的是，一方面汉语双音节词的增加确实给传教士的工作带来了很大困难，另一方面也说明传教士对与佛教相关的概念并不熟悉。

另一个例子是汉语"斗级"，这个词也是职位名称，是主管官仓、务场、局院的役吏。《大明会典》卷二一载"景泰三年……令各仓斗级库子，开写年甲、乡贯、住址，编造文册，候巡视官员点闸"。这里的"斗"指的是斗子，"级"指的是节级。在《播呼都噶礼雅话》中，用葡语 medir 对应"斗级"的问题在于，medir 表示的是"等级、级别"，也就是说对应的是"级"。这与"都纲"的情况可谓完全一样，因为在词表中出现了词目"斗"，而且作了正确的对应 alqueire。然而在"斗级"中同样没出现"斗"的对应。

在此，虽然并不敢贸然下结论，但是否存在这样的可能性，那就是，对传教士来说（以"都纲"为例），根据他的理解对应为并列结构的"都城+纲要"是没有意义的，如果"都"是修饰"纲"的话，那么后者应该能够表明双音节词的核心意义，因此只翻译"纲"的话，汉语词和外语词的语义特征应该比较接近。

原因四：由地域因素导致的偏误。

不同于当代第二语言教材的编写方式，也不同于传统双语词典的编写方式，《播呼都噶礼雅话》既没有提供与汉语词目相匹配的课文，又不像词典那样对全部义项进行罗列。这就需要译者在翻译过程中揣测所对

---

① 参见《大正新修大藏经》第49册，第729页中栏。

应的汉语词目包含的实际内容以及想要传达的核心信息。但这并非易事，特别是对待那些有多个义项的汉语词时，就会出现语义上的冲突。

表 5—46

汉语词	葡语词	词性
棋	xadrès	名词

汉语词"棋"对译为葡语词 xadrès。"棋"在词表中位于"器用门"下，所在页包括"琴、棋、书、画"。根据常识可以知道，这里的"棋"指的是"围棋"。如果将"棋"的范围扩大，那么也可以把它理解成"象棋"。因为在 18 世纪，象棋和围棋算是中国特有的娱乐活动，而且普及程度比较高。不过，就《播呼都噶礼雅话》中词语的整体对应情况看，受自身汉语水平的限制以及肩负的特殊使命，传教士对中国传统文化和一些特指词语常转化为本国文化或概念，其中就包括这里所说的"围棋"。按照自己国家的生活情况，这位传教士找到的"棋"只有一种，就是 xadrès，而这个词人们习惯将它译成"国际象棋"。但是，在当时的清朝社会，国际象棋肯定不是一个普及程度很高的活动，知道的人也十分有限。此外乾隆皇帝在钦定词表的时候也绝对不会把"国际象棋"作为一个词条置于其中。可见，传教士并不会专门考虑汉语词目的具体所指，多数情况下是根据自己的理解进行翻译。对他而言，与其按照汉语词目翻译成一个十分精确但没有人使用的新词，还不如借用一个熟悉度更高的词作为替代物，这样也可以让交际正常进行。

四　释译方式中的偏误成因

（一）受语言内部因素影响导致的偏误

原因一：由"形态变化"导致的偏误。

代词一直是汉、外翻译中需要注意的一类词，特别是对于与汉语在语言类型上差距明显的语言，由此导致的词语对译偏误是普遍存在的。此前在《暎咭唎国译语》中就涉及代词对译上的偏误现象，而且在释译方式上也出现了。可以看到，对于一个母语是汉语的人来说，在翻译的过程中会把母语使用的习惯带入语码转换中。而对一个汉语非母语的人来说，这种情况似乎是可以避免的。但是，在《播呀都噶礼雅话》中同样出现了这样的情况。

表5—47

汉语词	葡语词	词性
自己	elle mesmo	代词

表5—47中，汉语词"自己"被译为葡语elle mesmo（elle，今作ele）。在汉语中"自己"并不是特指代词，在使用中往往需要附加带有特指意思的词，比如"我自己""你自己""他自己"等。当然，在一些情况下，"自己"是可以独立出现的。这时，它的具体所指需要借助语篇的逻辑来确定。同样，表示"自己"的词也存在于屈折语中，在使用时也需要与其他代词结合。比如英语myself（我自己）就是第一人称单数的所有格形式my结合泛指代词self。原词条中的elle mesmo就是这种情况，只不过出现了语义范畴缩小的现象。因为elle相当于汉语的"他"，因此整体上应该对应的是"他自己"。

众所周知，在表示泛指的时候，以英语为例，人们习惯用oneself代表单独出现的泛指的"自己"。葡语也一样，用si mesmo就可以表达这种泛指的"自己"，不管是在《汉洋合字汇》（1833：20）中，还是在《新葡英双解袖珍词典》（1809：263）中，都无一例外地指出"自己"对应的就是si mesmo。尽管例子数量不多，依然可以体现汉语和葡语之间在语言类型上存在的固有差异。当然，本书认为其中并不排除其他原因，最有可能性的就是这位传教士在翻译"自己"时植入了一个虚拟语境，其中的"自己"对应的就是"他自己"，而这一点，我们在分析《嘆咭唎国译语》的词语对译偏误时已经说到了。

（二）受语言内部、语言外部因素共同影响导致的偏误

原因一：由语言内部结构和个人语言水平共同导致的偏误。

表 5—48

汉语词	葡语表达	词性
地名	nome da terra	名词
连累	tribulaçoes juntas	动词
天气	viraçãoceleste	名词
京城	muralha da corte	名词
人事	negocio cōmum	名词

第一个词条中，汉语词"地名"被译为葡语 nome de terra。这里的问题在于地名是地区或地方的名字，而不是"土地的名字"。这就有些令人不解，因为作为一个使用率和出现率都很高的词，译者为什么还会根据自己对"地"的理解进行翻译，而不是普遍认同的理解。只能说他的汉语水平确实不高。

第二个词条中，汉语词"连累"被译为葡语 tribulaçoes juntas。在初期的统计中，本研究曾认为这种对应的出现是因为汉语原词语义范畴中包含了埋怨和负面情绪。根据《洋汉合字汇》（1831：178），"连累"应该对应为 comprometter。所以为了避免这种情况，译者对语义进行了婉转地改写，即对应为"同困苦"（与原词意相比，附加了共同承担的语义特征），其中"同"对应 juntas，"困苦"对应 tribulaçoes。不过，在随后的研究中，则推翻了这一假设。《汉洋合字汇》（1831：308）中词条"连"下出现了一句话"北斗七星，水底连天十四点"，在翻译北宋刘攽出的这个上联时，译者给出的是 as 7 estrelas ursa de norte, juntas as que refletem na agoa, com as do ceo fazem 14。其中"连"对应的就是原词条中的 juntas。这就说明，译者并不是为了避免交往中的冲突，而是他根本不知道"连累"的意思，于是根据词素分别进行翻译。尽管他调整了葡语词的顺序，但并不能掩盖这一偏误现象的出现。

第三个词条能够提供的信息或许并不仅限于语义冲突本身。汉语词"天气"被译为葡语 viração celeste。根据对应规则可知，传教士并不是将汉语词目作为一个固定的双音节词来翻译，而是作为两个单音节词素，这是因为在葡语中，"天气"应该对应为 tempo。在英语中也是如此，比如在《增订英华通语》（1855：2）中，词目"天气"就对应为 weather。但是原词条却并非如此，其中 viração 指"微风"，用 celeste 指"天"。当然这反映了汉语学习者在从学习单音节词到学习双音节词的过程中遇到的问题，因为译者没有将这个双音节汉语词作为一个整体进行翻译，而且译后的葡语也不是固有表达。更能够引起注意的是 celeste 一词的使用。在《播呀都噶礼雅话》中，"天"字一共出现 21 次，均在天文门下，但其中只有 2 个"天"字被翻译成 celeste，其他 19 个"天"则均对应为 ceo（今作 céu，相当于英语的 sky）。

相比 ceo 而言，celeste 在实际情况中使用频率极低，使用范围也很窄。不论是葡语为母语者还是葡语为外语者，在日常生活中都用不到 celeste。这个词相当于汉语中的"天体的"，如《增订英华通语》（1855：1）中"天球"译作 celestial sphere。在《播呀都噶礼雅话》中出现的另一个词"天青"，对应为 azul celeste（azul，在汉语中译为"蓝"），而《英话注解》（1860：41）中"天青"译作 azure blue。一般情况下，"天气"和"天青"这两个词都不是一定要选用 celeste 对应。换句话说，译者没有选择那个更简单、使用范围更广的词 ceo，而是用一个使用环境有限的 celeste 来对应"天"。就这个词，本研究考察了同时期的不同第二语言教材，得到的情况有些出乎意料。见表 5—49：

表 5—49

教材名称	汉语词	外语词
《英汉潮州方言字汇》（1883：159）	天①	heaven
《英华成语合璧字集》（1918：900）		heaven, day, God
《英话注解》（1860：2）		heaven, sky
《增丁英华通语》（1855：1）		heaven
《澳门纪略》（1800：下卷 54）		消吾
《弗喇安西雅话》（1748：1）		ciel
《伊达礼雅话》（1748：1）		cielo

---

① 表中的译语词部分，heaven 对应"天堂"，God 对应"天主"，"消吾"为葡语 céu 的音译，ciel 和 cielo 均指一般意义上的"天"。

这些对应关系反映的是不同教材中"天"一词的对应情况。其中有一个现象值得关注，就是汉语中的"天"到底应该翻译成什么是不确定的。因为这涉及如何从多个义项中筛选出最恰当的那个。而这种不确定性也会扩散到诸如"天气"这样的双音节词上。

更极端是"京城"一词，在原词表中，除"京城"一词外，还出现词目"都"，其葡语翻译是 corte，即都城、首都；在《嗳咭唎国译语》中，"京城"一词同样对应为葡语 corte。甚至在《英话注解》（1860：1）中英语 London（伦敦）对应的汉语为"英国京城"。这些都说明"京城"在 18 世纪到 19 世纪一度被当作首都的代名词。而原词条对应的葡语 muralha da corte 则是完全按照"京城"中的每一个词素进行的对应（其中 muralha 指的是"城"）。这就说明译者没有能力区分一个双音节词和两个单音节词。另外，给研究提供了一个信息，这位传教士应该是抵京不久便参与此项工作，因为在他的概念里只有"京"[①]，还不知道什么是"京城"。

如果连"京城"都不知道是什么，那么不知道最后一个词条中的"人事"也就并不奇怪了。根据原词表"人事"后接"客到""请坐"，基本上可以断定，此处选取的义项是"人事"中的"交际应酬"。而译者并不是根据这一思路进行翻译，只是根据每个词素进行一一对应，自然与本应传达的信息出现了差距。其中还包括一种曾经分析过的现象：

表 5—50

汉语词	葡语表达	词性
馆驿	lugar da posta	名词

此表中，汉语词"馆驿"对应为葡语 lugar da posta。所谓"馆驿"指的是"驿站上设的旅舍"，而葡语翻译表达的仅是"驿站"。也就是说，译者并不知道"馆驿"和"驿站"的区别，而这也是他不像翻译其他词

[①] 北京，葡语对应为 Pekim，出现于早期词典及其他材料中。

那样把词素"馆"也翻译出来的原因。

(三) 受语言外部因素影响导致的偏误

原因一：由社会背景和文化倾向导致的偏误。

在前面的论述中已经提到，《播呀都噶礼雅话》的译者对于中国的宗教以及相关概念持非客观态度，并因此产生了词语对译上的偏误。考虑到释译方式中出现了一部分与宗教相关的词语，因此这里将宗教类的偏误列为一类进行分析。

表5—51

汉语词	葡语表达	词性
庙	templo gentilico	名词
番僧	bonzo estrangeiro	名词

第一个词条中，汉语词"庙"对应为葡语 templo gentilico（今作 gentílico）。根据常识可知，这里的"庙"指的是佛教的寺院。比较正确的翻译就是只对应为 templo（相当于英语的 temple）就够了。但译者还附加了一个修饰性成分 gentilico，这个词有着特殊的含义，它是专门用来代表"基督教的"（这里的基督教是广义上的，包括天主教）。所以这里的"庙"实际上就被对应为"基督教的庙"，也就是教堂。《东域纪程录丛——古代中国闻见录》（1913：185）收录了意大利人和德理14世纪初期的来华游记，名为《真福和德理传》，其中在记录福州见闻时他说"这里有许多 monasteria religiosorum"①。如果直接翻译的话，这两个拉丁语的意思就是"宗教的修道院"。很显然，根据元朝当时的社会背景，这些建筑应为佛教寺庙。对于一个初次见到这些建筑的人来说，他自然不知道是什么，只能根据自己见过的事物进行匹配。不过，此处词条中的"庙"并不属于这种情况。在对《暎咭唎国译语》的分析中，我们提到"寺"

---

① "Multa sunt monasteria religiosorum idola colencium." 此处原文为拉丁文，中文为笔者试译。

对应为 church（教堂）的原因。此处也一样，并且似乎比《喫咭唎国译语》表现得更清楚。应该说，特定的社会环境带给人们的影响是不容易改变的。因为《澳门记略》中提到，澳门地区当时较大的教堂便有"大庙"（澳门最早的主教座堂）、"风信庙"、"花王庙"等。这些恰好可以用来证明此处的对应情况。传教士为了达到传教的目的，不得不根据中国本土宗教的特点进行表层的改动，为的是既能适应社会的需要，又可以在一定程度上避免麻烦。由此也从侧面反映出这位葡萄牙传教士应该来自澳门地区，至少他对澳门地区的情况十分了解。

第二个词条中，汉语词"番僧"被译为 bonzo estrangeiro。这个葡语表达相当于"外国僧人"。由于缺少足够的信息，如果仅靠原词表，并不能确定"番僧"具体指的是什么，因为在当时的社会背景下"番僧"的意思有两种可能性。第一种情况是"番僧"表示的是"喇嘛"，也就是它的最基本意思，这些喇嘛主要来自青藏地区，都是隶属于清朝的少数民族地区。也就是说这些地方并不是"外国"。如果是这种情况，那么其中体现了两点，一是译者并不清楚"番僧"与"喇嘛"的关系，或者说他根本不知道"喇嘛"指的是什么；二是在他的汉语学习过程中，"番"字指的就是外国，而没有表示"外族"的意思。第二种情况"番僧"表示的是"传教士"。这种情况的可能性最大，是因为在《喫咭唎国译语》中，词目"番僧"对应就是葡语 padre（表示的就是"神父"）。此外，《澳门纪略》（1800：卷首列传4）记录的香山县志列传（《请封（澳门）唐人庙奏记》）中提到，"番僧以天主教惑众，于三巴诸番寺外专立一庙，煽惑内地民人，名曰唐人庙，近如南顺，远至江楚，戒期麇集，男女翕从，君子病之，百年而无如何也"。其中的番僧指的就是天主教传教士。明清时期天主教在华的传教活动多次受到朝廷的禁止，为了继续传教，传教士只能选择表面上向中国的本土宗教靠拢。在原词条中，bonzo 指的就是佛教中的"僧人"。把天主教的传教士解释为外国的佛教僧人，一来可以拉近与当地百姓的距离，二来也可以在一定程度上避免天主教受到当地政府的限制，从而达到传教的目的。天主教与佛教的微妙关系使在华传教士对佛教的认知和态度有一定变化，于是出现了这样的对应：

表 5—52

汉语词	葡语表达	词性
罗汉	companheiros do Fò	名词
释迦	os que seguem Fò	名词

表 5—52 中的两个词条反映的是相同的情况，"罗汉"被译为 companheiros do Fò，"释迦"被译为 os que seguem Fò。其中的 Fò 为汉字"佛"的音译。需要指出的是，这两个词在《嘆咭唎国译语》中对应的全部为汉语音译形式。它们反映的是两种不同的思路，就广东通事而言，他们自然知道这两个词指的是什么，因此他们认为只要给出语音的对应形式，在交流时就能够做到正确地表达意义。不过他们忽略了一点，如果对方并不知道这两个汉语词的所指，仅从对音上是很难了解其意思的。对于传教士来说，他们的思路是想把母语系统中的概念空位用描写的形式进行表达，同样希望通过这种方式保证交际的进行。从"佛"字的音译可以看出，"佛"这个概念在当时的传教士之间是通用的，因为原词条中不包含"佛"字，而且他们也没有选用另一个葡语对应词 budah①。

可以看到，这两个葡语表达都带有十分典型的天主教痕迹。以第一个词为例，在天主教中，有一个固定说法是 Companheiros de Jesus（Jesus 即为耶稣），它"是一个宗教词，指的是耶稣会的成员，也被称为耶稣会士"②。这就说明，传教士在翻译时很可能是直接套用了天主教中的表达，而不是真正照顾到"罗汉"的意思。在这种对应中，罗汉和佛的关系就等同于耶稣会士和耶稣的关系，而这肯定是不正确的。同样，如果将第二个词中的"佛"换成 Jesus，那就变成了 os que seguem Jesus，字面上说的是"那些追随耶稣的人"，也就是天主教徒。虽然这个葡语对应并不是一种固定说法，因为对任何一种宗教而言，其追随者都是教徒，在佛教中指的就应该是佛教徒。于是这里"释迦"就被译成了"佛教徒"。很显

---

① 具体可参照《汉洋合字汇》（1833：110），词条"佛"。
② "Companheiros de Jesus：São membros da Companhia de Jesus, uma Ordem Religiosa, mas são também conhecidos por jesuítas." 此处原文为葡文，中文为笔者试译。

然，二者之间是不对应的。

从这两个词条中可以看到，作为译者的传教士在翻译时会套用天主教的概念，这是明清时期来华传教士翻译佛经时常用的一种方法，也就是把佛教和天主教联系起来。之所以这样做，一方面考虑到的是，以汉语作为第二语言的学习者，他们都是具有天主教背景的西方人，如此翻译有助于他们初步了解佛教知识；另一方面，对于以葡语作为外语的清朝学生来说，这种翻译也能够达到宣教的目的。尽管不排除传教士个人的汉语水平不高以及佛教知识欠缺的因素，但从中依然可以看出传教士的工作是在尽可能地为传播天主教服务。这种翻译方法在晚清依然被传教士采用，比如李提摩太（Timothy Richard）翻译出版了 *The New Testament of Higher Buddhism*（《大乘佛教的新约》）[1]，其中收录了《大乘起信论》以及《妙法莲华经》的英文节译。其中《大乘起信论》（1910：39）通过比较佛教和基督教的不同层面来试图寻求佛教在基督教中的根基。同样《妙法莲华经》（1910：165）中出现了这样的翻译 If they have any doubts, God will clear them all away. 这句话实际上对应的原文是"若有疑悔者，佛当为除断，令尽无有余"。根据李提摩太给出的注释，这句英文译文实则出自《圣经》中的"路加福音"以及"约翰福音"[2]。如此看来，用基督教的教理表达佛教的思想是来华传教士们普遍采用的一种方法。这应该就是《播呼都噶礼雅话》中的很多佛教词语都被译为天主教词语的原因。

原因二：由亲属关系称谓导致的偏误。

其实，纵观《㗨咭唎国译语》和《播呼都噶礼雅话》，一些在当代第二语言教材中容易出现的偏误现象不但没有出现，反而受到了特别的关注，从而对应得十分恰当，比如那些与亲属称谓相关的词。尽管如此，尚有词义分割中的问题。

---

[1] 李提摩太（Timothy Richard, 1845-1919），英国传教士，1870年受浸礼会派遣来华，先后在山东、山西传教。1886年移居北京，出版《万国公报》等十几种报刊，开办过学堂，并且翻译过很多关于佛教的书籍。

[2] 此处原书中给出的注释为，"Questioning", Luke xxiv. 15-17, 38-43; R. V.; John xx. pp. 24-31.

表 5—53

汉语词	葡语表达	词性
曾祖	segundo avò	名词
高祖	terceiro avò	名词

这里的两个汉语词分别为"曾祖"和"高祖",其中曾祖指"爷爷的父亲",高祖指"爷爷的爷爷"。对此,可以与《喥咕唎国译语》中的情况作一对比。《喥咕唎国译语》词表中同样出现这两个汉语词目,前者对应的是英语 great grand father,而后者对应的是葡语 dis avo(参照相应汉字注音"低咱我",可以断定此处实际对应的葡语应该是 trisavô,因为粤方言中没有大舌音[r]以及印欧语系中辅音的清浊对立,所以将音节[tri]发成[di]是可能的)。在进一步考察后可知,"曾祖"和"高祖"在葡语中确实存在对应,其中"高祖"就是《喥咕唎国译语》中的对应,即 trisavô,而"曾祖"对应的是 bisavô[①]。然而原词条中的 segundo 和 terceiro 均为葡语的序数词,分别代表"第二个"和"第三个"。在与表示"爷"的 avô 结合后就会发现其中的对应关系。可以说,译者是将"爷爷"作为参照物往前推导,爷爷的父亲就是"第二个爷",而爷爷的爷爷就是"第三个爷"。

原因三:由地域因素导致的偏误。

除宗教词语外,通过考察《播哷都噶礼雅话》中采用释译方式的词语对应,还可以发现一些与社会背景和文化差异相关的词语对译偏误。

表 5—54

汉语词	葡语表达	词性
琴	cravo de tanger	名词
氷消	derreter o caramel	动词
墙垣	parede de taipa	名词

---

① 具体可参见《洋汉合字汇》(1831:101,826),词条 bisavô 和词条 trisavô。

第一个词条中，汉语词"琴"被译为 cravo de tanger。在原词表中，词语"琴"所在页中的词为"琴、棋、书、画"，因此可以断定这里的"琴"指的是古琴。正如之前提到的，译者将"棋"译成了"国际象棋"是与自身的社会背景相关的。本词条中，葡语 de tanger 用来修饰 cravo，可以表示"用于弹奏的"。虽然 cravo 指的也是乐器，但并不是中国的"古琴"，而是一种叫作"大键琴"的乐器。大键琴在 15 世纪时就已经出现了，流行于 16 世纪，17 世纪至 18 世纪中叶达到了全盛时期，是文艺复兴时期和巴洛克时期西欧国家的主要键盘乐器。不难看出，之所以出现这种对应情况是因为译者对西方社会文化的了解程度高于对中国社会中相应情况的了解程度。我们并不确定"大键琴"是否存在于清朝的皇宫或者教堂中，但即使有也肯定不是普及的乐器。尽管如此，译者依然不能摆脱已有规则而去适应新的对应关系。可以看到自身社会、文化的痕迹在词语翻译中是的确存在的。

第二个词条中，汉语词"冰消"被译为 derreter o caramelo。在前面的叙述中分析了词条"冰"对应为 caramelo 是因为在译者的生活环境中，"冰"主要指代的是"糖"，而不是自然冰。本词条中，"冰消"处于地理门中，因此指的应是"冰化了"。其中葡语词 derreter 没有问题，意思就是"化开"[1]，而其中的"冰"则如前例一样对应为 caramelo。这样一来，原词义就变成"糖化了"。可以说，地域差异导致词语对译中出现了语义迁移的现象。

同样的情况还有词条"墙垣"，传教士翻译为 parede de Taipa。这个词的翻译可以与另两条相关词目进行对比，一条是来自《播呼都噶礼雅话》中同一门类下的"壁"，另一条是来自《澳门纪略》的"墙"。作为地方志书，《澳门纪略》书后所附的汉葡词表与书中所录澳门情况并无关联。由于词语数量有限，该词表仅被视为一份记录当时澳门地区贸易及日常生活所必需用语的词语手册，也为不同地区的人们提供了一条学习两种语言的辅助途径。

表 5—55 这两例词语的对比：

---

[1] 具体可参照《洋汉合字汇》（1831：232），词条 derreter。

表 5—55

汉语词	葡语词	材料名称
壁	parede	《播呼都噶礼雅话》
墙	* parede①	《澳门纪略》

通过对比可以看到，两个词表中的原词分别为"墙垣""壁""墙"。这三个词虽都包含有"隔开内外的建筑物"的语义，但侧重点有所不同，其中"墙垣"指短墙或围墙，"壁"强调的是一堵或单面的墙，"墙"则多含有构成的封闭空间范围。在词表中这三个词语所对应的葡语对译中均包括 parede（汉译为"一堵墙"），即广义上的"墙"。如果从词语语义对应的角度看，汉语"墙垣"一词译为葡语 muro baixo 更为妥当②。但在《播呼都噶礼雅话》中，译者在翻译时并没这么做，而是在表示"墙"的 parede 后添加了 Taipa 一词。从短语结构上看，该词是作为 parede 的修饰或限定成分，《洋汉合字汇》（1831：788）中 Taipa 对应的汉语义写作"十字门"，也就是今天所说的"氹仔"③。那么"墙垣"一词的实际对译就变成了"氹仔的墙"。寻其原因，何大章、缪鸿基的《澳门地理》（1946：6）中有：

> 1622 年（明天启二年），葡人为防卫计，于水坑尾三八门间，建筑城墙一道，以自固守。至其墙围所经，为自今东望洋山顶天文台西侧起下山，经水坑尾细井巷，上大炮台山，连接大炮台城，复下山，西括慈幼院，北绕白鸽巢花园，经大三巴围营地街之西，南延由通天街经红窗门街，过万里长城，妈阁庙之东北，背、绕西望洋山东南坡以迄西环竹仔室海滨，足见葡人当时所占只限于三巴门城南之地，至今墙界，尚断续可寻。

---

① 原词表中没有给出葡语拼写形式，此处的葡语为笔者根据注音汉字"霸利地"形式构拟的。
② muro baixo 汉译为"矮墙"，其中 muro 为"围墙"，baixo 为"矮"。
③ 澳门的离岛，是组成澳门的四大部分（区域）之一。

第五章 《播哕都噶礼雅话》词语对译偏误研究 / 189

由此可知明朝时在氹仔地区修葺有一道城墙，其目的在于防卫。另据清朝夏燮撰写的《中西纪事》：

> 中城台之建，始自佛郎西，而澳夷因之以为利。迨粤中大府遣兵隳之，澳夷不敢言，而实不便于藩垣之弛也。值天启之处，红毛出入于濠镜，澳夷藉戍守为名，请兵请饷请木石以缮垣墉。①

上面这段话中提到了澳门地区用以防御的"垣"，且"缮垣墉"即修补城墙。结合这两段文字所述澳门地区的情况，能够归纳出这里提及的城墙包含三个特点：一是不具有完全封闭性，仅是用作防御的一面城墙；二是残破待修补；三是城墙并不高。综合这几项特点可以发现这里所述的城墙与《播哕都噶礼雅话》中"墙垣"的语义一致，且葡语对译中还添加了 Taipa 这个带有地域限制的词。那么可以说此书中"墙垣"一词葡语对译所指的"氹仔的墙"即为上述史料中提到的澳门地区的城墙，而澳门地区至今依然保留着所谓"旧城墙遗址"②。可见，这位传教士与澳门特别是氹仔地区的关系十分紧密，并且对当地情况非常了解。在他的心理词典中，"墙垣"的所指是特定的事物，而非通常意义上泛指的"墙"。

从"墙垣"的例子能够看到，在词语对译中，导致语义冲突的因素之一是在语码转换过程中出现了原词本身不具有的地域标记。之所以出现这种情况，是因为译者本身对汉语词的概念和范围不了解，翻译时仅从自身思维模式出发，未能在环境和地域发生变化时作出相应调整，这就使词语在对译中出现了语义上的迁移。与这种情况相反，《澳门纪略》中"墙"一词的葡语对应并未出现 Taipa，这是由于译者是中国人，他对于事物概念和范畴的理解与自身心理词典中的相应词语一致，Taipa 中带有的地域元素就不会影响译者固有的认知模式。

---

① 收录在 1999 年中国第一历史档案馆、暨南大学古籍所合编《明清时期澳门问题档案文献汇编》第 5 册，第 323 页。
② 旧城墙遗址位于澳门半岛的圣安多尼堂区，为大三巴和哪吒庙后的一道黄土墙。

原因四：由概念理解导致的偏误。

在有些情况下，选择描写的方式进行词语对译，并不仅仅是由于概念空缺的存在。其中又反映了哪些客观事实是更需要考察的。先看第一组例子。

表5—56

汉语词	葡语表达	词性
蜻蜓	abelha de agua	名词
鸳鸯	abutre do matto	名词

第一个词条中，汉语词"蜻蜓"对应为葡语abelha de agua。蜻蜓在中国是一种十分常见的昆虫，多见于夏天。在英语中存在完全一致的对应词，即dragonfly。然而，在葡语词典中则发现了不同的对应。根据实际情况，"蜻蜓"在葡语中的对应词为libélula，《洋汉合字汇》（1831：484）对此（写作libellula）解释为"大青蜓"。对照《播哷都噶礼雅话》中的对译似乎可以说明，该现象是传教士自身语言能力造成的。然而，在随后的考察中发现了一系列的问题。首先，在《新葡英双解袖珍词典》（1809：part Ⅱ，131）中，对应英语"蜻蜓"的词是mosca que da grandes picadas（翅膀大的苍蝇）。为了验证这一概念的准确性，我们查阅了《汉洋合字汇》（1833：773），在成语"蜻蜓点水"中，"蜻蜓"对应的是bicho nuno①。可以看到，这二者是不一致的。于是就有了第三步，《洋汉合字汇》（1831：566）在词条nuno下有bicho nuno，然而给出的解释除表示"蜻蜓"外，还表示"螳螂"。可以看到汉语"蜻蜓"一词在不同词典中有不同的表现形式，而其中最特殊的是"螳螂"。由此可知，尽管在葡语中存在"蜻蜓"的合理对应词，但是由于概念之间在特征上的差异，单一个体会根据物体的形状选择不同的对应方式，甚至会出现概念移位的现象。

第二个词条中，汉语词"鸳鸯"被译为葡语abutre do matto。作为一

---

① "蜻蜓点水"，在《汉洋合字汇》（1833：773）中的解释是：O bicho nuno brinca na agoa。

种中国特有的动物，鸳鸯的翻译应该是十分统一的。对此，《汉洋合字汇》（1833：950，951）给出的解释分别是"鸳：pato mandarim；鸯：pata mandarina"。区别在于前者为阳性，后者为阴性，可回译为"中国鸭"。这与之后出现的英语译法一致，即 mandarin duck。应该说这种对应是被普遍认可的。不过，这与原词条中的表达并不一致。所谓 abutre do matto 实际上指的是一种叫鸭虎的猛禽，与鹰相似，现在称其为"游隼"。在查阅相关材料后可知，"鸳鸯"和"游隼"在形状大小、羽毛颜色方面的确存在相似之处，但原词条的葡语表达并未将"鸳鸯"归入鸭子，可见，译者根本不知道什么是"鸳鸯"。在参照相关实物（很可能是根据当时西方画师在朝所绘油画判断的）后，译者根据形状相似性进行翻译。这与之前所说的《暎咭唎国译语》中"铙、钹"同时对应为 talha（缸）的情况一致。另外，在此类型中还有一种很特殊的现象值得特别说明。

表 5—57

汉语词	葡语表达	词性
火晶	vidro de accender fogo	名词

表 5—57 中，汉语词"火晶"指的是一种晶体。《暎咭唎国译语》中将其翻译为 fire color stone，基本上表示出了这种晶体的特点。它其实是一种外表呈红色的石英，英语名称为 fire quartz 或者 harlequin quartz。虽然不能确定这个词是从汉语到外语还是从外语到汉语，但是可以看到之间的对应关系是一对一的。不过，葡语对译 vidro de accender fogo 的意思是"点火的晶体"。这种翻译之所以特殊是因为在《暎咭唎国译语》和《播呼都噶礼雅话》中，译者在翻译双音节词时常用的方法是对每个词素分别翻译。尽管可能会根据译语的语法进行顺序上的调整，但是绝不会像此处一样添加了其他动词 accender（点火）。唯一能作为解释的就是译者被这个概念误导了，从而把火晶和火石这两个概念合并了。因为火石是一种能生火的石头，这样才会出现这种对应。

原因五：由个人汉字认读能力导致的偏误。

可以说，之前的类型反映的是概念所指与个人认知结合后导致的词语对译偏误现象。与此相似，本类型同样反映的是与译者个人因素相关的对译偏误。当然，在具体表现形式上不尽相同，以下将逐一分析。

表 5—58

汉语词	葡语表达	词性
疎①	sem cuidado	形容词
鬼	alma separada	名词
方物	outras couzas	名词

在前面的分析中，曾提到这位葡萄牙传教士的汉语能力并不像之前预期的那样好，他对于汉字字形和字义的掌握并不好。我们发现了一些可以支持这一观点的现象。第一个词条中，汉语词"疎"被译为葡语 sem cuidado。根据"疎"在《播呼都噶礼雅话》的情况可知，位于通用门的"疎"与"密"相邻，因此指的应该是"稀疏、不密"。葡语对译中，sem 相当于汉语的"不"，而 cuidodo 指的是"小心、谨慎"。合起来就是"不小心、不谨慎"。这与"稀疏"的意思并不一致，但是能够让人联想到"疎"的另一个义项，就是"疏忽"，指的是"不小心"。可见，对于"疎"，译者更熟悉的是"疏忽"的义项，并且在翻译时并未考虑相邻词目的关系，进行了不对应的翻译。

第二个词条中，汉语词"鬼"在词表中位于"经部门"，与"神"相邻。这个词本身并不像"疎"那样有多个义项。翻译时一般不会出现不对应的情况。但实际上，这里对应的 alma separada 指的并不是"鬼"，而是"灵魂"。"鬼"是一个中国传统的观念，指的是人死后所变成的另一种形态，在葡语中对应的是 almas dos defunctos（死人的灵）。而"灵魂"是天主教的概念。天主教认为灵魂会在人死后与肉体完全地分离，只能呆在某处等待上帝的审判，这在葡语中就表示为 alma separada（分离的灵），也就是原词条中的对应。另外，从字形上看

---

① "疎"，今写作"疏"。

"鬼"和"魂"比较接近,这位传教士应该就是把"鬼"当作了"魂",才会有此对应。

第三个词条中,汉语词"方物"被译为葡语 outras couzas。在汉语中"方物"指的是地方特产,这一点是不容置疑的。因为在前面已经提到《乾隆赐英吉利国王敕书》中有"并备进方物,用将忱悃",它的英文版对应的是 country's produce,也就是"地方的产物"。在葡语中 couzas 对应的就是"物",但 outras 对应的并不是"方",而是"别的"。这与原词完全没有关系。在调查中发现,其一,原词表中出现了"方",并且译者能够根据"方"的不同义项选择合理的葡语对应,比如方形的"方"(quadrado)和地方的"方"(lugar),这就说明译者是十分了解"方"这个词的。其二,在《洋汉合字汇》(1831:586)中,outro(outras 的原形)的汉语翻译中给出了一个词,那就是"另"。这就说明,译者在翻译时出现了形讹,因为"方"和"另"确实相似,特别是鉴于这位传教士所翻译的汉语词目并非原本,而是经过誊写的手抄本,这就给翻译工作带来了更多困难。这也恰恰能够说明传教士的汉语水平有限,因为他区分不出"另物"这种非汉语常规表达,只是根据词素简单地进行对应。

(四)偏误成因尚不确定

在《播呼都噶礼雅话》的释译方式中,有些词语的对应情况很难归入上述五种类型,因此,本书将这些词单另归为一类以便分析。

表 5—59

汉语词	葡语表达	词性
股肱	coxa da perna braço	名词
节	artigo da planta	名词
朵	artigo de flor	名词

第一个词条中,汉语词"股肱"指的是"大腿和胳膊"。葡语对应中,coxa da perna 指的是大腿,braço 指的是胳膊。不过,汉语的语法特征毕竟与葡语的语法特征不同,在汉语中两个单音节名词可以直接组合

成一个双音节词，而在葡语中，同样的情况就需要在名词之间附加表并列关系的连词或分隔标记，否则表达就不符合语法。在本词条中，葡语 coxa da perna 和 braço 的对应都是合理的，但合并在一起就缺乏了语法特征。在对比词表中的其他情况后，可以认为此处缺少了一个分隔符号，即逗号。因为词表中的"饮食""办纳"等词目在翻译中译者都采用了逗号进行分割以符合语法①。

后两个词条表现的是另一种情况。汉语词"节"和"朵"都与植物有关，而且意思指示得十分明确，其中前者指的是"草木枝干间坚实结节的部分"，后者指的是"植物的花或苞"。但是，通过观察这两个词的葡语翻译，可以发现其中都包含了 artigo da/do，表示的是"部分"，于是前者就对应为"植物的一部分"，后者则是"花的一部分"。其实，这种对应本身虽没有歪曲汉语词目，但译者实际上什么都没翻译。一方面，"节"是"植物的一部分"，可"植物的一部分"并不一定就是"节"。另一方面，《播呀都噶礼雅话》的"根""枝"等词全都选用了正确的对应词②。此外，在葡语中也存在"节"和"朵"的直接对应词，nó 和 flor③。也就是说这种对应情况应该是由译者本人的生活习惯或对汉语词目的理解造成的，但具体的原因还有待进一步考察。

五　转译方式中的偏误成因

一般情况下，在当代第二语言教材的词语对译过程中，之所以需要采用转译的方式往往是考虑到词语在特定语篇中的意义。此外，部分情况是因为语言间的固有差异使译者不得不选择与原词目词性不同的词作为对应。

（一）受语言内部、语言外部因素共同影响导致的偏误

原因一：由多义词和虚拟语境共同导致的偏误。

---

① 在《播呀都噶礼雅话》中，汉语词"饮食"的葡语对译为"comer, beber"；词"办纳"的葡语对译为"preparar, receber"。

② 在《播呀都噶礼雅话》中，汉语词"根"的葡语对译为 raiz；词"枝"的葡语对译为 ramo。

③ 具体可参照《汉洋合字汇》（1833：687，391），词条"节"和"朵"。

众所周知，在汉语中一个单音节词通常包括多种词性，而且在同一种词性中也会存在不同义项。《播呼都噶礼雅话》中，由于翻译时缺乏足够的能表示所选取汉语词实际所指的信息，比如特定的小句或语篇，因此作为译者的传教士采用的主要方法就是设置虚拟语境，并借此确定如何选择对应表达。其中涉及虚拟语境与实际意思的匹配，当二者匹配时，词语对译就可以做到语义间的正确对应。而当二者出现差异时，这种语义间的对应就会出现冲突并形成偏误现象。

表 5—60

汉语词	葡语词	词性
赏	dadiva	动词
蒸	bafo da panela	动词
单	somente	形容词
平	igual	动词

第一个词条中，汉语词"赏"被译为葡语 dadiva。虽然"赏"本身既可以做动词也可以做名词，但根据原词所处位置，位于人事门的"赏"与"给、赦、劝"等动词相邻。据此可知，此处的"赏"应取动词的词性，即"赏赐"。不过，葡语词 dadiva 与动词"赏赐"并不一致。《新葡英双解袖珍词典》（1809：132）和《洋汉合字汇》（1831：218）均指出该葡语词为名词，指的是"礼物"（前者给出的对应是英语 gift，也即汉语中的"礼物"）。可以看到，dadiva 其实并不是与汉语原词目完全不对应，而是对应了"赏"的名词形式，即"赏的东西"。虽然这位传教士在翻译"给、赦、劝"时均对应为动词，但他并没有根据这些词的词性来判断"赏"的词性。这种对应能够表明他是知道这个汉语词的，只是在翻译时译者将"赏"植入了一个与原词实际语义不对应的虚拟语境，比如在"受赏"或"有赏"中，"赏"就是名词。这也说明，对于译者来说，"赏"的名词形式比动词形式更常用。

第二个词条中，汉语词"蒸"位于饮食门，通常指的是一种烹饪方法，又由于该词与"煮、烧"等动词相邻，因此可以判定"蒸"也应是动词,即"蒸煮"的"蒸"。在表达该义项时,葡语可以有两种选择,一种选择直接对应词 exhalar 或 evaporar①;另一种是用描写的方法,解释成 cozer o bafo da agoa(用水蒸汽做)②。在原词条的葡语对译 bafo da panela 中,bafo 为"热气",panela 为"锅",合起来表示"锅的热气",而这所表示的是名词"蒸汽"。实际上,作名词讲的"蒸"并没有"蒸汽"的义项。但"蒸汽"一词在早期传教士的文献中却并不鲜见。根据《中西交通史》(1987:755),早在清康熙二十年(1681),当时在朝的耶稣会士南怀仁(Ferdinand Verbiest)写有一份手稿,并于六年后发表于德国 *Astronomia Europaea*(《欧洲天文界》)杂志(1687:87),其中写道:

> 三年以前(当为康熙十七年或十八年,1678 或 1679),当余试验蒸汽之力时,曾用轻木制成一四轮小车。长二尺,且极易转动。在车之中部,设一火炉,炉内装满以燃烧之煤,炉上则设置一个汽锅……在后轮之轴上,固定一青铜制之齿轮。其齿横出,与轴平行,此齿轮与另一立轴之上小齿相衔。故当立轴转动时,车即被推动而前进……③

对于传教士来说,"蒸汽"这个词已经存在了很长时间,而且对于希望向清朝推广科技的传教士来说,这个词应该是他们的常用词。因此,在遇到"蒸"时,译者首先考虑到的是汽锅带来的"蒸汽",而不是烹饪方法,是合乎常理的。

第三个词条中,汉语词"单"被译为葡语 somente。该汉语词在词表中位于数目门,编排时与词目"双"相对。因此,很显然它指的是做"奇数"讲的"单"。就这个义项,在葡语中应该对应为 singelo④。

---

① 具体可参见《新葡英双解袖珍词典》(1809:339),词条 steam。
② 具体可参见《汉洋合字汇》(1833:326),词条"烝"("蒸"的异体字)。
③ 汉译文转引自方豪《中西交通史》,岳麓书社 1987 年版,第 755 页,原文见 Verbiest. F, *Astronomia Europaea*. Caput XXIV. Dillingen, 1687, pp. 86–89。
④ 具体可参见《汉洋合字汇》(1833:269),词条"单"。

不过，根据原词条，译者给出的对应却是 somente。这个葡语词虽然能够对应"单"，但是指的却不是"单双"的"单"，而是"单"的另一个义项：仅仅（相当于英语中的 only）。也就是说，作为副词使用的"单"在传教士的汉语系统中使用频率比它的形容词用法更高。

第四个词条"平"与前几个词条稍有不同，这个词被译为葡语 igual。该葡语词表示的是"平"的形容词词性，而且也是常用词性，即"平的、平等、平均"。然而，这里的实际对应却出现了语义的冲突。根据原位置，在"通用门"中与"平"相邻的有"欲""要""定"等词，它们均为动词。如果此处的"平"取形容词词性，就与其他词目并不吻合。根据当时清朝的实际情况，可以推测此处的"平"应该表示"平定"。之所以说这个词条与前几个有所不同是因为，前几个词条中汉语词目原本取的是各自的常用义项，但葡语对应却选择了非常用义项。而在本词条中恰恰相反，葡语为常用义项，而汉语词目取的是非常用义项。这也说明，传教士在汉语学习过程中并不总会按照汉语词目的实际所指进行翻译，而是根据自身的汉语能力和语言使用状况进行对应。

除了上述例子中的情况外，由虚拟语境导致的词语对译偏误还有一种表现。

表 5—61

汉语词	葡语词	词性
揖	reverencia	动词
榜文	promulgar	名词
利害	horrivel	名词

表 5—61 中第一行的汉语词"揖"被译为葡语 reverencia。就汉语词本身来说，并不存在多义或歧义，"揖"表示的就是"作揖"。我们起初认为，这种对应是译者为了回避原词中的感情色彩，因为葡语 reverencia 表示的是"恭敬"。然而在随后的研究中发现情况并非如此。汉

语中的"作揖"在葡语中对应为 fazer reverencia①。首词 fazer（相当于英语中的 do）实际上对应的就是"作"，而 reverencia 对的应则为"揖"。可以确定，译者并不知道"揖"其实就是"作揖"，在翻译的时候就理当对应为 fazer reverencia，而不单是按照"作揖"中的实际对应规则抽取出其中的 reverencia。当然并不是说《播呀都噶礼雅话》的译者是根据《洋汉合字汇》进行的翻译，因为二者在编写的时间上并不具备交集，且前者早于后者半个多世纪。但是这也反映出"作揖"一词和其相应的葡语形式应该在《播呀都噶礼雅话》中就已经存在。

后一个词条中，汉语词"榜文"指"公告，榜上的明文或告示"。在翻译时，译者选用了 promulgar 一词。该词在《洋汉合字汇》（1831：668）中的解释为"传开、传扬、宣扬、颁布"。从词性角度考察，这两个词并不一致，因为汉语词为名词，而葡语词为动词，并且二者之间的语义关系也并不紧密。但是，通过研究发现，如果将原葡语词转换为相应的名词形式，即 promulgaçám（今作 promulgação）②，那么恰好可以表示原词条中"榜文"的意思。同样，如果将原汉语词目改为"发榜"，也就能够对应原葡语词。也就是说，这种偏误现象的出现是基于译者错误地理解了汉语词的词性，而理解上的偏差应该是译者的虚拟语境导致的。换言之，以"榜文"为例，译者有可能将原词置于虚拟语境"发榜文"中添加了动词"发"，并形成了述宾短语，而译者在翻译中错误地把"发榜文"当作实际的汉语原词，于是出现上述的情况。

第三个词条中，汉语词"利害"是并列结构的名词，表示"好的和坏的"。该词在葡语中比较恰当的翻译是 utilidade ou perjuizo③。其中首词指"利"，尾词指"害"。不过，原词条中的葡语词 horrivel（相当于英语的 horrible）仅能用作指"害"。对于这种情况，本书认为，译者所依据的虚拟语境中，一定是将"利害"作为一个偏义复词来处理

---

① 具体可参见《洋汉合字汇》（1831：725），词条 reverencia。
② 具体可参见《新葡英双解袖珍词典》（1809：314），词条 promulgaçám。
③ 具体可参见《汉洋合字汇》（1833：161），词条"害"中的"利害"。

的①。这一点就像汉语词"深浅",人们常说的"不知深浅"中"深浅"只取"深"的意义,而忽略"浅"的意义。也就是说在译者构拟的虚拟语境中,对于"利害"只取其"害"的意义。

原因二:由内部结构和汉语水平导致的偏误。

译者在翻译时除了会受到虚拟语境的影响,还会受到汉语词内部结构的影响,处理不当就会导致偏误的产生。

表 5—62

汉语词	葡语词	词性
闻见	perceber	名词
管事	governar	

在第一个词条中,汉语词"闻见"在原词表中位于文史门,与"日课、科举"相邻,由此可以判定这个汉语词也是名词,具体表示的是"知识"。在葡语中,"知识"应对应为 conhecimentos,而不是原词条中的 perceber②。此处的 perceber 是动词,是一种比较抽象的感觉,表示的可以是"听说"。也就是说译者并不知道"闻见"和"知识"之间的语义关系,于是他将"闻见"作为述补结构进行翻译,才会出现对应为 perceber 这样的结果。

第二个词条中,"管事"被译为 governar。根据原词表,汉语原词应为名词,指的是"受雇管理家事或庶务的人",同样,在《汉洋合字汇》(1833:685)中也只有唯一解释"处事掌权之人"。而葡语词 governar 为动词,意思是"管、握权、管理"③。可见,译者首先不知道"管事"作为名词的概念义,另外,在翻译时只翻译了"管",而没有翻译"事"。对于这种情况,本书认为,葡语 governar 中的"管理"之

---

① 偏义复词,是指一个复音词由两个意义相关或相反的语素构成,但整个复音词的意思只取其中一个语素的意义;另一个语素只是作为陪衬,起到构词的作用。
② 具体可参见《洋汉合字汇》(1833:255),词条"知"中的"知识"。
③ 同上书(1831:407),词条 governar。

义自然包括了"事情",因此《播哷都噶礼雅话》的译者只用这个葡语词作为汉语词目的对应。

当然,作为非汉语母语者,汉字的认读和理解也是翻译中不可避免的难点。一些对于汉字的不正确理解就会导致偏误的出现。

表 5—63

汉语词	葡语词	词性
马行	andar do cavalo	名词
包头	amarrar o cabelo	

在《嘆咭唎国译语》中,广东通事在翻译汉语词"马行"时,并不是将该词理解为名词"马行(háng)",而是理解为述宾结构的"马行(xíng)"。这种偏误一方面是由汉字一字多音导致的,另一方面也说明译者对概念本身的所指并不明确。传教士在翻译"马行"时也出现了同样的问题。葡语 andar do cavalo 中,首词 andar 表示"行、走",尾词 cavalo 表示"马"。这就说明,这位传教士依然将汉语原词看作述宾词组,而不是一个名词。

第二个词条中,汉语词"包头"作为名词指的是"裹住头部的布",而译者显然只是根据汉语词的表层结构进行对应。因为 amarrar 表示的是"包、拴"这一动作,cabelo 指的是"头发"①。可以看到,对于那些由简单汉字充当词素组合而成的新词来说,译者可能更容易按照表层的组合结构进行对应从而出现对译中的偏误,因为他们很自然地将原词看作词组,而不是一个新词。

(二) 偏误成因尚不确定

当然,在转译方式中依然存在一些词条是本研究目前还不能解释的,因此暂且将它们归入本类型。

---

① 具体可参见《洋汉合字汇》(1831:42,115),词条 amarrar 和词条 cabello。

表 5—64

汉语词	葡语词	词性
分明	declarer	形容词
怠慢	preguiçozo	动词

表 5—64 中第一个汉语词"分明"被译为葡语词 declarar。根据原词表的编排情况，可以判定此处的"分明"取其形容词用法，表示的是"清楚、明白"。葡语词 declarar 从形式上看应为动词，通过进一步分析可知，该葡语词并不是"分明"，而是"说明、讲明"①；从语义上看，它们之间并不存在交集，形式上的唯一相同点只有汉字"明"。这并不是由于译者不认识"分"，而是因为在词表中有词目"分"，表"分配"，其对应形式 repartir 也十分恰当。如果译者在翻译"分明"时采用分别理解的话，那么"分配明白"显然是不合理的。如果译者只翻译其中的"明"，那么就应该选择 declarar 的形容词形式，即 declarado。译者在实际翻译中到底参考的是什么因素，还有待进一步挖掘。

第二个词条中，汉语词"怠慢"作为形容词表示的是"不恭敬"。而葡语词 preguiçozo 指的是"懒惰的，怠的"②。可见，该葡语词只能够对应汉语词目中的词素"怠"，但这个义项和实际所指的"不恭敬"之间是存在差异的。其中的原因不是由于译者不知道"慢"，而是因为在原词表中有词目"慢"。目前尚不敢确定是否有这样的可能性，即译者的释读顺序不对，将原词看作"慢怠"。因为这个词表示的是"怠惰"，可以与葡语 preguiçozo 保持一致。但如果是这样，又无法解释为什么这种释读的方式没有出现在其他汉语词目上。

第三节 《播呼都噶礼雅话》对译偏误数据及成因讨论

《播呼都噶礼雅话》中词语对译问题反映的是早期历史上作为

---

① 具体可参见《洋汉合字汇》（1831：221），词条 declaraçaõ 和词条 declarar。
② 同上书（1831：657），词条 preguiçozo。

"过渡方言"的汉语中介语的情况。通过对《播呼都噶礼雅话》偏误词语对译进行划分，并对每类现象进行描写，最终分析产生偏误的原因。同样，依照《暎咭唎国译语》研究最后部分给出的表格，在表5—65中将给出《播呼都噶礼雅话》的成因分布。为了保证数据在对比上的一致性，这里保留了语内因素的外语部分（附录中以A表示），这个因素在《暎咭唎国译语》中表示的是由广东英语词汇量导致的偏误。尽管《播呼都噶礼雅话》的词语在对译时使用的是标准葡萄牙语，但此处还是按照同一表格进行考察。在综合各种成因后，《播呼都噶礼雅话》的词语对译偏误成因分布如下（表5—65）（偏误总词表见附录Ⅱ）。

表5—65　　　《播呼都噶礼雅话》的词语对译偏误成因分布

类型	语内因素 外语	语内因素 类型	语言内、外部因素共同作用	语外因素 社会、文化、个人	尚未确定成因	非系统的错误
同译方式		101	53	38	4	2
等译方式		115	16	61	9	6
仿译方式		1	5	37	1	0
释译方式		1	12	60	3	1
转译方式		0	26	4	2	0
总数		218	112	200	19	9
总偏误率	39.1%		20.1%	35.8%	3.4%	1.6%

表5—65是对《播呼都噶礼雅话》词语对译偏误分析后统计出的偏误成因，在每项成因下都给出了该类偏误的数量。这些偏误反映出的是葡语母语者在学习汉语的过程中出现的各类问题。同时这些成因及相关数据能够为本研究提供早期汉语中介语学习的客观事实。

语内因素（附录中以B表示）指的是由类型学差异导致的偏误，语言内部、外部因素共同作用（附录中以C表示）导致的偏误指的是一方面受汉语内部特征，比如一字多音、一字多义、双音节词内部结构变换等因素的影响；另一方面受社会文化、个人建立的虚拟语境等外部因素的影响。语外因素（附录中以 D 表示）包括社会、文化、个人因素三个方面，之所以没有分别立项是因为，这三个层面在很多情况下并不单独出现，而是相互伴随并影响语码的转换。不确定因素（附录中以 E 表示）指的是那些尚不清楚其成因的词语对译，因此不能够简单将它们归入前三种偏误成因。错误（附录中以 F 表示）指的是那些在誊写时由第三方导致的词语对译的不对应，它们并不具备系统性，也不能反映译者的第二语言水平。

从中可以看到，在同译方式和等译方式中，语内因素导致的偏误高于语外因素导致的偏误，这说明当译者在两种语言的概念所指间采用直接转换时，主要受限于语内因素（语言类型），而在仿译、释译及转译方式中，语外因素又会成为主要的影响因素。从总偏误数量看，由语内因素导致的偏误和由语外因素导致的偏误数量相近，它们在偏误比例上表现出的差距并不明显。也就是说，作为"过渡方言"中的一种中介语，在词语对译偏误上并不是主要由语言内部因素导致的，而是既有语言内部因素，也有外部因素，这二者在词语对译偏误中出现的概率是比较接近的。

第六章

结 语

一 研究过程总结

本书的前期考察把跨度限制为18世纪到21世纪,以期间的四个典型时期作为考察节点,并选取了有代表性的第二语言教材作为词语对译数据库的对象来源。在综合每个时期词语对译的特点后总结出了第二语言教材词语对译普遍采取的五种方式,即同译方式、等译方式、仿译方式、释译方式和转译方式,并以此为基础,界定了偏误词语与非偏误词语。在具体研究阶段,选取了18世纪的两部第二语言教材——《噉咭唎国译语》和《播哷都噶礼雅话》作为本研究的主要研究对象,其中的汉、外词语对应情况分别代表了早期的两种"过渡方言",一种为中国皮钦语,另一种为汉语中介语。通过对其中实词部分的统计,筛选出了全部词语对译偏误,并按照五种对译方式进行归类。考虑到不同的偏误成因,本研究对每种对译方式中的偏误词语按照小类进行了二次划分,并逐一分析了对译偏误产生的原因。最后,根据各类型偏误成因,本书进行了数据整理并加以分析。研究中的各个步骤均严格按照既定方法进行,保证了研究的客观性和科学性,因此所获得数据是真实有效的。

综合而言,本研究的基本收获包括:

第一,验证了第二语言教材词语对译中五种方式的合理性和可行性,从数据出发,在统计和筛选环节不断对对译方式的细节进行完善和补充。使得这五种对译方式的界定和划分更加严谨、合理。

第二,证明了作为个案的两种"过渡方言"本身的可操作性。《噉唭咧国译语》和《播呼都噶礼雅话》编写时代较早，并且当时对第二语言教学的认识不如现代认识得全面，在教材编写方面的经验也比不上当今的第二语言教学，且第二语言教材也多是对前人已有成书的模仿，才会有只含有"杂字"而不包含"来文"的第二语言教材。因此，确定《暎咭唎国译语》和《播呼都噶礼雅话》汉语词目的具体语义所指是有一定难度的。另外，其中的外语对应部分也在拼写、书写、眷写等方面给研究工作制造了不小的障碍。先期研究中，通过借助明清时期编纂的双语词典、历史文献等多种材料，对两本教材中的大部分词语进行了释读（尚未释读的主要是由于书写不清导致的外语词无法辨认的情况）。使用这种方法，为此后的偏误统计和分析提供了基础，也为同类型其他第二语言教材的研究提供了一些经验。

第三，确定了早期中国社会中两种"过渡方言"之间进行对译偏误研究存在的可比性。作为早期中国皮钦语和汉语中介语的记录，《暎咭唎国译语》和《播呼都噶礼雅话》所展现的并不仅限于词语对译偏误本身，还有两种"过渡方言"的特征。在当今的第二语言教学研究领域，研究者往往只选择其中一个类型进行考察，或是中国皮钦语，或是中介语。本研究通过分别考察这两种"过渡方言"在第二语言教材词语对译中的偏误现象及成因，综合之后发现二者之间是存在可比性的，这能够为第二语言教学研究拓宽思路和研究范围。

第四，考察了以《暎咭唎国译语》和《播呼都噶礼雅话》为代表的两种"过渡方言"存在的异同点，所得数据能够为认识和研究第二语言教学提供新的角度。下面将会着重梳理这些共性与差异性。

二 研究结论梳理

在第一章中，曾提到本研究主要考察的几个方面。以下，将通过研究结果进行分析。

（一）不同对译方式在偏误率上的表现

根据数据统计，在两种"过渡方言"中，偏误率在不同对译方式之间并不均衡。以下将用表格的形式说明《暎咭唎国译语》和《播呼都噶礼雅话》在各类对译方式中的基本偏误分布情况。

表6—1 《暎咭唎国译语》和《播呼都噶礼雅话》
各类对译方式中的基本偏误

偏误比例（%） 对译方式 教材名称	同译方式	等译方式	仿译方式	释译方式	转译方式	总比例
《暎咭唎国译语》	80.4%	19.2%	51.9%	68.3%	100%	31.4%
《播呼都噶礼雅话》	58.6%	19.8%	41.5%	31.8%	76.2%	28.2%

为了方便比较，表6—1中给出了《暎咭唎国译语》和《播呼都噶礼雅话》各类对译方式的偏误率。为保证研究结果的准确性，最后一项的"总比例"是从全部词语对译偏误中剔除了那些不确定成因的偏误（E）和错误的词语对译（F）。从整体上看，《暎咭唎国译语》在同译方式、仿译方式、释译方式中的偏误率均高于《播呼都噶礼雅话》，这是译者的不同语言背景导致的。采用这三种方式进行翻译时既需要掌握不同概念在语义范畴上的差别，又需要具有很好的语言表达能力，而汉语母语者在外语理解和使用水平上的不足导致了偏误率更高。

从中还可以看到，等译方式的偏误率是最低的。也就是说只要译者在两种语言中找到对等的概念进行对应，那么出现偏误的可能性是很小的。而转译方式的偏误率最高，主要归因于译者在翻译时所借助的虚拟语境。由于没有提供足够的语境，译者并不能做到完全了解每一个汉语词目的意思。在此前提下，他们往往会依照虚拟语境来确定汉语词目的概念所指。这是语言翻译中一种常用的方法，但并不是每次都能做到与原词义保持一致，特别是遇到那些多义词、多音字的情况。本研究认为，这种情况是受特定第二语言教材的影响导致的，随着教材编写方式的发展，在当代第二语言教材中转译方式的偏误通常不会这么高。这是因为教材中都会提供语境（比如课文或句子）帮助汉语学习者理解词语。转译方式中的偏误还有一种情况，就是当译者遇到一个没有学过的双音节汉语词时，除了借助虚拟语境外，还会根据两个词素本身的词性和意思进行翻译。他们关注的只是表层结构，而忽略了重新组合后带来的语义变化。因此，不同对译方式出现的偏误率是不均衡的。而这一点不仅是当时汉语学习中的问题，而且存在于目前汉语作为第二语言的学习中。

（二）不同词性在偏误率上的表现

从整体上看，《暎咭唎国译语》和《播呼都噶礼雅话》的词语对译偏误中，各词性的偏误率可以呈现为表6—2。

表6—2 《暎咭唎国译语》和《播呼都噶礼雅话》各词性的偏误率　　（%）

教材名称	名词	动词	形容词	数词	量词	数量词	代词
《暎咭唎国译语》	32.4%	60.1%	49.3%	7.7%	33.3%	0.0%	45.6%
《播呼都噶礼雅话》	23.6%	55.4%	47.9%	2.9%	0.0%	9.5%	26.7%

在三种主要词性的对比上，动词和形容词的偏误率均较高，而名词的偏误率相对较低。这是因为相对动词和形容词而言，名词在不同语言中具有相同概念的情况更多，即便出现概念空缺词，只要对译客观，较之动词和形容词，出现偏误的概率也更低。因此，相对单一的词义使得名词在第二语言学习中比较容易掌握。而动词和形容词更加抽象，这种抽象性使其义项比名词更加灵活，因此在语码转换中出现偏误的概率就会增加。在对词语对译的基本分布进行整体对比后，进而可以考察对译方式下各词性的偏误率，从而了解词性与偏误率之间的关系。

表6—3 《暎咭唎国译语》和《播呼都噶礼雅话》
各对译方式中词性的偏误率　　（%）

教材名称	方式	名词	动词	形容词	数词	量词	数量	代词
《暎咭唎国译语》	同译方式	19.6%	15.1%	12.5%				
《播呼都噶礼雅话》		29.2%	46.7%	35.2%				
《暎咭唎国译语》	等译方式	31.8%	30.2%	34.4%	100%			60.0%
《播呼都噶礼雅话》		32.9%	33.9%	54.9%	100%			75.0%

续表

教材名称	方式	名词	动词	形容词	数词	量词	数量	代词
《㗆咭唎国译语》	仿译方式	25.7%	5.7%			100%	0%	
《播呀都噶礼雅话》		12.1%	5.6%					
《㗆咭唎国译语》	释译方式	18.9%	35.8%	21.8%				40.0%
《播呀都噶礼雅话》		21.1%	6.7%	3.3%			100%	25.0%
《㗆咭唎国译语》	转译方式	4.1%	13.2%	31.3%				
《播呀都噶礼雅话》		4.6%	7.2%	6.6%				

表6—3反映的是对译方式中各词性的偏误与该词性全部偏误的比例关系。通过对比可以发现，《播呀都噶礼雅话》中名词、动词、形容词三种词性的偏误较《㗆咭唎国译语》更加集中（以同译和等译方式为主），而后者的分布相对比较平均。之所以出现这种差异是跟这两种"过渡方言"的学习过程密切相关的。对于使用汉语中介语的传教士来说，他们通过正规的教育途径学习汉语。在包括语音学习在内的学习各阶段都是按照一个汉语词对应一个葡语词的形式进行记忆。语言学习的系统性会让学习者在运用中介语时出现比较明显的倾向性，也就促使其尽量仿照其他第二语言教材的模式进行翻译。然而中国通事则不同，他们往往并没有正规、系统地学习过对译语言，更多的是在实际商贸交流中自然习得的。在翻译时，以交际目的的实现为旨归，他们既可能以词为单位进行对应，又可能以句子为单位进行对应。而这种翻译方式的灵活性也反映到了词语对译偏误中。

（三）语内因素与语外因素对偏误的影响

在对偏误词数量分布、词性分布、偏误率等环节进行对比考察后，本研究还探究了中国皮钦语和汉语中介语这两种早期"过渡方言"在词语对译偏误成因方面存在何种关系。就此，这里将二者的偏误成因进行了对比（同样，对比中排除了不确定因素的偏误成因和对译错误这两个干扰项）。

表6—4　　　　　中国皮钦语和汉语中介语词语对译偏误成因

偏误率（%）＼偏误成因＼过渡方言	语内因素	语言内、外部因素共同作用	语外因素	偏误总比例
中国皮钦语	39.6%	13.8%	38.8%	31.4%
汉语中介语	39.1%	20.1%	35.8%	28.2%

表6—4反映的是导致词语对译偏误的各成因所占的比例。其中的差异性主要体现在由语言内部、外部因素共同作用的偏误上。在这方面，汉语中介语的偏误比例明显高于中国皮钦语。这符合前面提到的汉语学习中由于多义词、多音字等方面使得译者不得不依照虚拟语境进行翻译的事实。其中的共性因素包括：

第一，通过观察中国皮钦语的偏误成因，可以看到语内因素和语外因素的偏误率几乎一致。作为一种社会交际中形成的过渡语言，中国皮钦语是语言接触的一种特殊形式。一直以来，人们都有一种印象，认为中国皮钦语是中英接触的产物，主要是非语言因素作用的结果（Hall 1955：29），换言之起主导作用的主要是文化心态或社会背景等语言外部要素。本研究通过对《哄咭唎国译语》的考察发现，事实可能并非那么绝对，就其中的偏误情况看，语内因素和语外因素所占比例相当。

第二，汉语中介语的偏误成因中，语内因素导致的偏误率略高于语外因素导致的偏误率，但这种差异是有限的。在现代的汉语作为第二语言教学中，极端的观点认为在教学中应该只教语言不教文化，这自然是片面的。在多数的教学过程中，还是更侧重语言的学习，文化所占的比例不高。然而，通过对《播呼都噶礼雅话》中反映的汉语中介语偏误的实际情况看，语内因素和语外因素在偏误产生的过程中所处地位差距不大。也就是说忽视或侧重一方，都会导致另一方面的偏误出现。

第三，如果将《哄咭唎国译语》和《播呼都噶礼雅话》的偏误成因进行对比，就会发现，在中国皮钦语和汉语中介语之间，语内因素和语外因素所占比例是相近的。进而，从总偏误比例上看，汉语中介语的偏误率（28.2%）只是略低于中国皮钦语（31.4%）。一般来说，中国皮钦语被看作是一种使用错误明显的过渡语言，是为了满足特定社会需求衍生出的产物，使用人群没有经过系统的语言学习，并且自身的知识、文化水平也不高。而汉语中介语则是通过正规方式进行语言学习的产物，学习者接受了比较系统的教育，其知识、文化水平比较高。可是这两种看似差距很大的"过渡方言"，在早期第二语言教材词语对译中的偏误表现却是极其相似的。这也是本研究获得的最重要的结论。

三 后续研究设想

本研究从语言接触和语言习得的角度出发，对第二语言教材词语对译中的偏误现象进行了探索。采用的研究方法和获得的结论有待于在研究不同时期第二语言教材时加以验证和完善。就本研究而言，最大的收获是尝试用一种新的角度来研究两部18世纪的第二语言教材，发现并提炼出词语对译偏误类型及成因，这为全面而系统地认识第二语言教材对译规律开辟了一条新路。就研究本身而言，其对两部第二语言教材进行个案考察，对全面、系统、深入认识词语对译偏误规律应该说是一个开端。如果能对更多教材进行横向和纵向的个案分析，就能更加完善针对词语对译偏误成因的研究，而且有利于发现不同的成因在语言发展和学习历史上的动态规律，而这些都将是我们进行后续研究的努力方向。

参考文献

白寿彝：《元代回教人与回教》，《中国伊斯兰史存稿》，宁夏人民出版社1983年版。

［英］博克舍（C. R. Boxer）：《16世纪中国南部行纪》，何济高译，中华书局1990年版。

［美］布龙菲尔德：《语言论》，袁家骅等译，商务印书馆1980年版。

（元）念常：《佛祖历代通载》，《大正新修大藏经》第49册，白马书局2003年版。

陈保亚：《论语言接触与语言联盟》，语文出版社1996年版。

陈松岑：《社会语言学导论》，北京大学出版社1985年版。

陈原：《社会语言学》，学林出版社1983年版。

戴庆夏：《社会语言学概论》，商务印书馆2004年版。

董明：《古代汉语汉字对外传播史》，中国大百科全书出版社2002年版。

［法］费赖之（Pfister）：《在华耶稣会士列传及书目》，冯承钧译，中华书局1995年版。

冯雪卿：《英话注解》，守拙堂藏咸丰庚申版。

《高宗纯皇帝实录》，《清实录》卷三二四，中华书局1986年影印版。

郭鸿杰：《英语对现代汉语的影响——语言认知研究法》，上海交通大学出版社2005年版。

何大章、缪鸿基：《澳门地理》，广东省立文理学院出版组1946年版。

贺上贤：《对比分析和错误分析的研究》，载《第二届国际汉语教学讨论文选》，北京语言学院出版社 1988 年版。

[美] 亨特（William C. Hunter）：《广州番鬼录：旧中国杂记》，冯树铁译，广东人民出版社 1993 年版。

胡裕树：《现代汉语》，上海教育出版社 1995 年版。

黄兴涛：《〈暎咭唎国译语〉的编撰与"西洋馆"问题》，《江海学刊》2010 年第 1 期。

[法] 金尼阁：《利玛窦中国札记：传教士利玛窦神父的远征中国史》，何高济译，广西师范大学出版社 2001 年版。

林仁川：《明末清初私人海外贸易》，华东师范大学出版社 1987 年版。

(明) 刘纯：《医经小学》，郑红斌、钟海平、裘伟国等校，中国中医药出版社 2005 年版。

刘红军，孙伯君：《存世"华夷译语"及其研究》，《民族研究》2008 年第 2 期。

刘珣：《对外汉语教育学引论》，北京语言文化大学出版社 2000 年版。

刘珣：《谈加强对外汉语教学的教育学研究》，《语言教育问题研究论文集（2000）》，华语教学出版社 2001 年版。

鲁健骥：《谈对外汉语教学历史的研究——对外汉语教学学科建设的一个重要课题》，《语言文字应用》1998 年第 4 期。

鲁健骥：《中介语理论与外国人学习汉语的语音偏误分析》，《语言教学与研究》1984 年第 3 期。

陆俭明：《"对外汉语教学"中的语法教学》，《语言教学与研究》2000 年第 3 期。

陆俭明：《关于开展对外汉语教学基础研究之管见》，《语言文字应用》1999 年第 4 期。

罗常培：《语言与文化》，北京出版社 2004 年版。

吕必松：《卷首语》，《语言文字应用》1999 年第 3 期。

吕叔湘：《〈英汉对比研究论文集〉题词》，载杨自俭、李瑞华编

《英汉对比研究论文集》，上海外语教育出版社 1990 年版。

吕叔湘：《汉英语法比较举例》，《外语教学与研究》1977 年第 2 期。

吕叔湘：《中国人学英语》，商务印书馆 1962 年版。

［美］马士（H. B. Morse）：《东印度公司对华贸易编年史 1635—1834》，区宗华译，中山大学出版社 1991 年版。

梅立崇：《对留学生汉语习得过程中的错误分析》，《语言教学与研究》1984 年第 4 期。

佚名：《红毛番话》，大英博物馆藏版。

潘文国：《对比研究与对外汉语教学——兼论对比研究的三个时期、三个目标和三个层面》，《暨南大学华文学院学报》2003 年第 1 期。

《钦定皇朝通典》，《四库全书》第 642—643 册，商务印书馆 2005 年影印版。

《乾隆皇帝谕英吉利国王敕书》，载梁廷枏编《粤海关志》卷二三，参看《续修四库全书》第 835 册，上海古籍出版社 2006 年版。

［美］萨丕尔：《语言论——言语研究导论》，陆卓元译，商务印书馆 1985 年版。

史有为：《外来语——异文化的使者》，上海辞书出版社 2004 年版。

王力：《汉语史稿》，中华书局 1980 年版。

王力：《积极发展中国的语言学》，《王力论学新著》，广西人民出版社 1983 年版，第 36—43 页。

（宋）王楙：《野客丛书》，王文锦校注，中华书局 1987 年版。

王同亿：《英汉辞海》，国防工业出版社 1987 年版。

［美］卫斐列：《卫三畏生平及书信：一位来华传教士的心路历程》，顾钧译，广西师范大学出版社 2004 年版。

吴传飞：《词汇系统来源分类新说：准外来词》，《武陵学刊》1996 年第 4 期。

吴义雄：《"广州英语"与 19 世纪中叶以前的中西交往》，《近代史研究》2001 年第 3 期。

（清）夏燮：《中西纪事》，高鸿志点校，岳麓书社 1988 年版。

［葡］徐萨斯：《历史上的澳门》，黄鸿钊、李保平译，澳门基金会

2000 年版。

阎德早：《同"译"词教学初探》，《世界汉语教学》1987 年第 2 期。

印光任、张汝霖：《澳门纪略》，江宁藩署重刊嘉庆庚申版。

袁焱：《语言接触与语言演变——阿昌语个案调查研究》，民族出版社 2001 年版。

张西平：《世界汉语教育史的研究对象与研究方法》，《世界汉语教学》2008 年第 1 期。

中华续行委办会调查特委会：《（1901—1920）中国基督教调查资料》，中国社会科学出版社 1987 年。

周玉蓉、杨秋：《十八十九世纪"广州英语"的使用者》，《广西民族学院学报》（哲学社会科学版）2006 年第 2 期。

周振鹤：《逸言殊语》（增订版），上海人民出版社 2008 年版。

周振鹤：《别琴竹枝词百首笺释——洋泾浜英语研究之一》，《上海文化》1995 年第 3 期。

周振鹤：《大英图书馆所藏〈红毛番话〉抄本译解》，《暨南学史》2005 年第 4 辑。

周振鹤：《随无涯之旅》，生活·读书·新知三联书店 1996 年版。

周振鹤：《中国洋泾浜英语最早的语词集》，《广东社会科学》2003 年第 1 期。

周劭：《向晚漫笔》，上海古籍出版社 2000 年版。

子卿：《增订华英通语》，福泽谕吉注，快堂藏万延元年版。

Airey, F. W., *Pidgin Inglis Talks and Others*, Shanghai：Kelly & Walsh, 1902.

Anon, *Canton-English*, ［edited by］Charles Dickens, *Household Words a weekly journal*, London：Bradbury & Evans, 1857, Vol. 15, pp. 450 -452.

Anson, G. A., *Voyage Round the World*：*in the years MDCCXL*, Ⅰ, Ⅱ, Ⅲ, Ⅳ, ［comp. by］Richard Walter and Benjamin Robins, London：Oxford University Press, 1974.

Baker, P., "Historical Development in Chinese English and the Nature of the Relation between various Pidgin Englishes of the Pacific Region", *Journal of Pidgin and Creole Languages*, 1987, Vol. 2, p. 163.

Baller, F. W., *A Vocabulary of the Colloquial Rendering of the Sacred Edict*, Shanghai: American Presbyterian Mission Press, 1892.

Baller, F. W., *An Analytical Chinese-English Dictionary*, Shanghai: China Inland Mission, 1900.

Baller, F. W., *A Mandarin Primer (the twelfth edition)*, Shanghai: China Inland Mission, 1922.

Baller, F. W., *Mandarin Primer Character Analysis*, Shanghai: The China Inland Mission, 1926.

Baller, F. W., *An Idiom a Lesson: A Short Course in Elementary Chinese*, Shanghai: China Inland Mission, 1921.

Baller, F. W., *Lessons in Elementary Wenli*, Shanghai: The China Inland Mission. 1912.

Banathy, Trager & Waddle, "the Use of Contrastive Data in Foreign Language Course Development", [edited by] Valdman, A, *Trends in Language Teaching*, New York: McGraw-Hill, 1966, pp. 35 – 56.

Backhouse, E & Bland, J. P., *Annals and Memoirs of the Court of Peking*, Boston: Houghton Mifflin, 1914.

Bland, J. P., "English as She is Wrote in the Far East", *English Review*, 1929, Vol. 48, pp. 711 – 719.

Brown, D. H., *Principles of Language Learning and Teaching (Second Edition)*, Englewood Cliffs: Prentice Hall Regents, 1987.

Burke Peter, *Languages and Communities in Early Modern Europe*, Beijing: Peking University Press, 2007.

Catford, J. C., *A Linguistic Theory of Translation*, Oxford: Oxford University Press, 1978.

Cannon, P. S., "The 'Pidgin English' of the China Coast", *Journal of the Army Educational Corps*, 1936, Vol. 13. pp. 137 – 140.

Charles, G., Leland, *Pidgin-English Sing-song or Songs and Stories in the China-English Dialect*, London: Trübner & Co., Ludgate Hill, 1876.

Cicero, M. T., *de Inventione, de Optimo Genere Oratum, Topica*, [trans. by] Hubell, H. M., *On Invention, Best Kind of Orator Topics*, Cambridge: Harvard University Press, 1949.

Coelho, A., "Os Dialectos Românicos ou Neolatinos na Africa, Asia, ae America", *Bolletim da Sociedade de Geografia de Lisboa*, 1880, Vol. 2, pp. 129 – 196.

Corder, S. P., *Error Analysis and Interlanguage*, Oxford: OUP, 1981, pp. 56 – 58.

Corder, S. P., "Idiosyncratic Dialects and Error Analysis", *International Review of Applied Linguistics*, 1971, Vol. 9, Issue 2, pp. 147 – 160.

Corder, S. P., "The Significance of Learners' Errors", *International Review of Applied Linguistics*, 1967, Vol. 5, pp. 160 – 170.

Cordier. G., *Méthode Pratique de Langue Chinoise (Dialecte Yunnanais)*, Hanoi: Imprimerie Tonkinoise, 1928.

Coteanu, I., *A Propos des Langues Mixtes (sur l'istro-roumain)*, Bucharest: Mélanges Linguistiques, 1957.

Couling, S., *the Encyclopaedia Sinica*, Oxford: Oxford University Press, 1917.

Cruz, G, *Tractado em que se cõtam muito por estẽso as cousas da China*, Evora: em casa de Andre de Burgos, 1569.

DeCamp, D., "the Development of Creole and Pidgin Studies", [edited by] Valdman, A, *Pidgin and Creole Linguistics*, 1977. Item 10, pp. 13 – 20.

Dennys, N. B., "'Pidgin' English", *Journal of the Straits Branch of the Royal Asiatic Society*, 1878, Vol. 2, pp. 168 – 174.

Downing, C. T., *The Fan-Qui in China in 1836 – 7*, Shannon: Irish University Press, 1838.

Dryden, J., *Preface to Ovid's Epistles*, London: Printed for Jacob Tonson, 1680, pp. 68 – 72.

Dulay, H and Burt, M., "Natural Sequences in Child Second Language Acquisition", *Language Learning*, 1974, Vol. 24, No. 1, pp. 37 –53.

Ellis, R., *Second Language Acquisition*, Oxford: Oxford University Press, 1997.

Fernando Ortiz, *Contrapunteo Cubano del Tabaco y el Azúcar*, [trans. by] Harriet de Onís, *Cuban Counterpoint: Tobacco and Sugar*, New York: Alfred A. Knopf, 1947.

Fries, C. C., *Teaching and Learning English as a Foreign Language*, University of Michigan Press: Ann Arbor, 1945.

Glamann. K., *Dutch-Asiatic trade*, 1620 – 1740, Copenhagen: Danish Science Press, 1958.

Goncalves, J. A., *Diccionario Portuguez-China*, Macao: Real Collegio de S. Jose, 1831.

Goncalves, J. A., *Diccionario China-Portuguez*, Macao: Real Collegio de S. Jose, 1833.

Guignes, A. M., *Dictionarium Sinico-Latinum*, Hong Kong: Typis Missionis de Propaganda Fide, 1853.

Hall, R. A., *Hands off Pidgin English*, Sydney: Pacific Publications Pty, 1955.

Hall, R. A., "Chinese Pidgin Enghsh", *Journal of American Oriental Society*, 1944, Vol. 64, pp. 95 – 113.

Haugen, Einar., "The Analysis of Linguistic Borrowing", *Language*, 1950, Vol. 26, pp. 210 – 231.

Helmut, Zobl, "Developmental and Transfer Errors: Their Common Bases and (Possibly) Differential Effects on Subsequent Learning", *TESOL Quarterly*, 1980, Vol. 14, No. 4, pp. 469 – 479.

Herbert, A. Giles, *A Glossary of Reference on Subjects Connected with the Far East* (2nd Edition), Leiden: E. J. Brill, 1886.

Herbert, A. Giles, *A Dictionary of Colloquial Idioms in the Mandarin Dialect*, Shanghai: A. H. De Carvalho, Printer & Stationer, 1873.

Hill, A. P. , *Broken China: a Vocabulary of Pidgin English*, Shanghai: Hill & Weiss, 1920.

Hunter, A. C. , *The "Fan Kwae" at Canton before Treaty Days* 1825 – 1844, Shanghai: Kelly and Walsh, Limited, 1886.

Hyhenstam, K. , "Implicational Patterns in Interlanguage Syntax Variation", *Language Learning*, 1977, Vol. 27, No. 2, pp. 383 – 411.

Kleczkowski, Michel Alexandre, Comte, *Cours Graduel et Complet de Chinois Parlé et Écrit*, Paris: Librairie de Maisonneuve, 1876.

Lado, R. , *Linguistics across Cultures: Applied Linguistics for Language Teachers* , University of Michigan Press: Ann Arbor, 1957.

LeVine, R. A. , "Research Design in Anthropological Fieldwork", [edited by] Naroll, R. & Cohen, R. , *A Handbook of Method in Cultural Anthropology*, New York: Columbia University Press, 1973. pp. 183 – 195.

Littlewood, W. , *Foreign and Second Language Learning: Language Acquisition Research and its Implications for the Classroom*, Cambridge University Press, 1984.

Lobcheid, W. , 《增订英华字典》, 稻田活版所1883年版。

Long, Michael and Richards, Jack, C. , "Series Editors' Preface", [edited by] James Coady and Thomas Huckin, *Second Language Vocabulary Acquisition*, Cambridge: Cambridge University Press, 1997, pp. ix – x.

MacGillivray, D. , *Mandarin-Romanized Dictionary of Chinese* (《英华成语合璧字集》), Shanghai: Presbyterian Mission Press, 1918, (第四版).

Malinowski, B. , *Argonauts of the Western Pacific*, New York: E. P. Dutton, 1961.

Mateer, C. W. , *A Short Course of Primary Lessons in Mandarin*, Shanghai: American Presbyterian Mission Press, 1911.

Matteo Ricci, *Storia dell'introduzione del cristianesimo in cina: Parte I: da macao a nanciam* (1582 – 1597), [edited by] Pasquale M. d'Elia, Roma: La Libreria dello stato, 1942.

Michele Ruggieri and Matteo Ricci, *Dicionário Português-Chinês* (《葡汉

辞典》).1583-1588,[edited by] John W. Witek, S. J,葡萄牙国家图书馆、东方葡萄牙学会、旧金山大学利玛窦中西文化历史研究所2001版。

Name, A. V.,"Contribution to Creole Grammar", *Transactions of the American Philological Association* (1869 – 1896), Baltimore:the Johns Hopkins University Press, 1869 – 1870, Vol. 1, pp. 123 – 167.

Noble, C. F., *A Voyage to the East Indies in 1747 and 1748*, London:Printed for T. Becket and P. A. Dehondt and T. Durham, 1762.

Nunan, D., *Research Methods in Language Learning*, Cambridge:Cambridge University Press, 1992.

Oller & Ziahosseiny,"The Contrastive Analysis Hypothesis and Spelling Errors", *Language Learning*, 1970, Vol. 20, No. 2, pp. 183 – 189.

Plusieurs Missionnaires du Sé-tch'oūan Méridional, *Dictionnaire Chinois-Français de la Langue Mandarine Parlée dans l'Ouest de la Chine*, Hong Kong:Société des Missions Étrangères, 1893.

Poplack, S.,"Variation Theory and Language Contact", *American Dialect Research:An Anthology Celebrating the 100th Anniversary of the American Dialect Society*, [edited by] Preston, D, Amsterdam:Benjamins, 1993, pp. 251 – 286.

Reinecke, J. E., *Marginal languages*. Ph. D. dissertation, Yale University, 1937.

Richards, J.,"Error Analysis and Second Language Strategies", *Language Science*, 1971 (B), Vol. 17, pp. 12 – 22.

Richards, J. & Richard, W. Schmidt, *Dictionary of Language Teaching and Applied Linguistics*, Essex:Longman, 1992.

Robert, A. Hall, Jr,"Chinese Pidgin English:Grammar and Texts", *Journal of the American Oriental Society*, 1944, Vol. 64, pp. 95 – 113.

Robert, A. Hall, Jr,"Pidgin Languages", *Scientific American*, 1959, Vol. 200, No. 2, pp. 124 – 134.

Schleiermacher, F.,"Ueber die verschiedenen Methoden des Uebersezens",[trans. by] Douglas Robinson,"On the Different Methods of Translating", [edited by] Robinson. *Western Translation Theory from Herodotus to Nietzsche*, Manchester: St. Jerome Publishing, 2002, pp. 225–238.

Selby, A & Selby, S., "China Coast Pidgin English", *Journal of the Hongkong Branch of the Royal Asiatic Society*. 1997, Vol. 35, pp. 113–142.

Silva. M., *Diccionario da Lingua Portugueza*. Lisboa: Natypographia Lacerdina, 1831.

Stent, G. C., *A Chinese and English Pocket Dictionary*, Shanghai: Kelly & Co., 1874.

Stockwell, R., Bowen, J. and Martin, J, *The Grammatical Structures of English and Spanish*, Chicago: Chicago University Press, 1965.

Timothy. R., *The New Testament of Higher Buddhism*, Edinburgh: T&T Clarks, 1910.

Thomason Sarah and Kaufman Terrence, *Language Contact, Creolization, and Genetic Linguistics*, Oakland: University of California Press, 1988.

Vendryes, J., *Le Langage: Introduction Linguistique à L'histoire*, Paris: La Renaissance du Livre, 1921.

Viljem Marjan Hribar, *Mandarin: Hallerstein, kranjec na kitajskem dvoru*, Radovljica: Didakta, 2003.

Vinay, J. P. and Darbelnet, *Stylistique Comparée du Francais et de L'anglais: Méthode de Traduction*, [translated and edited by] Sager, J. C. and Hamel, M. J, *Comparative Stylistics of French and English: A methodology for Translation*, Amsterdam and Philadelphia. PA: John Benjamins, 1995.

Wagenvoort. H., *Pietas: Selected Studies in Roman Religion*. Leiden: Brill, 1980.

Walter Fuchs, "Das Erste Deutche-Chinesische Vokabular vom P. Florian Bahr", *Sinica Sonderausgabe. Forke-Festschrift Heft I*, Frankfurt: China-Instituts, 1937, pp. 68–72.

Walter Fuchs, "Remarks on a New 'Hua-I-I-Yü'", *Bulletin of the Catholic University of Peking*, 1931, No. 8, pp. 91–103.

Wardhaugh, R., "The Contrastive Analysis Hypothesis", *TESOL Quar-*

terly, 1970, Vol. 4. pp. 123 – 130.

Weinreich, U., *Languages in Contact: Findings and Problems*, New York: Linguistic Circle of New York, 1953.

Whorf, Benjamin Lee, "Language and Logic", [edited by] Carroll, John B, *Language, Thought and Reality: selected writings of Benjamin Lee Whorf*, Cambridge: MIT Press, 1956, pp. 238 – 245.

Wilkins, D. A., *Linguistics in Language Teaching*, London: Arnold, 1972.

Williams, F. W., *the Life and Letters of Samuel Wells Williams*, New York: G. P. Putman's Sons, 1888.

Williams, S. W., "Gaomun Fan Yu Tsa Tsze Tseeuen Taou, or a Complete Collection of the Miscellaneous Words used in the Foreign Language of Macao", *the Chinese Repository*, 1837, Vol. 6, pp. 276 – 279.

Williams, S. W., "Jargon Spoken at Canton", *the Chinese Repository*, 1836, Vol. 4, pp. 428 – 435.

Williams, S. W., *Tonic Dictionary of the Chinese Language in the Canton Dialect*, Canton: Chinese Repository, 1856.

Verbiest, F., *Astronomia Europaea sub Imperatore Tartaro Sinico Cám Hý appellato ex umbra in lucem revocata*. Dillingae: typis & sumptibus Joannis Caspari Bencard, 1687, pp. 86 – 89.

Vieyra, A., *A New Pocket Dictionary of the Portuguese and English Languages, in Two Parts*, London: Printed for F. Wingrave, J. Johnson, 1809.

Vissière, A., *Premières Leçons de Chinois: Langue Mandarine de Pékin*, Leiden: E. J. Brill, 1928.

Yule. H., *Cathay and the Way Thither: being a collection of medieval notices of China*, London: Hakluyt Society, 1913.

附录 Ⅰ

《噗咭唎国译语》对译偏误总表

说明：为了方便对照和查阅，附录Ⅰ列出了《噗咭唎国译语》词语对译的全部偏误。考虑到译者所用的"广东英语"既包括英语也包括葡语，因此，此处将按英语对译部分和葡语对译部分列出。每一部分中均包括汉语词、外语词（英语词或葡语词）、汉语词词性，以及偏误成因类型。根据第四章总结的不同偏误成因，此处用英语大写字母表示。其中 A 表示语内因素中由皮钦语词汇量导致的偏误；B 表示语内因素中由语言类型固有差异导致的偏误；C 表示由语内因素和语外因素共同导致的偏误；D 表示仅由社会、文化等语外因素导致的偏误；E 表示成因不详的情况；F 表示的是对译中的错误现象。

同译方式词语对译偏误表

英语对译部分				葡语对译部分			
汉语词	英语词	词性	类	汉语词	葡语词	词性	类
簇	arrow	名词	B	率领	diriger	动词	B
箭	arrow	名词	B	引领	dirigir	动词	B
发	hair	名词	B	应用	servir	动词	B
毛	hair	名词	B	用	servir	动词	B
师傅	master	名词	B	昼	dia	名词	B
主	master	名词	B	日	dia	名词	B
祭文	sacrifício	名词	B	和尚	bonzo	名词	D
祭祀	sacrifício	名词	B	僧人	bonzo	名词	D

续表

英语对译部分				葡语对译部分			
汉语词	英语词	词性	类	汉语词	葡语词	词性	类
强	strong	形容词	B	钹	talha	名词	D
硬	strong	形容词	B	铙	talha	名词	D
叩头	nod head	动词	D				
拜	nod head	动词	D				
锦	pelong	名词	D				
绫	pelong	名词	D				
到	come	动词	A				
来	come	动词	A				
楪	dish	名词	A				
盆	dish	名词	A				
杓	dish	名词	A				
前	before	名词	A				
昔	before	名词	A				
上	high	名词	A				
高	high	形容词	A				
下	low	名词	A				
低	low	形容词	A				
布	cloth	名词	C				
衣	cloth	名词	C				
帽	head	名词	C				
头	head	名词	C				
世界	good time	名词	E				
水	good time	名词	E				

等译方式词语对译偏误表

英语对译部分				葡语对译部分			
汉语词	英语词	词性	类	葡语词	外语词	词性	类
他	he	代词	B	奴婢	escravo	名词	B
我	I	代词	B	升	crecentar	动词	B

续表

英语对译部分				葡语对译部分			
汉语词	英语词	词性	类	葡语词	外语词	词性	类
自	me	代词	B	财物	cousa	名词	B
象牙	elephants tooths	名词	B	城池	muralha	名词	B
借	to lend	动词	B	恩	benefício	名词	B
投顺	to surrender	动词	B	法	orde	名词	B
地方	country	名词	B	目录	título	名词	B
顶	skull	名词	B	时节	tempe	名词	B
江	river	名词	B	玉	precioza	名词	B
筋	veins	名词	B	臣	ministro	名词	B
刻	minute	名词	B	慈悲	misericórdia	形容词	B
流	tide	名词	B	兴隆	feliz	形容词	B
青	green	名词	B	持	encarar	动词	C
肉	flesh	名词	B	侵占	rebelha	动词	C
山	mountain	名词	B	替职	impostor	动词	C
叔	uncle	名词	B	法妙	admirável	名词	C
寨	a camp	名词	B	高祖	des avô	名词	C
侄	cousins	名词	B	模样	a mostra	名词	C
二	two	数词	B	茜	coentro	名词	C
短	short	形容词	B	圆满	cheia	形容词	C
肥	fat	形容词	B	豹	tigre	名词	A
广	large	形容词	B	彪	valtigre	名词	A
谨	strikt	形容词	B	酱	misso	名词	D
近	near	形容词	B	缎	capitulo	名词	F
旧	old	形容词	B	修理	ordenação	动词	E
宽	broad	形容词	B				
动	shake	动词	C				
禁约	prohibit	动词	C				
罪	a murderer	名词	C				
时	clock	名词	C				
香	smell	名词	C				
银	money	名词	C				

续表

英语对译部分				葡语对译部分			
汉语词	英语词	词性	类	葡语词	外语词	词性	类
飞	to hip	动词	A				
跟随	to come along	动词	A				
念	to grieve	动词	A				
入	to go in	动词	A				
说	to tell	动词	A				
阻挡	to stop	动词	A				
艰难	trouble	名词	A				
买卖	contract	名词	A				
褥	bed	名词	A				
霜	ice	名词	A				
可惜	sorry	形容词	A				
河	bay	名词	D				
涧	pond	名词	D				
晚	afternoon	名词	D				
火星	Jupiter	名词	F				
木星	Mercury	名词	F				
水星	Mars	名词	F				
土星	Neptune	名词	F				
右	left	名词	F				
左	right	名词	F				
想	to study	动词	E				

仿译方式词语对译偏误表

英语对译部分				葡语对译部分			
汉语词	英语表达	词性	类	汉语词	葡语表达	词性	类
大小	great small	名词	B	画夜	dia nigh	名词	B
番汉	stranger china	名词	B	饮食	drink comer	名词	B
内外	in out	名词	B	河州	rio terra	名词	C
皈依	kuēy y	动词	C	禅师	vigario	名词	D
李	moy	名词	C	法衣	casula	名词	D

续表

英语对译部分				葡语对译部分			
汉语词	英语表达	词性	类	汉语词	葡语表达	词性	类
三宝	sān poiò	名词	C	佛教	joss religion	名词	D
中国	middle country	名词	C	佛境	joss place	名词	D
敬拜	salam	动词	D	佛像	joss image	名词	D
藏经	prayers	名词	D	辅教	doutrina	名词	D
寺	convent	名词	D	国师	bonzomor	名词	D
寺院	curch (church)	名词	D	袈裟	capa	名词	D
塔	monument	名词	D	剌书	patente	名词	D
铃杵	hand bell	名词	D	都纲	provider	名词	D
勘合	to receive	动词	C	奏文	dar patente	名词	D
里	mile	量词	C	酪	leite	名词	C
酥油	butter	名词	C	磬	sino	名词	C
太子	prince	名词	C	缘事	esmoler	名词	C
头目	officer	名词	C	螺	carabimyez	名词	E
文官	lawyers	名词	C	响钹	botica	名词	E
正月	January	名词	C	云锣	dursea	名词	E
虚空	empty	名词	C				

释译方式词语对译偏误表

英语对译部分				葡语对译部分			
汉语词	英语表达	词性	类	汉语词	葡语表达	词性	类
我每	my several times	代词	C	进马	marcha da cavalo	动词	C
不到	he is not come yet	动词	D	土官	governo da terra	名词	C
愿	I am content	动词	D	法界	orde de bonzo	名词	C
不听	I cant hear	动词	D	福禄	bona ventura	名词	D
得	I have got it	动词	D	临洮	dizaverter	名词	D
不见	I have not seen him	动词	D	馆驿	discanso de cavalo	名词	D
知	I know it	动词	D	考校	contermar tema	动词	E
对读	I read over	动词	D	连累	culpar a outro	动词	E

附录Ⅰ 《哎咕唎国译语》对译偏误总表 / 227

续表

英语对译部分				葡语对译部分			
汉语词	英语表达	词性	类	汉语词	葡语表达	词性	类
图报	I return thanks	动词	D				
别	I take leave	动词	D				
肯	I will	动词	D				
唱	to sing a song	动词	D				
寻	to find it out	动词	D				
执	take cup	动词	D				
岁	how old	名词	D				
皮	leather side	名词	D				
日照	sun shining day	名词	D				
便盆	It is good for you	形容词	D				
真实	It is very exact	形容词	D				
喜	very glad	形容词	D				
乐	very merry	形容词	D				
迟	very slowly	形容词	D				
丰足	a fine harvest	形容词	D				
可怜	very sorry	形容词	D				
化缘	beg poorly	动词	A				
公干	to send orders	动词	A				
日遮	no sun	名词	A				
甲	iron coat	名词	A				
天阴	bad weather	名词	A				
天旱	dry season	名词	A				
天晴	good weather	名词	A				
盔	iron cap	名词	A				
月落	moon going down	名词	A				
酒盏	small cup	名词	A				
日落	sun going down	名词	A				
水涝	wet season	名词	A				
若干	how much	代词	C				
功德	obra de vertude	名词	C				

续表

英语对译部分					葡语对译部分			
汉语词	英语表达	词性	类	汉语词	葡语表达	词性	类
生番	a wild man	名词	C				
然灯	light a candle	名词	C				
经	a prayed book	名词	D				
玛瑙	mogo stone	名词	D				
回回	moguls country	名词	D				
印	firestone stamp	名词	D				
袭职	by birth right	动词	D				
麒麟	animal famous	名词	D				
皇国	mine world	名词	D				
吏	general deputy	名词	D				

转译方式词语对译偏误表

汉语词	英语表达	词性	类	汉语词	葡语词	词性	类
就	very close	动词	C	朝贡	ambassadore	动词	D
路	by land	名词	C	语录	verbal	名词	D
马行	the horse walk	名词	C	显露	aparência	动词	E
紧	quickly	形容词	C				
反叛	a traytor	动词	C				
敬	honor	动词	C				
早	soon	名词	C				
后	behind	名词	C				
鸣	a singing bird	动词	D				
伶俐	a clever young man	形容词	D				
多	a great deal	形容词	D				
懒惰	a lazy young man	形容词	D				
轻	a light thing	形容词	D				
势大	a great army	形容词	D				
少	a small quality	形容词	D				
相同	the same sort	形容词	D				
势小	a small army	形容词	D				
远	great way	形容词	D				
照例	old custom	动词	D				
职事	to be diligent	名词	E				

附录 Ⅱ

《播呼都噶礼雅话》对译偏误总表

说明：为了方便对照和查阅，附录Ⅱ列出了《暎咭唎国译语》词语对译的全部偏误。考虑到译者所用的是标准的葡萄牙语，因此，不存在英、葡语分栏的情况。每一部分中均包括汉语词、葡语词、汉语词词性，以及偏误成因类型。为保持整体一致，依然沿用第四章总结出的偏误成因类型，用英语大写字母表示。其中 A 表示语内因素中由皮钦语词汇量导致的偏误；B 表示语内因素中由语言类型固有差异导致的偏误；C 表示由语内因素和语外因素共同导致的偏误；D 表示仅由社会、文化等语外因素导致的偏误；E 表示成因不详的情况；F 表示的是对译中的错误现象。

同译方式词语对译偏误表

汉语词	葡语词	词性	类	汉语词	葡语词	词性	类
完	acabar	动词	B	羞	envergonharse	动词	C
亡	acabar	动词	B	羞愧	envergonharse	动词	C
会	ajuntar	动词	B	迎	hir ao encontro	动词	C
积	ajuntar	动词	B	迎接	hir ao encontro	动词	C
劝	amoestar	动词	B	阻挡	impedir	动词	C
叮咛	amoestar	动词	B	阻	impedir	动词	C
屈	apertar	动词	B	生活	viver	动词	C
催	apertar	动词	B	生	viver	动词	C
唱	cantar	动词	B	成	aperfeiçoar	动词	C
鸣	cantar	动词	B	修	aperfeiçoar	动词	C

续表

汉语词	葡语词	词性	类	汉语词	葡语词	词性	类
欢呼	chamar	动词	B	戏	brincar	动词	C
叫	chamar	动词	B	游戏	brincar	动词	C
到	chegar	动词	B	对	conferir	动词	C
至	chegar	动词	B	商量	conferir	动词	C
聚	colher	动词	B	对读	conferir	动词	C
收	colher	动词	B	伺候	esperar	动词	C
食	comer	动词	B	望	esperar	动词	C
吃	comer	动词	B	仰望	esperar	动词	C
想	considerar	动词	B	依	estribar	动词	C
虑	considerar	动词	B	靠	estribar	动词	C
断	ceterminar	动词	B	讨	pedir	动词	C
定	ceterminar	动词	B	乞讨	pedir	动词	C
消	diminuir	动词	B	今	agora	名词	C
减	diminuir	动词	B	如今	agora	名词	C
上书	ensinar	动词	B	绵	algodão	名词	C
教	ensinar	动词	B	绵花	algudão	名词	C
藏	esconder	动词	B	昔	antigamente	名词	C
隐	esconder	动词	B	古昔	antigamente	名词	C
访查	examinar	动词	B	药	medicina	名词	C
考人	examinar	动词	B	药材	medicina	名词	C
查	examinar	动词	B	庭	sala	名词	C
击	ferir	动词	B	朝廷	sala	名词	C
打	ferir	动词	B	彩	cores	名词	C
伤	ferir	动词	B	颜色	cores	名词	C
训	Instruir	动词	B	野	dezerto	名词	C
教导	instruir	动词	B	野地	dezerto	名词	C
起	levantar	动词	B	椒	pimenta	名词	C
设立	levantar	动词	B	胡椒	pimenta	名词	C
讚美	louvar	动词	B	市廛	praça	名词	C
夸	louvar	动词	B	市	praça	名词	C
褒奖	louvar	动词	B	种	semente	名词	C

续表

汉语词	葡语词	词性	类	汉语词	葡语词	词性	类
移	mover	动词	B	精	semente	名词	C
动	mover	动词	B	闲	ociozo	形容词	C
止	parar	动词	B	清闲	ociozo	形容词	C
消停	parar	动词	B	愚	rude	形容词	C
跟	seguir	动词	B	愚蠢	rude	形容词	C
跟随	seguir	动词	B	其余	sobejo	形容词	C
恐	temer	动词	B	余	sobejo	形容词	C
惧怕	temer	动词	B	诚	aperfeiçoar	形容词	C
管待	tratar	动词	B	熟	maduro	形容词	C
照顾	tratar	动词	B	诚实	maduro	形容词	C
风流	costume	名词	B	骂	afrontar	动词	D
规矩	costume	名词	B	欺凌	afrontar	动词	D
昼	dia	名词	B	给	dar	动词	D
日	dia	名词	B	与	dar	动词	D
使臣	embaixador	名词	B	赏赐	dar	动词	D
差	embaixadôr	名词	B	葫芦	cabaça	名词	D
水潦	enxurrada	名词	B	瓢	cabaça	名词	D
水灾	enxurrada	名词	B	当归	aypo	名词	D
妇人	femea	名词	B	芹	aypo	名词	D
雌	fèmea	名词	B	官桂	canèla	名词	D
雄	macho	名词	B	桂皮	canèla	名词	D
男子	macho	名词	B	蝉	cigarra	名词	D
母	may	名词	B	促织	cigarra	名词	D
进贡	pagar tributo	动词	B	败坏	destruir	动词	C
纳税	pagar tributo	动词	B	败	destruir	动词	C
妈妈	mãy	名词	B	番人	estrangeiro	名词	D
事务	negocio	名词	B	夷人	estrangeiro	名词	D
事	negocio	名词	B	福	felicidade	名词	D
玉	pedra precioza	名词	B	福禄	felicidade	名词	D
宝石	Pedra precioza	名词	B	公道	justiça	名词	D
笔	penna	名词	B	义	justiça	名词	D

续表

汉语词	葡语词	词性	类	汉语词	葡语词	词性	类
翎	penna	名词	B	品	ordem	名词	D
颈	pescoço	名词	B	次序	ordem	名词	D
项	pescoço	名词	B	金殿	throno	名词	D
刻	quarto	名词	B	大宝	throno	名词	D
四	quatro	名词	B	饼	torta	名词	D
诸	todos	名词	B	烧饼	torta	名词	D
众	todos	名词	B	经典	livro	名词	D
人夫	trabalhador	名词	B	书	livro	名词	D
工	trabalhador	名词	B	商	mercador	名词	D
蹄	unha	名词	B	客人	mercador	名词	D
指甲	unha	名词	B	厨役	cozinheiro grande	名词	D
善	bom	形容词	B	火头	cozinheiro pequeno	名词	D
好	bom	形容词	B	声闻	thema	名词	D
稠	grosso	形容词	B	题目	thema	名词	D
粗	grosso	形容词	B	仁慈	mizericordia	形容词	D
要紧	necessario	形容词	B	慈悲	mizericórdia	形容词	D
紧	necessario	形容词	B	恶	mao	形容词	D
尊	nobre	形容词	B	歹	mao	形容词	D
贵	nobre	形容词	B	奸诈	mào	形容词	D
矮	pequeno	形容词	B	虾蟆	cão	名词	D
小	pequeno	形容词	B	轻慢	desprezar	动词	E
懒	perguiça	形容词	B	汉人	china	名词	E
怠惰	perguiça	形容词	B	中国	china	名词	E
晚	tarde	形容词	B	悟	desprezar	动词	E
迟	tarde	形容词	B	犬	cão	名词	F
旧	velho	形容词	B				
老	velho	形容词	B				
卑	vil	形容词	B				
贱	vil	形容词	B				

等译方式词语对译偏误表

汉语词	葡语词	词性	类	汉语词	葡语词	词性	类
他	elle	代词	B	新	novo	形容词	B
我	eu	代词	B	斜	obliquo	形容词	B
你	tu	代词	B	近	perto	形容词	B
奴婢	escravo	名词	B	寡	pouco	形容词	B
听	ouvir	动词	B	深	profundo	形容词	B
同	com	动词	B	疏	remoto	形容词	B
认	conhecer	动词	B	愚鲁	rustico	形容词	B
砍	cortar	动词	B	渴	sede	形容词	B
颠倒	desordem	动词	B	浊	sujo	形容词	B
愿	dezejar	动词	B	虚	vão	形容词	B
推	enpurrar	动词	B	谨慎	attender	形容词	B
躲避	acautelar	动词	B	要	quero	形容词	B
传	entregar	动词	B	淫乱	perverso	形容词	C
放	estender	动词	B	送	despachar	动词	C
留	ficar	动词	B	零	miudeza	动词	C
逃	fugir	动词	B	猜	suspeitar	动词	C
导引	induzir	动词	B	嚷	tumulto	动词	C
读	ler	动词	B	葛	nuno	名词	C
分付	mandar	动词	B	文	proza	名词	C
遵守	observar	动词	B	稍	aresta	名词	C
看	olhar	动词	B	秤	arrate	名词	C
过	passar	动词	B	箱	cesta	名词	C
罚	pena	动词	B	淡	ensosso	形容词	C
通	penetrar	动词	B	密	segredo	形容词	C
思	pensar	动词	B	素	simplice	形容词	C
肯	querer	动词	B	实	sincèro	形容词	C
修理	renovarse	动词	B	新鲜	recente	形容词	C
拏	tomar	动词	B	争竞	amotinar	动词	D
劳心	trabalhos	动词	B	侍奉	assistir	动词	D
观	ver	动词	B	善柔	cortez	动词	D
回	voltar	动词	B	向化	emendarse	动词	D

续表

汉语词	葡语词	词性	类	汉语词	葡语词	词性	类
收拾	concertar	动词	B	敖宥	indulgencia	动词	D
弦	corda	动词	B	安抚	pacificar	动词	D
煮	cozer	动词	B	投顺	sojeitarse	动词	D
寻觅	inquirir	动词	B	敬拜	visitar	动词	D
顺	prospero	动词	B	慷慨	comiseração	形容词	D
飘	agitar	动词	B	威猛	terrivel	形容词	D
伸	alargar	动词	B	腰	rins	名词	D
镇	guardar	动词	B	陛	sobir	动词	D
载	sostentar	动词	B	肚	ventriculo	名词	D
保举	propòr	动词	B	俊	completo	形容词	D
碟	pires	名词	B	奸狡	adulterar	形容词	D
盘	prato	名词	B	冻	encaramelar	动词	D
幡	estandarte	名词	B	沉	mergulhar	动词	D
廊	alpendre	名词	B	说话	pronunciar	动词	D
仓	archivo	名词	B	黜退	rejeitar	动词	D
坑	cova	名词	B	侵占	furtado	动词	D
形	figura	名词	B	肾	bexiga	名词	D
法	ley	名词	B	沟	canal	名词	D
边	limite	名词	B	马莲	flor silvestre	名词	D
将来	logo	名词	B	媳妇	nora	名词	D
性	natureza	名词	B	茆	palito	名词	D
行	obras	名词	B	潭	abismo	名词	D
皂	pardo	名词	B	藻	rabaça	名词	D
壁	parede	名词	B	王妃	regula	名词	D
侄	sobrinho	名词	B	王子	regulo	名词	D
阶	degrao	名词	B	朱砂	sandràca	名词	D
金刚钻	diamante	名词	B	蒲	tabùa	名词	D
梯	escada	名词	B	绫	tafetà	名词	D
橘子	grades	名词	B	椅	tamborete	名词	D
中	meyo	名词	B	土红	terra vermelha	名词	D
双	par	名词	B	缸	tonel	名词	D

续表

汉语词	葡语词	词性	类	汉语词	葡语词	词性	类
腕	pulso	名词	B	毛牛	vittella	名词	D
禾	seàra	名词	B	史	historia	名词	D
臣	vassalo	名词	B	蛮	estranho	名词	D
家	caza	名词	B	冰	caramelo	名词	D
土	chão	名词	B	虾	caranguejo	名词	D
洞	concavidade	名词	B	蟹	langosta	名词	D
宵	tarde	名词	B	芭蕉	figo da India	名词	D
独	esteril	名词	B	巴豆	figueira do inferno	名词	D
霆	estrondo	名词	B	螺	lesma	名词	D
家小	familia	名词	B	须	bigode	名词	D
芋	inhame	名词	B	壶	cangirão	名词	D
灯	lampada	名词	B	舍人	domestico	名词	D
脓	materia	名词	B	模样	especie	名词	D
乡	povoaçao	名词	B	寨	arrayal	名词	D
关厢	suburbios	名词	B	烛	candêa	名词	D
二	dous	数词	B	交易	contracto	名词	D
甘	saborozo	形容词	B	道礼	doutrina	名词	D
伶俐	agudo	形容词	B	馔	empàda	名词	D
高	alto	形容词	B	吏	escrivão	名词	D
广	amplo	形容词	B	剑	espada	名词	D
窄	apertado	形容词	B	礁	penhasco	名词	D
低	baxo	形容词	B	狂风	redomoinho	名词	D
软	brando	形容词	B	尊长	superior	名词	D
喧哗	clamar	形容词	B	衣裳	vestimenta	名词	D
明	claro	形容词	B	敕谕	mandado	名词	D
便益	cõmodo	形容词	B	温	quente	形容词	D
短	curto	形容词	B	考校	censurar	动词	E
精	delgado	形容词	B	夸奖	jactarse	动词	E
丑	disforme	形容词	B	安在	depor	动词	E
怪	exotico	形容词	B	舞	saltar	动词	E
饱	fartura	形容词	B	菜	ervas	名词	E

续表

汉语词	葡语词	词性	类	汉语词	葡语词	词性	类
强	forte	形容词	B	牙	mò	名词	E
弱	fraco	形容词	B	章	construição	名词	E
胖	gordo	形容词	B	田地	vargens	名词	E
肥	gordura	形容词	B	词满	rimas	形容词	E
大	grande	形容词	B	睡	deitar	动词	F
偏	inclinado	形容词	B	卧	dormir	动词	F
异	insolito	形容词	B	梅	abrunho	名词	F
宽	largo	形容词	B	李	ameixa	名词	F
轻	leve	形容词	B	四时	quatro temporas	名词	F
清	limpo	形容词	B	四季	quatro tempos	名词	F
紧	necessario	形容词	B				

仿译方式词语对译偏误表

汉语词	葡语词	词性	类	汉语词	葡语词	词性	类
节	divisão	名词	C	杂字	varias letras	名词	D
勘合	combinar	动词	C	内官	capado	名词	D
妙法	boa ley	名词	C	生番	nascer estrangeiro	名词	D
乾坤	mundo	名词	C	铃杵	badàlo	名词	D
文书	testemunha	名词	C	氆氇	barragàna	名词	D
办纳	preparar, receber	动词	D	乡党	patricio	名词	D
阐化	meditar	动词	D	都网	compendio	名词	D
吃饭	comer arroz	动词	D	外郎	amanuense	名词	D
大鹏	arpìa	名词	D	士	doutor	名词	D
蛟	cocodrilho	名词	D	水火	agua fogo	名词	D
棋	xadrès	名词	D	经文	composição	名词	D
迁善	fazer bem	动词	D	斗	constelação	名词	D
仁	piedade	名词	D	五行	sinco elementos	名词	D
烧香	accender cheiro	动词	D	宰相	ministro	名词	D
受福	ter felicidade	动词	D	斗级	medir	名词	D
秀才	bacharel	名词	D	辅教	prègar	名词	D
发心	attrahir	动词	B	丹墀	circumferencia	名词	D

续表

汉语词	葡语词	词性	类	汉语词	葡语词	词性	类
阳	forma	名词	D	饮食	comer，beber	名词	D
阴	materia	名词	D	胸背	peito，costas	名词	D
招抚	agasalhar consolando	动词	D	酥油	manteiga	名词	D
做饭	cozer arroz	动词	D	侍长	aprendiz	名词	D
大牙	grande mò	名词	E	八节	oito divisoes	名词	D

释译方式词语对译偏误表

汉语词	葡语词	词性	类	汉语词	葡语词	词性	类
自己	elle mesmo	代词	B	火晶	vidro de accender fogo	名词	D
缘事	desde o principio	名词	C	曾祖	segundo avò	名词	D
世界	termo do mundo	名词	C	高祖	terceiro avò	名词	D
天气	viraçãoceleste	名词	C	冰消	derreter o caramelo	动词	D
地名	nome da terra	名词	C	墙垣	parede de Taipa	名词	D
门楼	torre da porta	名词	C	朝	hir a palacio	动词	D
天下	abaixo doceo	名词	C	番僧	bonzo estrangeiro	名词	D
亲家	caza parenta	名词	C	娶	tomar mulher	动词	D
京城	muralha da corte	名词	C	饭依	fazer bonzo	动词	D
人事	negocio cōmum	名词	C	修身	governar o corpo	动词	D
踈	sem cuidado	形容词	C	法界	termo da ley	名词	D
喉	caroço da garganta	名词	C	燃灯	casta de Indios	名词	D
印信	sello de Tribunal	名词	C	罗汉	companheiros do Fò	名词	D
儿马	cavalo por castrar	名词	D	佛境	confins do Fò	名词	D
一斛	dous alqueires e meyo	数量	D	数珠	contas de mandarim	名词	D
圆满	tem merecimentos	形容词	D	寺院	habitação de bonzos	名词	D
朝贡	offrecer tributo	动词	D	观	habitação dos Taoxi	名词	D
蜻蜓	abelha de agua	名词	D	法度	ley do reyno	名词	D
鸳鸯	abutre do matto	名词	D	三宝	lugar do Fò	名词	D
节	artigo da planta	名词	D	阐教	meditar a Ley	名词	D
朵	Artigo de flor	名词	D	禅师	mestre que medita	名词	D

续表

汉语词	葡语词	词性	类	汉语词	葡语词	词性	类
琴	cravo de tanger	名词	D	经数	numero de livros	名词	D
塞	fora do muro	名词	D	释迦	os que seguem Fò	名词	D
荞麦	fruta da faya	名词	D	袈裟	pluvial de bonzos	名词	D
交椅	grande cadeira	名词	D	大乘	reza do Fò	名词	D
脚	planta do pè	名词	D	庙	templo gentilico	名词	D
阙	porta do paço	名词	D	致仕	largar officio	动词	D
行移	moverse do lugar	动词	D	乐业	viver alegremente	动词	D
连累	tribulações juntas	动词	D	鬓	fonte da cabeça	名词	D
鬼	alma separada	名词	D	辰	lugar sem estrelas	名词	D
西番	estrangeiro de oeste	名词	D	寿	muitos annos	名词	D
藏经	livros do Tibet	名词	D	牛黄	pedra bazàr de vacca	名词	D
馆驿	lugar da posta	名词	D	虚空	região do ar inferior	名词	D
地方	lugar da terra	名词	D	青空	região do ar superior	名词	D
方物	outras couzas	名词	D	一副	outra vez	数量	E
畜生	todos animais	名词	D	归顺	voltar ao ensino	动词	E
佛境	confins do Fò	名词	D	迁更	mudar lugar	动词	E
自在	viver com sigo	形容词	D	股肱	coxa da perna braço	名词	F
语录	palavras da ley	名词	D				

转译方式词语对译偏误表

汉语词	葡语词	词性	类	汉语词	葡语词	词性	类
等	o mais	动词	C	艰难	padecer mizerias	名词	C
禁约	prohibir	动词	C	利害	horrivel	名词	C
揖	reverencia	动词	C	利益	conveniencia	名词	C
饮	bebida	动词	C	愚人	rude	名词	C
劳	trabalho	动词	C	涕	chorar	名词	C
蒸	bafo da panela	动词	C	齐整	perfeitamente	形容词	C
混杂	motim	动词	C	单	somente	形容词	C
逆	adverso	动词	C	慢	devagar	形容词	C
赏	dadiva	动词	C	乐	contentamento	形容词	C
平	igual	动词	C	浓	cor terrea	形容词	C

续表

汉语词	葡语词	词性	类	汉语词	葡语词	词性	类
闻见	perceber	名词	C	用心	attento	动词	D
管事	governar	名词	C	失信	falso	动词	D
马行	andar do cavalo	名词	C	宣抚	ensinar	名词	D
包头	amarrar o cabelo	名词	C	大人	grande	名词	D
榜文	promulgar	名词	C	怠慢	preguiçozo	动词	E
簇	amarrar	名词	C	分明	declarar	形容词	E

附录 Ⅲ

支持本项研究的历史文献材料样页

说明：考虑到本研究中涉及早期的历史文献材料，因此在附录Ⅲ中，给出了这些材料的影印件，以下给出的是其中一些比较重要的早期材料。每份材料均给出书名，并标注了成书年份，另附一张书名页和一张内容的影印件。以供查阅。

史料文献包括：

1. Tractado em que se cõtam muito por estẽso as cousas da China（中国概说）（1569）

2. Astronomia Europaea（1687）

3. A Voyage to the East Indies in 1747 and 1748（1762）

4. 澳门纪略（江宁藩署重刊本）（1800）

5. Pidgin-English Sing-song or Songs and Stories in the China-English Dialect（1876）

6. The "Fan Kwae" at Canton before Treaty Days 1825 – 1844（1886）

7. The Life and Letters of Samuel Wells Williams（1888）

8. The New Testament of Higher Buddhism（1910）

9. Cathay and the Way Thither：being a collection of medieval notices of China（1913）

双语词典包括：

1. A New Pocket Dictionary of the Portuguese and English Languages, in

Two Parts（1809）

2. Diccionario da Lingua Portugueza（1831）

3. 洋汉合字汇（1831）

4. 汉洋合字汇（1833）

5. Tonic Dictionary of the Chinese Language in the Canton Dialect（1856）

6. 英话注解（守拙堂藏版）（1860）

7. 增订华英通语（快堂藏版）（1860）

8. A Dictionary of Colloquial Idioms in the Mandarin Dialect（隅举学语）（1873）

9. A Chinese and English Pocket Dictionary（1874）

10. 增订英华字典（藤本氏藏本）（1883）

11. A Glossary of Reference on Subjects Connected with the Far East Ind Edition（1886）

12. A Vocabulary of the Colloquial Rendering of the Sacred Edict（1892）

13. Dictionnaire Chinois-Français de la Langue Mandarine Parlée dans l'Ouest de la Chine（1893）

14. An Analytical Chinese-English Dictionary（1900）

15. The Encyclopaedia Sinica（1917）

16. 英华成语合璧字集（第四版）（1918）

第二语言教材包括：

1. 西番译语［清］

2. Cours Graduel et Complet de Chinois Parle？et Écrit（1876）

3. A Short Course of Primary Lessons in Mandarin（1911）

4. Lessons in Elementary Wenli（1912）

5. An Idiom a Lesson：A Short Course in Elementary Chinese（1921）

6. A Mandarin Primer（the twelfth edition）（1922）

7. Méthode Pratique de Langue Chinoise（Dialecte Yunnanais）（1928）

8. Premières Leçons de Chinois：Langue Mandarine de Pékin（1928）

史料文献

1. Tractado em que se cõtam muito por estēso as cousas da China（1569）

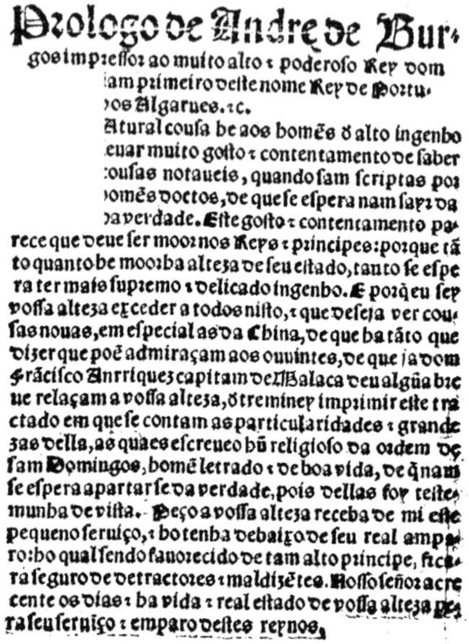

2. Astronomia Europaea（1687）

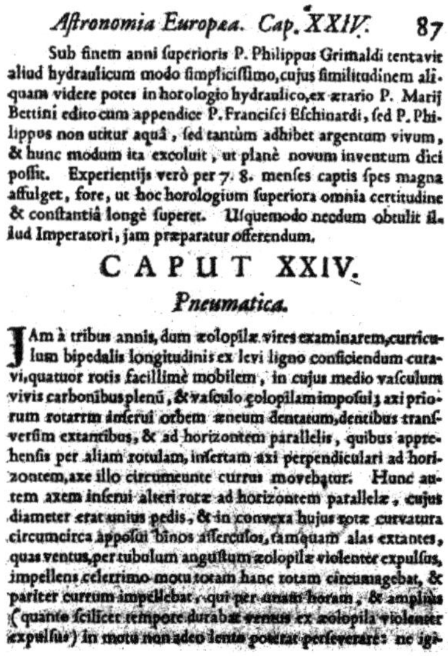

附录Ⅲ　支持本项研究的历史文献材料样页　/　243

3. A Voyage to the East Indies in 1747 and 1748（1762）

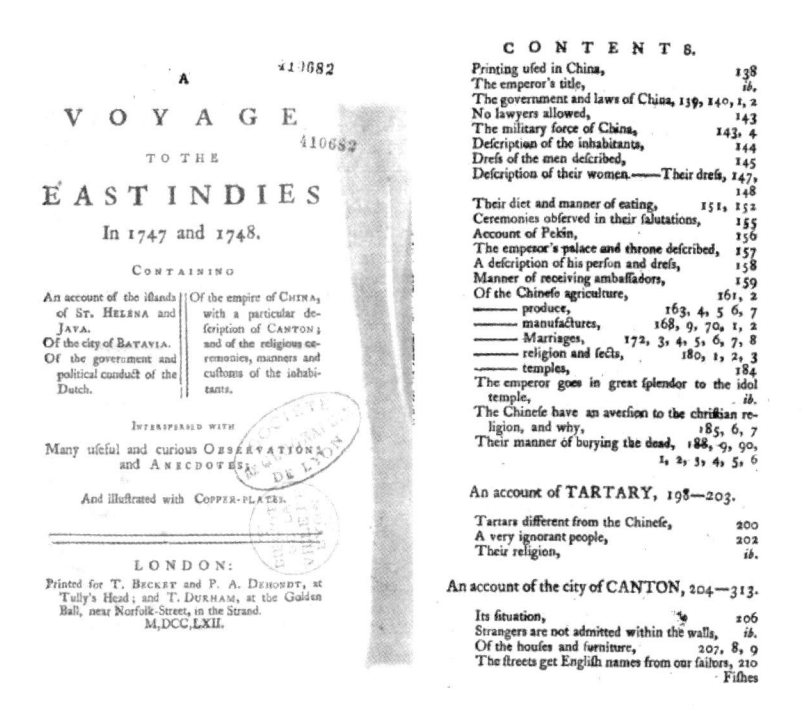

4. 澳门纪略（江宁藩署重刊本）（1800）

5. Pidgin-English Sing-song or Songs and Stories in the China-English Dialect（1876）

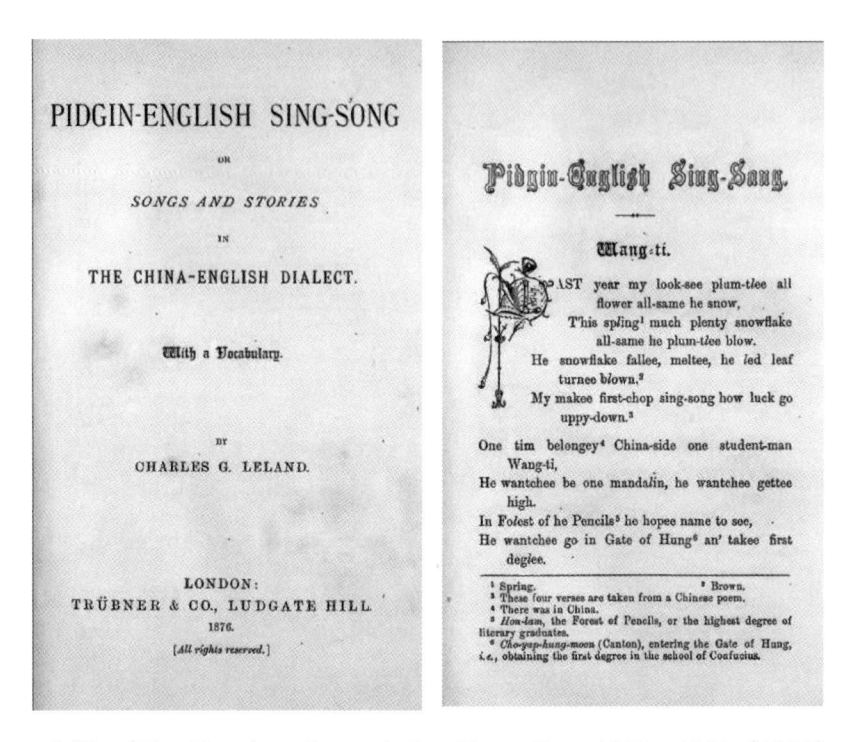

6. The 'Fan Kwae' at Canton before Treaty Days 1825–1844（1886）

7. The Life and Letters of Samuel Wells Williams (1888)

8. The New Testament of Higher Buddhism (1910)

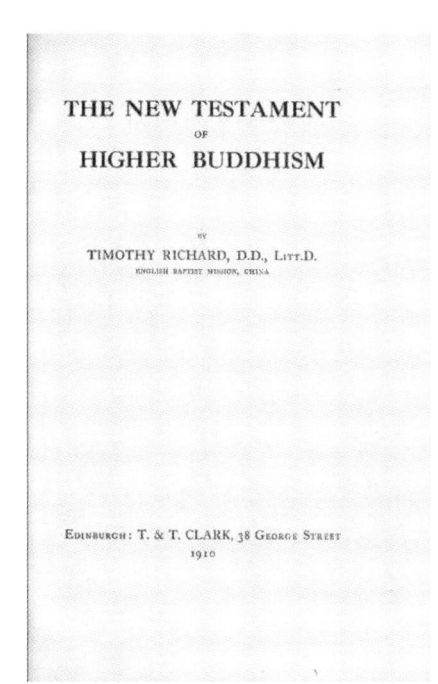

9. Cathay and the Way Thither：being a collection of medieval notices of China（1913）

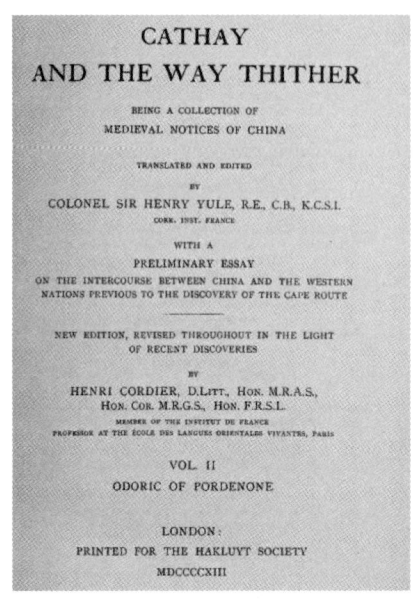

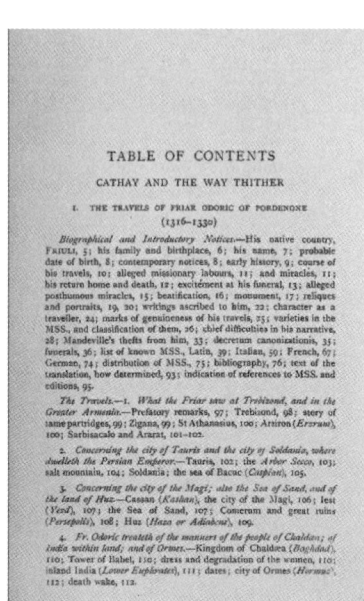

双语词典

1. A New Pocket Dictionary of the Portuguese and English Languages，in Two Parts（1809）

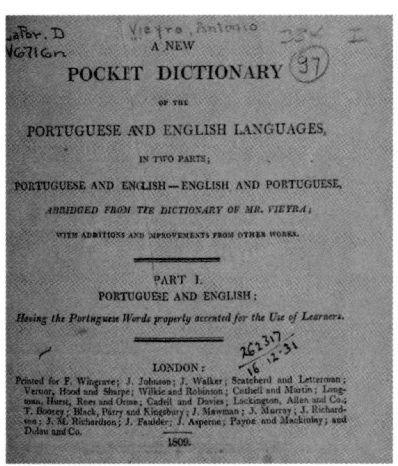

2. Diccionario da Lingua Portugueza（1831）

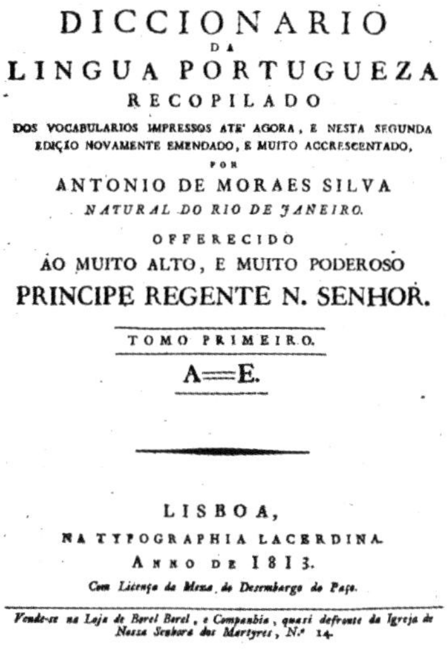

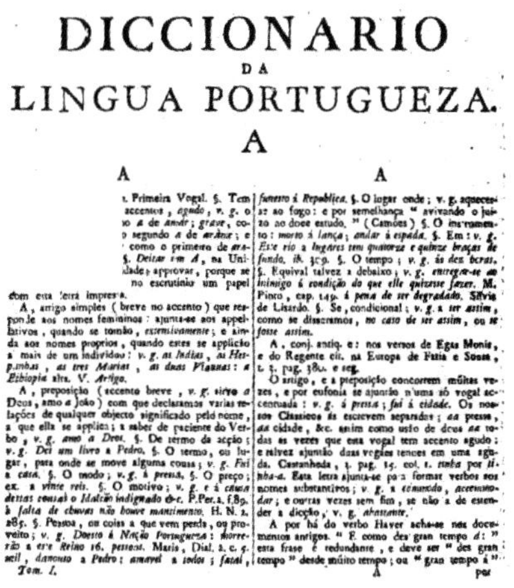

3. 洋汉合字汇（1831）

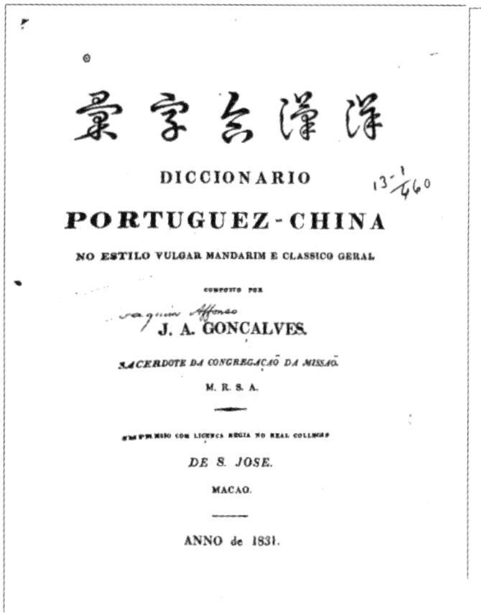

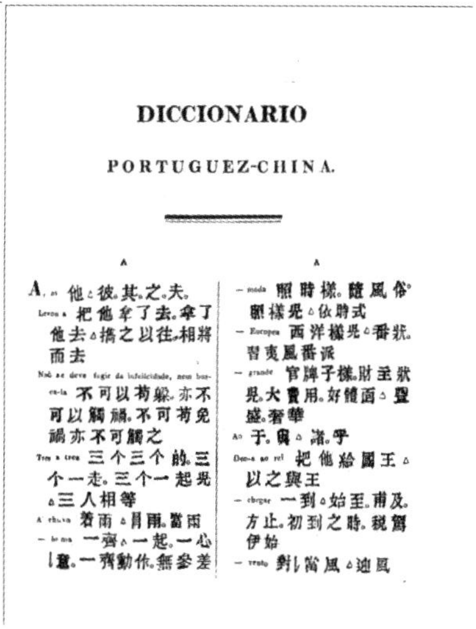

4. 汉洋合字汇（1833）

5. Tonic Dictionary of the Chinese Language in the Canton Dialect（1856）

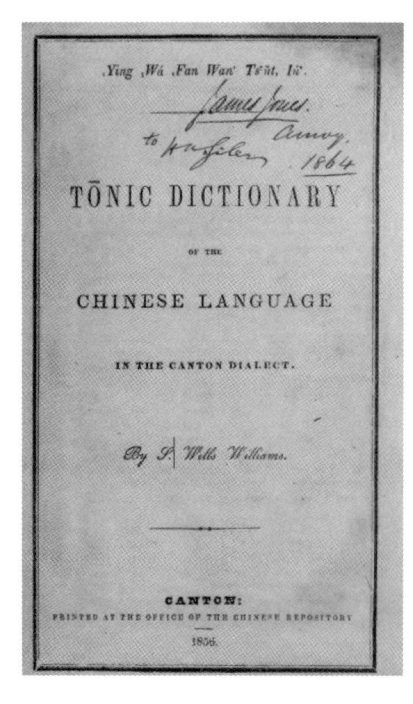

附录Ⅲ　支持本项研究的历史文献材料样页　/　249

6. 英话注解（守拙堂藏版）（1860）

7. 增订华英通语（快堂藏版）（1860）

8. A Dictionary of Colloquial Idioms in the Mandarin Dialect（隅举学语）（1873）

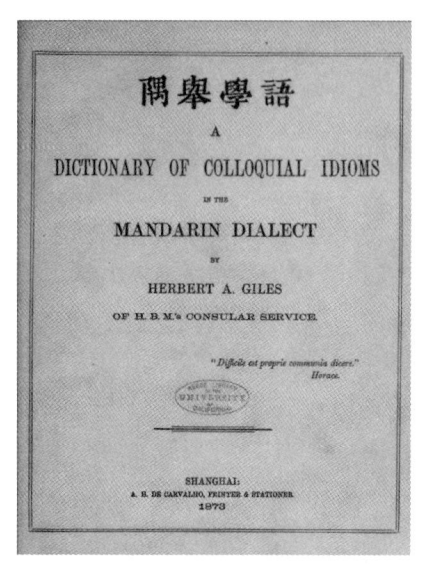

9. A Chinese and English Pocket Dictionary（1874）

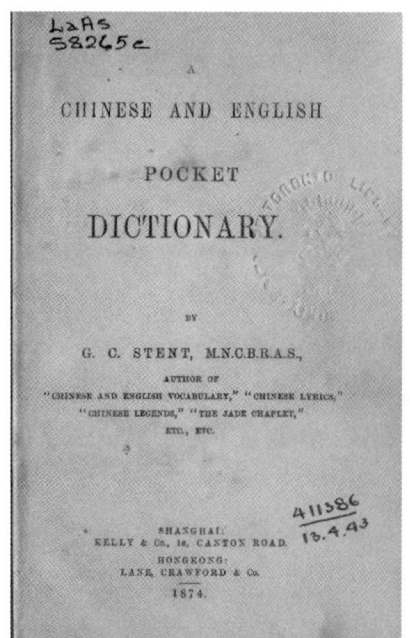

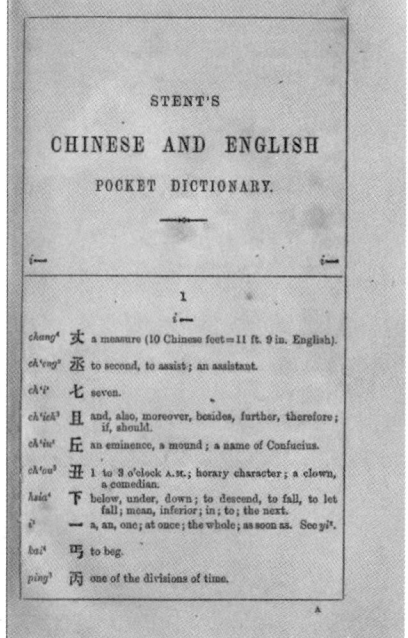

10. 增订英华字典（藤本氏藏本）(1883)

11. A Glossary of Reference on Subjects Connected with the Far East (2nd Edition)（1886）

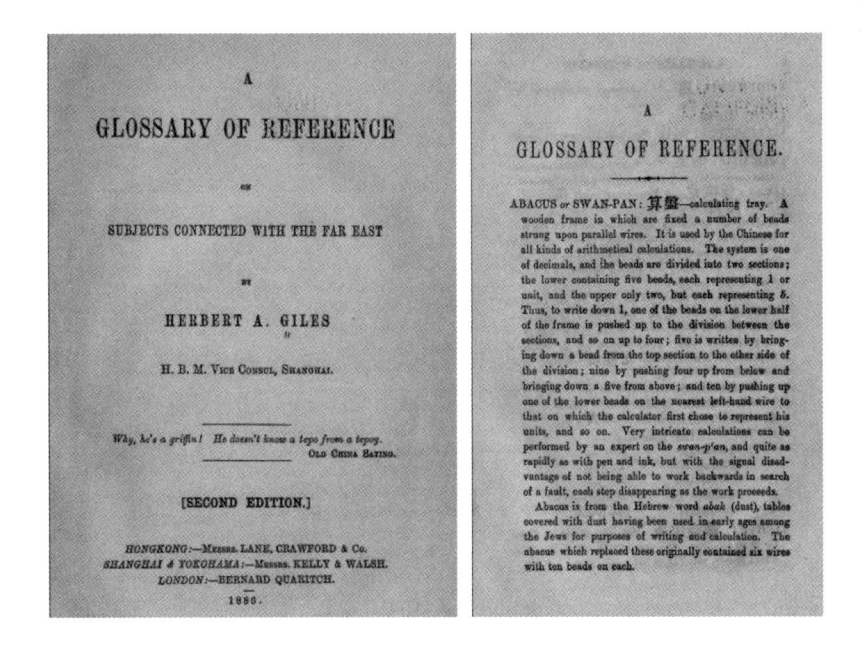

12. A Vocabulary of the Colloquial Rendering of the Sacred Edict（1892）

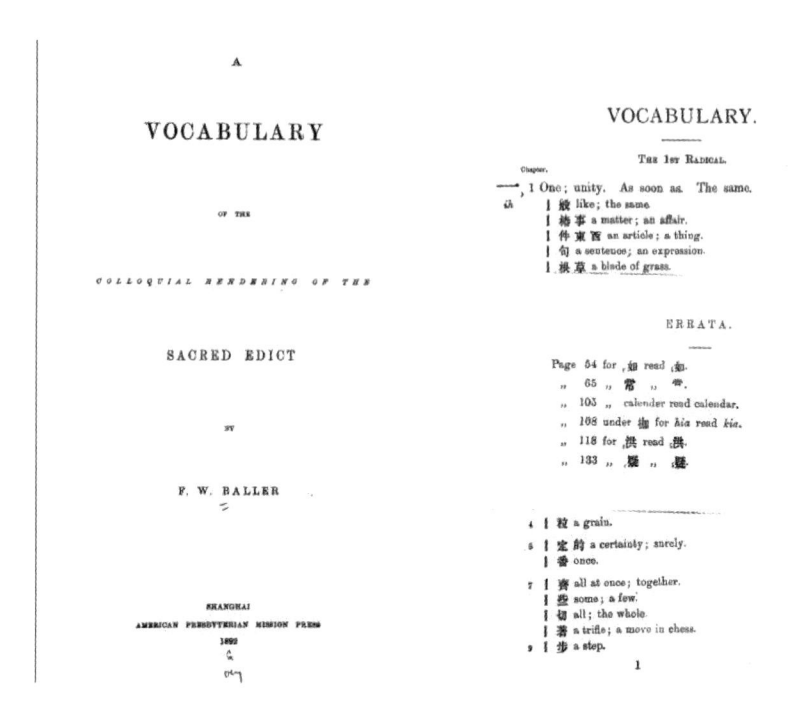

13. Dictionnaire Chinois-Français de la Langue Mandarine Parlée dans l'Ouest de la Chine（1893）

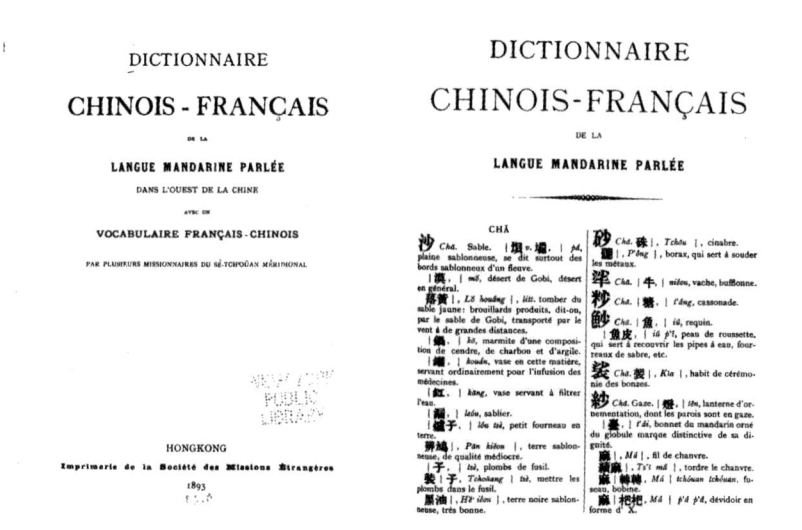

14. An Analytical Chinese-English Dictionary（1900）

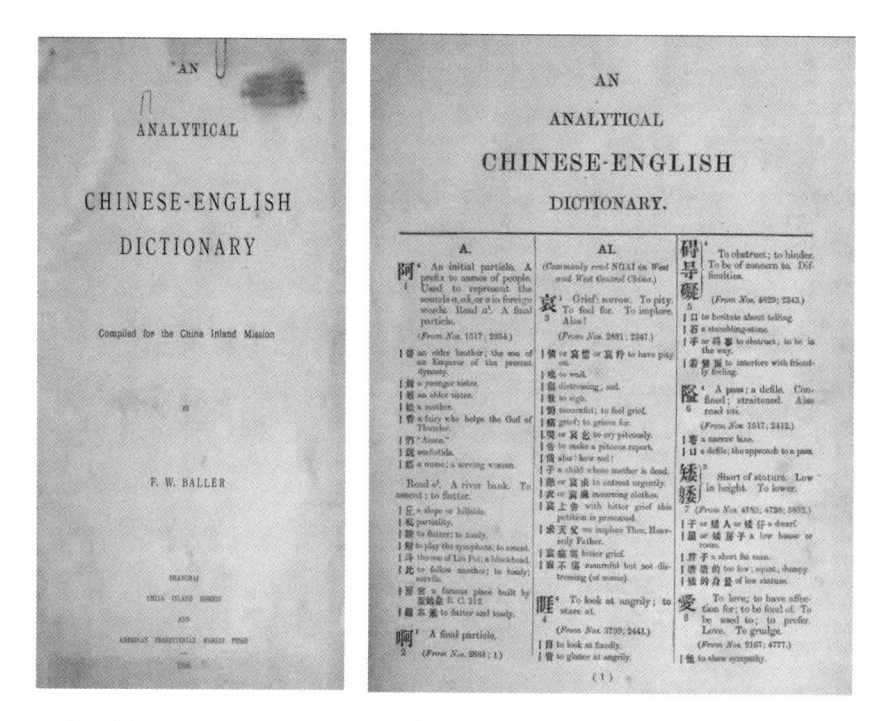

15. The Encyclopaedia Sinica（1917）

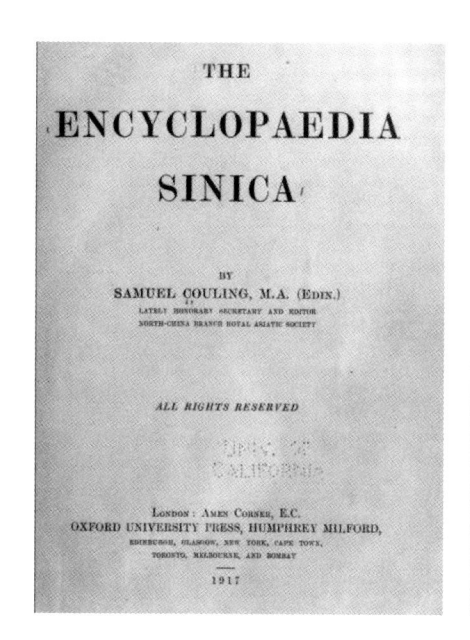

16. 英华成语合璧字集（第四版）（1918）

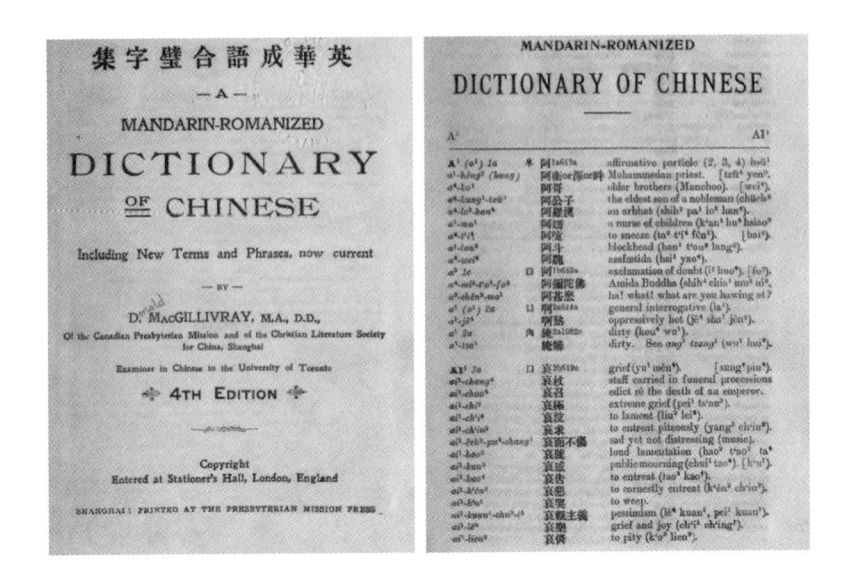

第二语言教材

1. 西番译语

2. Cours Graduel et Complet de Chinois Parleé et Écrit（1876）

3. A Short Course of Primary Lessons in Mandarin（1911）

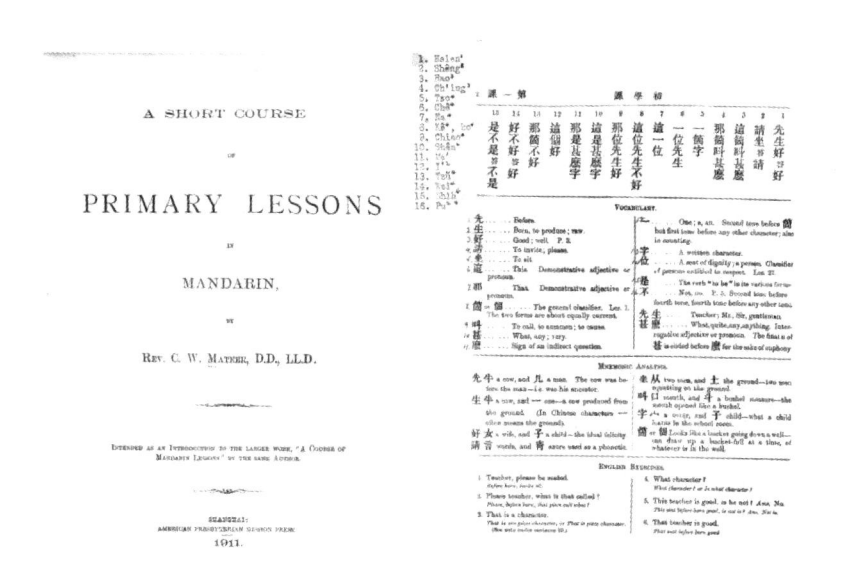

4. Lessons in Elementary Wenli（1912）

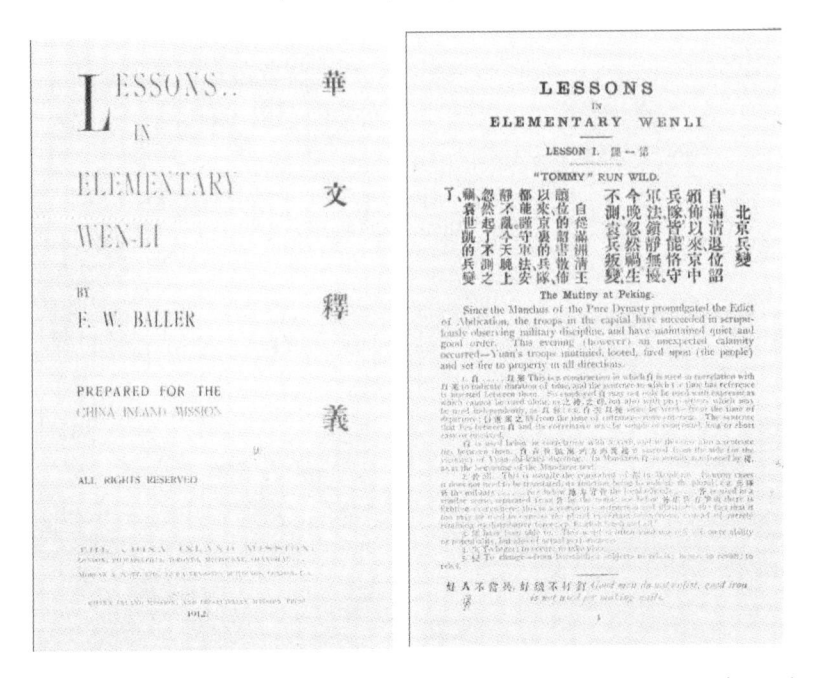

5. An Idiom a Lesson：A Short Course in Elementary Chinese（1921）

6. A Mandarin Primer (the twelfth edition) (1922)

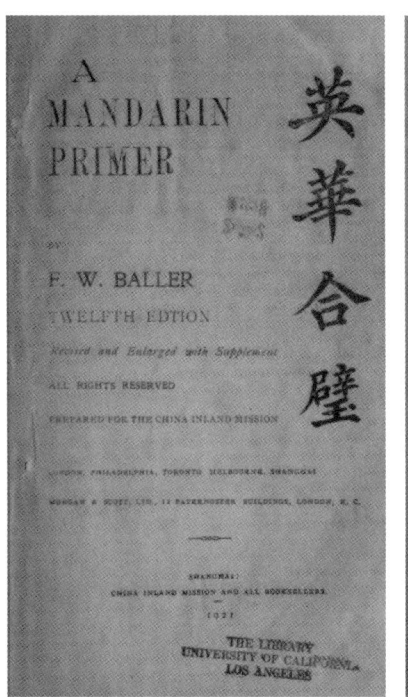

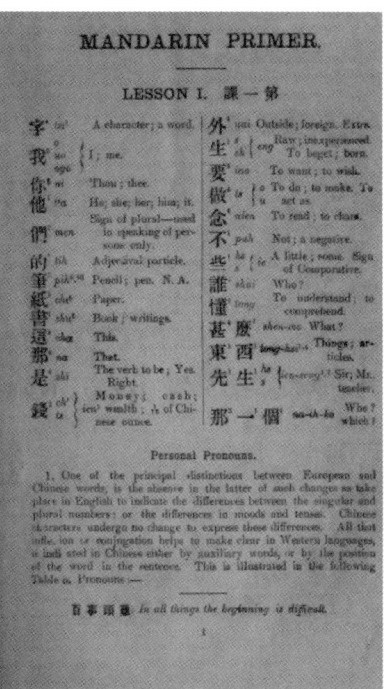

7. Méthode Pratique de Langue Chinoise (Dialecte Yunnanais) (1928)

8. Premières Leçons de Chinois：Langue Mandarine de Pékin（1928）

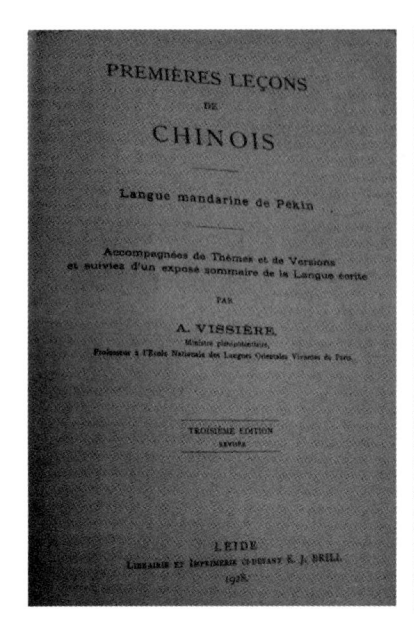

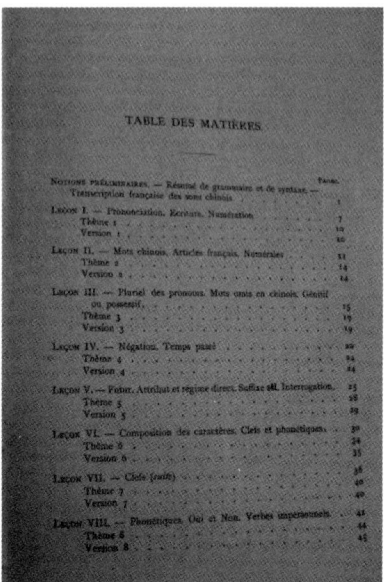

附 录 Ⅳ

《暎咭唎国译语》全书

说明：考虑到本研究所用的《暎咭唎国译语》原书尚未正式出版，因此，为了展现其中内容，在附录Ⅳ中，根据原书录入了全部词条，每个词条均按照原书中的形式给出，即汉语词、外语词（英语词或葡语词）以及汉字注音。为保证与原书一致，录入时均采用繁体字。备注是作者附加的，其中包括以下几方面：原书中的讹误；外语词或注音非英语词；外语词与注音不对应；无法认读的；无法构拟的情况。原晒蓝本中出现了一些无法认读的情况，这里将统一以"□"表示。

汉语词	外语词	汉字注音	备注
天文門			
天	Ciel	西額勒	
日	Soleil	莎勒勒	
雷	Lighting	來依寧	"寧"应为"亭"
霜	Ice	依謝	
雪	Snow	實那是	
霧	Fog	花	
露	Dew	鈕物	
雨	Rain	嗹	
雹	Hail	奚兒	
風	Wind	穩	
風起	Little Wind	實衣盧穩	译音为 shallow wind
風住	No Wind	那穩	

续表

汉语词	外语词	汉字注音	备注
			天文门
水星	Mars	馬兒得	译音为葡语 Marte，指火星
火星	Jupiter	游避德兒	外语词指木星
金星	Venus	勿口奴 斯	
水星	Mercury	滅兒姑略	
土星	Neptune	晶比都口奴	外语词指海王星
霜降	Dia Geada	你亞日亞達	外语词为葡语
虚空	Empty	掩便的	
天陰	Bad Weather	嗎歪的	译音"嗎"为葡语 mal
天晴	Good Weather	額歪的	
法界	Orde de Bonzo	阿兒得的本著	外语词应为葡语 ordem de bonzo
天旱	Dry Season	得夾西仁	
水潦	Wet Season	勿西仁	
煙	Smoke	意事莫	
虹霓	Rainbow	嗹莫	
日出	Sun Rising	傘來寅	
日落	Sun going Down	傘餓忍朗	
月出	Moon Rising	滿來寅	
月落	Moon going Down	滿餓忍朗	
有雨	Have Rain	哈嗹	
無雨	No Rain	那嗹	
風慢	Easy Wind	衣日穩	
風寒	Cold Wind	哥兒穩	
白霜	White Ice	恢的曖是厘	译音疑为 white ice rain
黑霜	Black Ice	罵喇曖是厘	译音疑为 black ice rain
雲厚	Thick Cloud	踢哥麥得	
雲薄	Thin Cloud	挺哥麥得	
日照	Sun Shining day	傘賽寧列	
日遮	No Sun	意吐達傘	译音不详

续表

汉语词	外语词	汉字注音	备注
	地理門
地	Ground	餓朗乾的利	译音为 ground country
水	Good Time	挖達	译音为 water
山	Mountain	檬定	
沙	Sand	汕	
火	Majestade	徽呀啊	
石	Stone	實墊	"墊"应为"墊"
海	Sea	洗	
江	River	柳	译音为葡语 rio
河	Bay	擺	
泉	Spring	厄士避領	
井	Well	勿列	
牆	Wall	瓦兒	
園	Garden	口鴉 零	译音为葡语 jardim
道	Travelle	達喇勿	
近	Near	囁亞	
長	Long	啷	
橋	Bridge	嗌烈逸	
遠	Great Way	孽列唛	
短	Short	煞	
深	Deep	都口立	译音为 too deep
淺	Shallow	煞落	
高	High	海	
窄	Narrow	挲喇	
廣	Large	喇仁	
低	Low	落	
寬	Broad	馬喇薩	译音疑为 breadth
軟	Soft	薩	
硬	Strong	意士達朗	
方	Square	實歸呀	
動	Shake	賒吉	

续表

汉语词	外语词	汉字注音	备注
地理門			
路	By Land	密懶	
川	Corrente	個嗹的	外语词为葡语
裏	Mile	嗎叻	
流	Tide	歹呀	
潤	Pond	口板	
溝	Gutter	烏德兒	
塵	Dust	波兒口吃	译音为葡语 polva
街	Strait	衣實跌列	
台	Cassla	加是喇	外语词不详
世界	Good Time	個多低墨	
岡	Hill	唏而	
邊	Borders	嚛兒列	
中國	Middle Country	煎乾的唎	譯音為 Qing Country = 清朝
地方	Country	乾的唎	
皇國	Majestade	麻野遠	
天下	Whole World	口賀盧完兒	
京城	Corte	葛的	外语词为葡语
黃河	Yellow River	鴉喇柳務	
佛境	Joss Place	呀斯罷喇色	外语词 Joss 为葡语
佛教	Joss Religion	呀斯列利養	外语词 Joss 为葡语
好水	Good Water	箴是瓦達	译音为 best water
惡水	Bad Water	馬瓦達	译音"馬"为葡语 mal
時令門			
春	Spring	以士必領	
夏	Summer	參胍	
秋	Outono	阿多哪	原词为葡语
冬	Inverno	因勿弩	原词为葡语
年	Year	呀喇	
日	Dia	筍爹亞	外语词为葡语
時	Clock	加喇	

续表

汉语词	外语词	汉字注音	备注
時令門			
熱	Hot	咳	
寒	Kao	鉤	外语词不详
暖	Wal	瓦輪	译音为 valem
溫	Valem	瓦兒	译音为 wal
昔	Before	必火兒	
涼	Chour	孤盧	外语词不详
凍	Kow	高爐	外语词不详
今	Now	瑙	
晝	Day	禮耶	译音为葡语
夜	Night	乃的	
刻	Minute	米泥	
早	Soon	筍	
晚	Afternoon	亞達能	
再	Twice	堆是	
晝夜	Dia Night	禮亞乃的	外语词 dia 为葡语
時節	Tempe	點	外语词为葡语
夜長	Night Long	乃的朗	
夜短	Night chep	乃的㓲	外语词不详
今日	The Dia	的禮亞	
明年	Next year	勒實亞喇	
以後	On Depois	引了達挖	外语词 Depois 为葡语
明日	Tomorrow	淡馬辣	
今年	This year	裡實亞喇	
半日	Noon	密兒禮呀	译音为葡语 meio dia
半夜	Meio Night	宓兒乃的	译音为葡语 meio night
時常	Several times	賒微裡點	
永遠	Many Years	梭暮你以呀朗	译音为 so many year
新年	New year	鈕雅兒	
舊年	Old year	阿盧雅兒	

续表

汉语词	外语词	汉字注音	备注
人物门			
臣	Ministro	米你士多	
官	Mandarim	漫達領	
軍	Soldier	梭耶	
民	Subject	撒驛	
吏	General Deputy	來的	译音为 knight
親	Parente	罷嗹的	外语词为葡语，英语为 parent
祖	Grand Father	葭朗法達	
叔	Uncle	岜其呦法達	译音为 uncle father
伯	Tio de pader	岜其呦法達	外语词为葡语，译音为 uncle father
父	Father	法達	
母	Mother	嗎達	
舅	Tio de Mother	岜其呦嗎達	译音为 uncle mother
女	Daughter	喇達	
子	Son	汕	
兄	Irmão	阿盧模羅達	外语词为葡语，译音为 old brother
弟	Irmão minor	仰模羅達	译音为 young brother
姪	Cousins	格仁	
孫	Grand Son	葭朗筍	
妻	Wife	委口肥	
富	Rich	裡直	
貧	Poor	波	
緊	Quickly	歸吉力	
主	Master	嗎撒	
歲	How Old	好阿爐	
老	Old Man	阿爐漫	
賊	Rouge	洛漫	不详
皇帝	Emperor	寅碑盧	
朝廷	Palacio	罷喇學	外语词为葡语
太子	Prince	必領色	
土官	Governo da terra	餓萬嗲喇	外语词为葡语

续表

汉语词	外语词	汉字注音	备注
人物门			
頭目	Officer	阿非些	
文官	Lawyers	（缺）	
武官	Mandarin dar Army	漫達領達口了耳馬	外语词为葡语
師傅	Master	嗎口煞	
徒弟	Prentice	滅	
僧人	Bonzo	幔日	外语词为葡语
使臣	Embaixada	寅嗎沙羅	外语词为葡语
道士	Toio Sée	度事	
秀才	Bachaler	罷咱列兒	
剌嘛	Lamman	喇嗎	
奴婢	Escravo	設立	外语词为葡语，译音为英语 slave
聰明	Entendimento	俺滴們	外语词为葡语
高祖	Des avô	低咱我	外语词为葡语
曾祖	Great grand father	孽列葭朗法達	
男子	Man	漫	
婦人	Woman	烏漫	
怠慢	Unmannerly	亞漫矗列	
智慧	Sábio	沙避阿	外语词为葡语
柔善	Manso	網梭	外语词为葡语
化緣	Beg Poorly	墨雅滅額	汉译音为 poor beg
繼父	Father in Law	法達因喇	
繼母	Mother in Law	嗎達因喇	
兄弟	Brother	模羅達	
朋友	Friend	啡嗹	
和尚	Bonzo	滿日	外语词为葡语
比丘	Bonza	漫咱	外语词为葡语
甲士	Sargento	砂人	外语词为葡语
牌手	Target hand	達那罕的	
伶俐	A Clever young man	記略毂漫	译音为 clever man
懶惰	A Lazy young man	烈日	译音为 lazy

续表

汉语词	外语词	汉字注音	备注
身體門			
身	Body	嗎叻	
頭	Head	歇	
頂	Skull	實哥兒	
發	Hair of head	歇兒	译音为 hair
眼	Eye	噯兒	
眉	Eyebrow	噯嘆魯	
耳	Ears	衣牙	
鼻	Nose	哪士	
口	Mouth	畝	
唇	Lip	叻必	
齒	Teeth	滴	
乳	Bubbys	馬湄	
手	Hand	罕	
肚	Belly	滅裡	
心	Heart	哈	
腳	Foot	佛	
氣	Breath	墨列	
瘡	Boil sore	喳葭	译音为葡语
舌	Tongue	等	
筋	Veins	免舌	
念	To grieve	宜裡非	译音为 grieve
想	To Study	實哆的	译音为 study
面	Face	非些	
胷	Breast	別列示	
指	Finger	分額	
肝	Fígado	非葭者	外语词为葡语
肺	Bofe	播非	外语词为葡语
骨	Bone	滿	
毛	Hair of Body	歇兒	译音为 hair
血	Blood	墨口律	

续表

汉语词	外语词	汉字注音	备注
\multicolumn{4}{c}{身體門}
強	Strong	意士達朗	汉译音有葡语发音成分
弱	Weak	委咭	
模樣	A Mostra	嚤實達	外语词为葡语
力氣	Force	火色	
福禄	Bona Ventura	播哪文都喇	外语词为葡语
心性	Natural	那度喇兒	
\multicolumn{4}{c}{宮室門}
房	Room	隴	
梁	Beam	命	
寨	A Camp	口甘必	
塔	Monument	漫呢捫	
窗	Window	穩魯	
簇	Arrow	亞魯	
門	Door	哪	
寺	Convent	貢文爹	
柱	Pillars	比剌士	
椽	Small Beam	夜士摩命	
寺院	Church	朱耳	
庫房	Mint	憫爹隴	译音为 mint room
書房	Livraria	裏務盧目隴	译音为 live room room
學堂	School house	以士故兒	
營	Tent	點的	
宮殿	In y Palace	罷喇色	译音为 palace
前殿	Before y Palace	必夥兒罷喇色	
後殿	Behind Palace	米興罷喇色	
衙門	Audiencia	拗谷嗹謝	外语词为葡语
館驛	descanso de cavalo	利吐網煞別列是	外语词为葡语，译音疑为 little ones place

续表

汉语词	外语词	汉字注音	备注
器用門			
印	A Stamp	夜士單北	
盌	Snacker	是你咖	
楪	Dish	必列	译音为葡语
鬥	Measure	安得	译音不详
盆	Soup Dish	裡是	译音为 dish
鍋	Tacho	達著	外语词为葡语
杓	Dishe	低士	译音为 dish
卓	Table	爹不盧	
鎖	Lock	臘	
漆	lacker	臘葭	
轎	Pallinkine	罷朗京	
車	Coach	哥直	
刀	cutlass	故爹兒	译音疑为 cutter
劍	Sword	戌	
鎗	Launch	朗煞	
牌	Target	達兒熱	
弓	Bow	摩	
箭	Arrow	亞喇華	
旗	Flag	法臘	
甲	Iron Coat	亞煙割	
盔	Iron Cap	亞煙結	
砲	Cannon	葭膿	
船	Boat	沒	
鍾	Bell	口免唎	
鼓	Drum	意士哆隴	译音疑为 is drum
鈸	Talha	達裡亞	外语词为葡语
傘	Ambrela	咭的梭	译音为葡语
鞍	Sella	些辣	外语词为葡语
笛	Flauta	法辣烏達	外语词为葡语
鐃	Talha	達裡亞	外语词为葡语

续表

汉语词	外语词	汉字注音	备注
器用門			
簷	Guião	仰	外语词为葡语
磬	Sanco	桑個	外语词为葡语
鑼	Gong	昂	
繩	Cord	樂是領	译音为 rope string
梯	Ladder	喇爹	
玉印	Sil Precioso	口徽利實董士單白	译音为 firestone stamp
金印	Gold Stamp	五兒士單白	译音为葡语
銀印	Silver Stamp	施利滑士單白	
螺	Caraguejo	葭罅懞日	外语词为葡语
座	Asento	亞仙獨	外语词为葡语
燈	Candea	簡喇	外语词为葡语
輪	Wheels	恢兒	
兵器	Armour	亞兒麻	
鈴杵	Hand Bell	罕北兒	
雲鑼	Dursea	都兒色	外语词不详
樂器	Musical Instrument	渺易挺	
銅印	Brass Stamp	嗎喇煞士單白	
酒盞	Small Cup	遠路	译音为葡语
鑰匙	Key	機	
刀鞘	Scabbard	意士葭馬兒	
響鈸	Botica	罷的葭	外语词为葡语
拍板	Compasso	貢巴梭	外语词为葡语
香爐	PecolerSandle pot	山都盧叭	译音为 sandle pot
花瓶	Flower pot	忽羅喇拔	
大鼓	Large drum	喇熱度隴	
小鼓	Small drum	舍馬喇度隴	
飲食門			
喫	Eat	謁	
飯	Boil Rice	來是	译音为 rice
麵	Flour	佛羅	

续表

汉语词	外语词	汉字注音	备注
飲食門			
米	Raw Rice	喇來色	
酪	Leite	烈的	外语词为葡语
酒	Wine	穩	
茶	Tea	爹	
蜜	Honey	罕尼	
肉	Flesh	佛來是	
糧	Provin	步路穩	
油	Hoil	噯兒	
鹽	Sal	沙	外语词为葡语
醬	Misso	未梳	外语词为葡语
醋	vinagre	未那極	外语词为葡语
甜	Suhil	蘇嚑	不詳
苦	Marga	瑪兒加	外语词应为 amarga
飲食	Drink Comer	低領咭個迷	
酥油	Butter	抹得	
巴茶	Pan Tea	巴爹	
白酒	White Wine	輝的允	
黃酒	Yellow Wine	呀喇允	
下程	Marthatage	瑪達打日	不詳
衣服門			
衣	Cloth	個魯	
帽	Head	歇	
靴	Boot	抹	
襪	Stock	士達近	譯音為 stocking
被	Quilt for a Bed	腳眉哆	漢譯音為葡語
褥	Bed	滅	
緞	Capitulo	葭北多羅	外语词为葡语
絹	Tafity	達法達	漢譯音疑為 taffeta
綾	Pelong	比朗	
纙	Gause	雅是	外语词为葡语

续表

汉语词	外语词	汉字注音	备注
	衣服門
布	Cotton Stuff	葭喇時	譯音為 cloth
錦	Pelong	濫把吐	譯音疑為 long pattern
絲	Raw Silk	喇西兒葭	
麻	Hemp	杏北	
線	Thread	爹列	
冠帽	Khep	刣	不詳
圓領	Vescução	物士故頖	外语词为葡语
袈裟	Capa	葭巴	外语词为葡语
氆氇	Panno Europa	班奴	译音为 panno
絑絹	Picas da prima	達必達濫把吐	外语词不详
冠帶	Listam	利士當	外语词为葡语
法衣	Casula	葭租喇	外语词为葡语
領長	Take y Long piece	滴咭朗	译音为 take long
領短	Take y Short piece	滴咭薩	译音为 take short
	聲色門
白	White	悔的	
青	Green	宜嗹	
黃	Yellow	口鴉喇	
紅	Red	列	
紫	Roxo	屢屬	外语词为葡语
藍	Blue	幙魯	
皂	Black	罵吶	
鵝黃	Light Yellow	利日口鴉喇	译音疑为 luz yellow
五絲	Picas da primavera	必撒南巴吐	译音疑为 peça long pattern
顏料	Mixt Colours	哥羅喇貶達	译音疑为 color pintar
柳青	Fine Green	央宜嗹	译音为 young green
明綠	Verde Claro	加喇宜嗹	外语词为葡语
桃紅	Encarnada	因葭那達	外语词为葡语
粉紅	Cor de Carne	哥兒幹尼	外语词为葡语

续表

汉语词	外语词	汉字注音	备注
經部門			
神	Spril	口鴉 是	译音为葡语
鬼	Devil	聶列眉	译音不详
卷	A Book	目	
品	Corde	阿呢	外语词不详
旨	Orde do Emperor	阿呢引別盧	外语词为葡语
法	Orde	寄嗹潑	外语词为葡语
然燈	Light a Candle	來得堅列	
釋迦	X？kiǎ	色葭	
藏經	Prayers	罷鏴也兒	
目錄	Título	低都盧	外语词为葡语
經數	Nombroo eal	農目列	外语词不详
三寶	Sān Poiò	傘褒	
羅漢	Lo hang	魯罕	
聲聞	Cursai	呵撒	外语词为葡语
佛像	Image of Joss	呀實引你潑	此四词条中的"引你潑"疑为"引潑你"，即葡语中的 imagem，英语为 image
畫像	Limnel	稟達引你潑	
雕像	Carve Word	格的引你潑	
鑄像	Fundir Work	分寅引你潑	
書	A Readbook	哩味達目	译音疑为 living room
經	A Prayed Book	別列目	
文史門			
法妙	Admirável	亞的美喇物	外语词为葡语
讚美	Louvar	落呱	外语词为葡语
筆	A Pen	貶	
硯	A Inkstone	鷹咭意吐膽	译音"膽"疑为"瞻"
紙	A Paper	別北	
墨	Ink	鷹咭	
真字	Round Letters	別嗹列達	译音疑为 black letter
番字	Strange Letters	意吐點列達	译音"點"疑为"瞻"
圖書	A Seal	西兒	

续表

汉语词	外语词	汉字注音	备注
文史門			
奏文	Dar Patente	達兒罷點的	外语词为葡语
醫書	Doctors Book	樂哆目	
語錄	Verbal	威目	
敕書	Patente	吧點的	外语词为葡语
敕諭	Handotoido Ety?	吧點的挖	外语词不详
方隅門			
東	East	衣斯的	
西	West	物斯的	
上	Higher up	海	译音为 high
下	Low Down	落	译音为 low
前	Before	墨火兒	
後	Behind	墨罕	
左	The Right arm	來的	译音为 right
右	The Left arm	列非得	译音为 left
內	The In Side	因	译音为 in
外	The out Side	歐曬	
中間	The Middle	米兒	译音为葡语
內外	In out Side	因歐	译音为 in out
南	South	蘇	译音为葡语 sul
北	North	那耳的	译音为葡语 norte
花木門			
花	A Flower	科魯	译音为葡语
木	Timber	叮北	
葉	A Leaf	立	
茜	Coentro	果因多羅	外语词为葡语
根	ARoot	囉阿	不详
枝	The Branch	巴懶者	
草	Grass	葭喇士	
竹	A Bamboo	榜母	
樹	A Tree	地裏	

续表

汉语词	外语词	汉字注音	备注
花木門			
林	A Wilderness	微爹聶斯	
果品	Fruit	付魯多	译音为葡语
芝麻	Gerzely	借者裏	外语词应为葡语 Gergelim
菜	Greens	咭唓	
蓮花	Flor de stacte	科魯達喇的	外语词不详
桃	Pêssego	別時毅	外语词为葡语
麥	Wheat	委咭	
李	Moy	免	
杏	Abricoque	亞呱哥吉	
鳥獸門			
彪	Valtigre	瓦底極	
熊	Urso	烏屬	
鹿	Deer	攝亞	
狼	A Wolf	禍耳	
狐	Rapoza	喇波雜	外语词为葡语
豹	Tigre	底極	
龍	Serpente	沙喇稟	外语词为葡语
蛇	A Snake	舌囁咭	
虎	A Tyger	歹咭	
兔	A Rabbit	喇密	
駝	A Camel	葭滅	
牛	A Cow	鉤	
鼠	A Rat	喇的	
鷹	A Hawk	哈	
猴	A Monk	懞吉	
雞	A Fowl	否兒	
馬	A Horse	哈實	
羊	A Goat	鵝	
鵝	A Goose	悟士	
魚	A Fish	非斯	

续表

汉语词	外语词	汉字注音	备注
	鸟兽门		
狗	A Dog	臘	
豬	A Hog	哈	
宿	A Birds Rooms	魯叔	译音为 rest
食	Comer	哥減	
飛	To Hip	法來	译音为 fly
鳴	A Singing Bird	醒	译音为 sing
獅子	A Lyon	涼	
麒麟	Animal famous	啞呢麻番	
畜生	Beasts	米是	
猛獸	A Strange Beast	達朗米是	音译缺少"S"的注音
仙鶴	Garça	葭兒撒	外语词为葡语
好馬	A fine horse	輝因哈實	
鳳凰	Agnia	亞傢	外语词为葡语
孔雀	A Peacock	比格	
犏牛	Vaica	瓦葭	外语词为葡语
水牛	A Buffalo	畝法口辣	
貂鼠	Addowy	亞底微	外语词不详
海青	Gralha fine	瓦喇番	
馬熊	Cavalo ocal	哈士烈	外语词不详
土豹	Meyi Tigre	米底極	外语词不详
騙馬	AGedeny	額領哈士	
馬行	The horse walk	哈士我	
黃馬	Year horse	口了兒哈士	译音"口了"疑为"吖"
黑馬	Preto horse	別列哈士	
青馬	A Black horse	罵喇哈士	
白馬	A White horse	輝的哈士	
紫馬	Roxo horse	屢屬哈士	
花馬	A□ horse	佛羅哈士	外语词不详
青沙	□	密列沙	外语词不详

续表

汉语词	外语词	汉字注音	备注
珍寶門			
寶	Precioza	甲必隴賈	外语词为葡语
玉	Precioza	伯列西阿	外语词为葡语
寶石	Pedra precioza	別達西呵咱	外语词为葡语
珍珠	A Pearl	別兒	
鐵	Iron	噯炎	
錢	Pentis	必低斯	
銅	Copper	哥罷	
錫	Tin	艇	
金	Gold	愎兒	
銀	Silver	捫你	
水銀	QuickSilver	決西裹滑	
象牙	Elephants Tooths	亞厘番的	
水晶	Water Colour Stone	嫁喇撒士塾	
火晶	Colour fire Stone	輝呀口哥 兒士塾	
琥珀	Amber	安伯兒	
碧玉	White Precioza	輝的別列西阿	
瑪瑙	Mogo Stone	莫各士塾	
珊瑚	Corral	過喇兒	
香藥門			
香	Smell	心滅兒伍	
檀香	Sandle Wood	山讀伍	
人參	Gin Sin	仁神	
甘草	Alcasuz	亞兒加蘸	外语词为葡语
沉香	Agila	亞基辣	
速香	Segin da Agila	西跟亞咭辣	
木香	Pinheiro	不逐	外语词为葡语
片腦	Comphire	甘非	
官桂	Mace Tonquin	西尼矇東京	
丁香	Clover	嫁喇不	
豆蔻	Nutmeg	哪吐	

续表

汉语词	外语词	汉字注音	备注
香藥門			
杏仁	Pinheiro da arvacoque	養避亞瓦戈咭	外语词不详
樟腦	Camphor falso	甘非厘法屬	外语词为葡语
蓇砂	Condamong	枷達懞古	
陳皮	Orange Peel	亞嚼耶些	
阿魏	Ingo	英古	
檳榔	Beotle Nut	潑的噉	外语词不详
川芎	Chueng	村公	
白芨	Pĕ Kia	必甲	
草果	Tsao ko	咈囉鴉	
菖蒲	Serez	些列	外语词为葡语
當歸	Serez de Sanguek	些列的桑吉	外语词为葡语
桂皮	Cinnamon	西尼懞	
黃丹	Bead Liad	列烈	外语词不详
白檀	White Sandle Wood	恢的山讀	
紫檀	Red Wood	列伍	
硃砂	Vermilion	潑密朗	外语词为葡语
藥材	Physics	非憶	
巴豆	Gran Maluco	葭朗嗎魯	外语词不详
薑黃	Sapheram	撒法朗	
甘松	Regim Napine	列仁拏冰奴	
牛黃	Macan de Vaca	勾末兒	外语词不详
數目門			
一	One	丸	
二	Two	睹	
三	Three	的裡	
四	Four	阿	
五	Five	輝	
六	Six	息士	
七	Seven	些文	

汉语词	外语词	汉字注音	备注
数目門			
八	Eight	厄	
九	Nine	乃	
十	Ten	點	
百	One hundred	罕旦	
千	A Thousand	刀仁	
萬	Ten Thousand	點刀仁	
多	A Great Deal	咭列衣	
少	A Small quality	彪呀	
一觔	One Catte Weight	丸家的	
一兩	One Weight	丸點	译音疑为 one tael
一件	One Piece	丸比實	
一疋	One Peça	丸別薩	
一副	One Sett	丸涉	
一包	One Bole	丸墨列	
一同	One Role	丸羅	
人事門			
我	I	噯	
你	You	有	
他	He	喜	
誰	Him	呼	译音为 who
自	Will	米	译音为 me
別	I take Leave	阿達	译音为 adios
舞	To Dance	單些	
唱	To Sing a Song	醒桑	译音为 sing song
喜	Very glad	勿裡葭喇的	
笑	To laugh	喇	
請	To invite	多因口委	
走	To run	輪口委	译音为 Run Away
到	Have Come Back	監馬	译音为 come

续表

汉语词	外语词	汉字注音	备注
	人事門
得	I have got it	哈額	译音为 have
去	To Go	安口委	译音为 away
來	To Come	甘朗	译音为 come alone
樂	Very Merry	勿裡瑪裡	
行	To Walk	我瓦	
入	To go in	甘引	
借	To lend	憐	
尋	To find it out	忿刀	译音为 find out
起	To Rise	擬勒	译音不详
肯	I Will	噯委兒	
告	Acusar	亞故咱	外语词为葡语
知	I Know it	沙被	译音为 saber
在	I have it	哈因	译音为 have it
遲	Very Slowly	都列	译音为 too late
急	Quickly	滅詰是	译音不详
執	Take Cup	得極	译音为 take
持	Encarar	因葭喇	外语词为葡语
願	I am content	貢叮爹	
就	Very Close	密裏哥羅些	
打	To beat	密	
或	It May Be So	密裏未所	
敬	Honor	利是必睹	译音为 respect
跪	To Kneel	你兒	
了	Done	哈能	译音不详
全	Total	亞喇列示	译音为 all these
眾	A Crowd of People	沒住亞喇蠻	译音为 measure of men
為	To Do anything	擬裏弩	译音不详
拜	Venerar	納歇	外语词为葡语
修	Comodar	免呢	译音为 mend
賞	Premiar	別廉麻	外语词为葡语

续表

汉语词	外语词	汉字注音	备注
人事門			
罰	Castigo	稼石葭	外语词为葡语
與	To Give	業未	
藏	To hide	意吐君列	译音不详
各	Cada	迦達寫	外语词为葡语
如	Modo	高足	外语词为葡语
常	Sempre	寫未裡點	外语词为葡语
恩	Benefício	滅寫法我	外语词为葡语
敬拜	Salam	沙懶	外语词为葡语
引領	Dirigir	密領喜呀	外语词为葡语
新	New	鈕	
舊	Old	阿兒	
職事	To be diligent	多未爹利引	
襲職	By Birth Right	米滅的	译音不详
若是	I Like it So	密裏滅所	译音为 may be so
生活	Viver	密裏來肥	外语词为葡语
若干	How Much	哈沒足	
禁約	Prohibit	波羅意避	
緣事	Esmoler	意斯磨列兒	外语词为葡语
如何	Como?①	戈磨	外语词为葡语
真實	It is very Exact	度魯俺度魯	译音为 true and true
必定	It is true	衣士度魯	
便益	It is Good for you	米鳌貢點的	译音为 many content
受用	To enjoy	火被委兒	译音为 could be well
暫且	Tenny	爹你	
顯露	Aparência	罷列些兒	译音对应少首字母 A
不見	I have Not Seen him	那西	译音为 no see
不到	He is Not Come yet	哪敢一	译音为 no come yet
堪可	Go Do it Right	惡多衣爹列厄	

---

① 此处"?"为原词条的一部分,并非作者加。

续表

汉语词	外语词	汉字注音	备注
人事門			
可惜	To Grieve	沙厘	译音为 sorry
勘合	To Receive	意士避曬	
商議	To Counsel	貢些兒	
叩頭	To Make a Can	納歇	译音为 nod head
皈依	Kuēy y	啞班伊	
公幹	To Send orders	生阿得	
跟隨	To come along	鵝朗	译音为 along
太平	A Peace	巴士	
夫人	A Lady	姑厘	译音为葡语 criado
考校	Contermar Tema	貢貸兒馬兒爹麻	
應用	Servir	乳日	译音为 use
相同	The Same Sort	亞喇完所	译音为 always
可憐	Very Sorry	委列沙厘	
管待	To make Welcome	摩極勿兒戈墨	
豐足	A fine harvest	分亞喇尾士	
謄寫	A fin Book	化衣目	
對讀	I Read over	列得阿末	译音为 read over
慈悲	Misericórdia	米遮利戈低亞	外语词为葡语
修理	Ordenação	阿爹那頼	外语词为葡语
穿甲	To Wear an Iron coat	唛亞煙葛	
催促	Make harrant	先罷咭實	不详
阻擋	To Stop	多士達	
清净	Limpissimo	密裏咭嗹	译音为 many clean
圖報	I Return thanks	別額法我	译音为 pay a favor
是誰	Who's there	呼裏是	译音为 who this
是我	It is me	買	译音为 my
起營	Begin to Engage	貢未沙點得	译音不详
搶奪	To Plunder	不弄爹	
反叛	A traytor	爹列多	
勢大	A Great Army	格列哈兒米	

续表

汉语词	外语词	汉字注音	备注
\多纲 人事門				

汉语词	外语词	汉字注音	备注
勢小	A Small Army	捨馬哈兒米	
投順	To Surreder	多素連爹	
祭祀	Sacrifício	撒咭利非削	外语词为葡语
圓滿	Cheia	遮亞	外语词为葡语
功德	Obra de Vertude	阿罷辣爹味兒都的	外语词为葡语
無邊	No ha limity	糯亞利米的	
其餘	O demais	阿爹買斯	外语词为葡语
不盡	No can Clear	哪敢極列亞	

通用門

汉语词	外语词	汉字注音	备注
說	To tell	多爹列	
陞	Crecentar	極列生打兒	外语词为葡语
用	Servir	捨兒味	外语词为葡语
斤	A Catte	葭的	外语词为葡语
罪	A Murderer	馬達辣	
其	Ella	厄辣	外语词为葡语
寫	To Write	列的	
重	Heavy	黑微	
收	Recolher	列戈列	外语词为葡语
留	To Keep	雞避	
當	A Pawn Broker	般磨落葭	
輕	A light thing	來叮	
皮	Leather Side	烈得	译音为leather
字	Letters	烈達	
平	Even	衣文	
瘦	Lean	哩	
肥	Fat	法	
許	Promise	巴攬士	译音疑却"mi"的对音
番僧	Paddre	罷爹列	外语词为葡语
替職	Imposto	因波斯多	外语词为葡语
慶賀	Saudar	撒烏達兒	外语词为葡语

续表

汉语词	外语词	汉字注音	备注
通用門			

汉语词	外语词	汉字注音	备注
打發	Send away	先的勿委	
西番	West Stranger	委士意士達懶日	
大小	Great Small	孽烈士馬兒	
金箔	Gold Leafe	悟兒禮非	
銀箔	Silver Leafe	西厘滑禮非	
照例	Old Custom	格參	
朵甘	To Kān	躲簡	
生番	A Wild Man	委兒漫	
不聽	I Cant hear	堅熙牙	译音为 cant hear
薄	Thin	廳技	
厚	Thick	踢其	
換	Change	壇池	
謹	Strikt	的瀝技	
陞職	Subir à posto	素避阿波斯多	外语词为葡语
經典	Sermão	捨兒猛	外语词为葡语
經文	Oração	阿辣顙	外语词为葡语
祭文	Sacrificío	薩葭喇非削	外语词为葡语
正月	January	口了 怒亞利	
番漢	Stranger China	意士達懶壇	
番人	Stranger	意士達懶也	
率領	Diriger	監瑪朗	外语词为葡语
所有	You Shall have	因多鐸	译音为 in total
金闕	Tronno	多羅那	外语词为葡语
不許	You Must not do it	有母斯哪多	译音为 you must not do
侵佔	Rebelha	列北喇	外语词为葡语
興隆	Feliz	非裏斯	外语词为葡语
五穀	Sinco Similio	星古西米略	外语词为葡语
行移	Jeito	日多	外语词为葡语
臨洮	Dizaverter	底咱勿爹兒	外语词为葡语
河州	Rio Terra	抑厄爹辣	外语词为葡语

续表

汉语词	外语词	汉字注音	备注
通用門			
進馬	Marcha da Cavalo	馬咱打葭呱盧	外语词为葡语
財物	Cousa	故咱爹定野盧	译音为 coisa de dinheiro
好生	Bem Viver	捧味勿兒	外语词为葡语
我每	My Several times	米些未利點	
外國	Other Country	阿奪敢得列	
艱難	Trouble	多羅米	
回回	Moguls Country	磨故兒	译音为 Mogul
買賣	Contract	貢達喇多	
數珠	Roman Beads	羅猛北亞	外语词不详
朝貢	Ambassadore	安巴撒多	外语词为葡语
分外	Semelhante	捨墨懶的	外语词为葡语
利害	Cunning	乾英	
地界	Limity da Terra	幹的厘叭	译音疑为 country bound
連累	Culpar a outro	引罵沙姑罷辣	外语词为葡语
鈔貫	Moeda	磨厄達	外语词为葡语
憐憫	Compaixão	貢巴想	外语词为葡语
鞭笞	Tallabarte	達喇巴的	外语词为葡语
城池	Muralha	磨喇列	外语词为葡语
自己	Porsy	播西	不详
闡化	Carha Sismo	葭達西摩	不详
闡教	Carhaqeizar	葭達兒咱	不详
輔教	Doutrina	墜地哪	外语词为葡语
大寶	Ídolo	大寶	外语词为葡语
大乘	Religion Taxing	列禮槳大乘	
國師	Bonzomor	般著摩	外语词为葡语
禪師	Vigario	未加略	外语词为葡语
都綱	Provider	播羅未多	外语词为葡语

附 录 V

《播呼都噶礼雅话》全书

说明：考虑到本研究所用的《播呼都噶禮雅話》原书尚未正式出版，因此，为了充分展现其中内容，在附录V中，根据原书录入了全部词条，每个词条均按照原书中的形式给出，即汉语词、葡语词以及汉字注音。备注是作者附加的，其中包括以下几方面：原书中的讹误；与现代葡语写法不一致的词（备注一次后不再重复备注）；外语词与注音不对应；无法认读和构拟的情况。原晒蓝本中出现了一些无法认读的情况，这里将统一以"□"表示。

汉语词	葡语词	汉字注音	备注
天文門			
天	Ceo	澤烏	葡语词今作 Céu
日	Sol	索勒	
月	Lua	魯阿	
星	estrela	額斯德呼拉	
辰	lugar sem estrelas	魯噶呼僧額斯口得 呼拉斯	
風	Vento	溫都	
雲	Nuvem	努烏額穆	
雷	Trovao	德囉汪烏	
雨	Chuva	諸斡	
霜	Geada	日阿達	
雪	Neve	訥威	
霧	nevoa	訥倭阿	

续表

汉语词	葡语词	汉字注音	备注
天文门			
露	orvalho	鄂呀斡勒俞	
霆	estrondo	額斯德囉安都	
電	relampago	呀朗巴沽	
霞	aurora	傲囉喇	
斗	constelação	郭安斯德拉桑烏	
冰	caramelo	噶喇墨魯	
雹	saraiva	薩喇愛斡	
烟	Fumo	富穆	
火	Fogo	佛沽	
气	Ar	阿呀	
漢	via Láctea	偉阿拉氏雅	
晷	relogio do sol	呀羅日烏多索勒	
影	Sombra	崧伯喇	
陰	materia	馬德哩阿	
陽	forma	佛呀馬	
屈	apertar	阿伯呀達呀	
伸	alargar	阿拉呀噶呀	
覆	cobrir	沽伯哩呀	
載	sustentar	蘇斯德安達呀	
生	gerar	熱喇呀	
成	aperfeiçoar	阿伯呀飛莎阿呀	
光	luz	魯斯	
辉	resplendor	呀斯伯勒安多呀	
映	reflexo	呀弗勒蘇	
耀	Seintilação	秦氏拉桑烏	葡语词今作 Cintilação
升	Subir	蘇畢呀	
沉	mergulhar	墨呀沽勒雅呀	
聚	colher	郭勒葉呀	
散	espalhar	額斯巴勒雅呀	
照	alumiar	阿魯密阿呀	

续表

汉语词	葡语词	汉字注音	备注
天文門			
臨	estar para vir	額斯達呀巴喇偉呀	
轉	voltar em roda	倭勒氏阿呀額昂囉達	
移	mover	莫威呀	
飄	agitar	阿日達呀	
擊	ferir	弗哩呀	
消	diminuir	氏密努伊呀	
零	miudeza	密烏德匝	
明	claro	格拉嚕	
昏	crepusculo	格呀補斯沽魯	
暗	trevas	德呀斡斯	
乾坤	mundo	捫都	
天氣	viração Celeste	偉喇桑烏塞勒斯氏	
天远	Ceo remoto	澤烏呀莫都	葡语词今作 Céu
天近	Ceo vezinho	澤烏威辛俞	葡语词今作 Céu
天邊	Região do ceo	呀日昂多澤烏	葡语词今作 Céu
天明	Ceo lucido	澤烏魯西都	葡语词今作 Céu
天寒	Ceo frio	澤烏弗哩烏	葡语词今作 Céu
天暖	Ceo temperado	澤烏登伯喇都	葡语词今作 Céu
天旱	Ceo Seco	澤烏塞沽	葡语词今作 Céu
天阴	Ceo nublado	澤烏努伯拉都	葡语词今作 Céu
高天	Alto Ceo	阿勒都澤烏	葡语词今作 Céu
虛空	Região do ar inferior	呀日昂都阿呀因飛哩鄂呀	
青空	Região do ar superior	呀日昂都阿呀蘇伯哩鄂呀	
法界	termo da Ley	德呀穆達雷	葡语词今作 lei
天上	acima do Ceo	阿西馬都澤烏	葡语词今作 Céu
天下	abaixo do Ceo	阿拜舒都澤烏	葡语词今作 Céu
天心	Coração do Ceo	郭喇桑烏都澤烏	葡语词今作 Céu
天中	meyo do Ceo	梅俞都澤烏	葡语词今作 Céu
天晴	Ceo Sereno	澤烏塞呀努	葡语词今作 Céu
天曉	Ceo da manhãa	澤烏達馬娘	葡语词今作 Céu

续表

汉语词	葡语词	汉字注音	备注
天文门			
天亮	Ceo claro	澤烏格拉嚕	葡语词今作 Céu
天黑	Ceo muito escuro	澤烏穆伊都額斯沽嚕	葡语词今作 Céu
天暗	Ceo escuro	澤烏額斯沽嚕	葡语词今作 Céu
敬天	venerar o Ceo	威訥喇呼烏澤烏	葡语词今作 Céu
逆天	Repugnar ao Ceo	呼補格納呼傲烏澤烏	葡语词今作 Céu
七政	Sette Planetas	塞德伯拉訥達斯	葡语词今作 sete
日出	Sol nascido	索勒納斯齊都	
日紅	Sol vermelho	索勒威呼墨呼俞	
日午	Sol do meyo dia	索勒都梅俞氏阿	葡语词今作 meio
日落	Sol posto	索勒播斯都	
日蝕	Eclipse do Sol	額格禮塞都索勒	
日暈	Arco do Sol	阿呼沽都索勒	
日照	Sol alumeya	索勒阿魯梅阿	葡语词今作 alumeia
日曬	Sol abraza	索勒阿伯拉薩	葡语词今作 abrasa
日遮	Sol cuberto	索勒沽伯呼都	葡语词今作 coberto
月出	Lua nasce	魯阿納斯塞	
明月	Lua que vem	魯阿格烏額穆	
圓月	Lua redonda	魯阿呼多安達	
殘月	Lua minguante	魯阿民闊氏	
月亮	Resplendor da Lua	呼斯伯樂安多呼達魯阿	
月圓	Lua cheya	魯阿車雅	葡语词今作 cheia
月缺	Lua defeituoza	魯阿德飛都鄂薩	葡语词今作 defeituosa
月落	Por da Lua	播呼達魯阿	葡语词今作 Pôr
月蝕	Eclipse da Lua	額格禮塞達魯阿	
月暈	Arco da Lua	阿呼沽達魯阿	
皎潔	Lua pura	魯阿補喇	
復元	Sahir do eclipse	薩伊呼都額格禮塞	
紫薇星	Estrela polar	額斯德呼拉播拉	译音结尾疑缺少"呼"
金星	Venus	威努斯	
木星	Jupiter	儒畢德呼	

续表

汉语词	葡语词	汉字注音	备注
天文門			
水星	Mercurio	墨呼沽哩烏	葡语词今作 Mercúrio
火星	Marte	馬呼氏	
土星	Saturno	薩都呼努	
明星	Estrela clara	額斯德呼拉格拉喇	
众星	todas as estrelas	多達斯阿斯額斯德呼拉斯	
攢星	Estrelas juntas	額斯德呼拉斯閫達斯	
雜星	Estrelas varias	額斯德呼拉斯斡哩阿斯	
東斗	Constelação de Leste	郭安斯德拉桑烏德勒斯的	
西斗	Constelação de Oeste	郭安斯德拉桑烏德烏額斯德	
南斗	Constelação do Sul	郭安斯德拉桑烏都蘇勒	
北斗	Constelação do Norte	郭安斯德拉桑烏都諾呼氏	
東風	Vento Leste	溫都勒斯德	
薰風	Vento Sul	溫都蘇勒	
金風	Vento Oeste	溫都烏額斯德	
朔風	Vento Norte	溫都諾呼德	
刮風	Faz vento	法斯溫都	
顺風	Vento favoravel	溫都法倭喇威勒	
细風	Vento fraco	溫都弗喇沽	
狂風	Redomoinho	呼都穆因嶽	葡语词今作 Redemoinho
風起	Vento se Levanta	溫都塞勒灣達	
風來	Vem vento	烏額穆溫都	
風大	vento grande	溫都格呼安德	
風慢	Vento brando	溫都伯呼安都	
風吹	Vento sopra	溫都索伯喇	
風寒	Vento frio	溫都弗哩烏	
風住	parou o vento	巴囉傲烏溫都	译音应为"巴啰乌傲温都"
雲开	Abrem as nuvens	阿伯呼昂阿斯努溫斯	
雲高	Nuvens altas	努溫斯阿勒達斯	
雲厚	Nuvens grossas	努溫斯格囉薩斯	
雲薄	Nuvens delgadas	努溫斯德勒噶達斯	

续表

汉语词	葡语词	汉字注音	备注
天文門			
有雨	Tem chuva	登諸斡	
無雨	Não tem chuva	口囊烏登諸斡	
雨至	Vem chuva	烏額穆諸斡	
下雨	Chove	卓偉	
落雨	Caye chuva	該諸斡	葡语词今作 Cair
雨小	Chuva pequena	諸斡伯格納	
霖雨	Chuva conveniente	諸斡郭安威泥恩氏	
水滴	Gotta de agoa	郭達氏阿瓜	葡语词今作 Gota de agua
霜降	Geya	熱雅	葡语词今作 Gear
白霜	Geada branca	日雅達伯喇昂噶	
黑霜	Geada negra	日雅達訥格喇	
大雪	Grande neve	格呼安氏訥威	
小雪	Pequena neve	伯格納訥威	
雷響	Som do trovao	崧都德囉汪	
虹霓	Yris	伊哩斯	葡语词今作 Íris
火熱	Fogo a quenta	佛郭阿根達	
水潦	Enxurrada	恩舒喇達	
陰了	Nublado	努伯拉都	
晴了	Sereno	塞呼努	
燥了	Seco	塞沽	
濕了	Humido	烏密都	葡语词今作 Húmido
地理門			
地	Terra	德呼喇	
山	Monte	捫氏	
土	Chão	絷昂烏	
石	Pedra	伯德喇	
嶺	Cume do Monte	沽密都捫氏	
岡	Pequeno Monte	伯格諾捫氏	
坡	Declive	德格禮威	
堆	Montão	捫達昂	

续表

汉语词	葡语词	汉字注音	备注
地理門			
洞	Concavidade	郭安噶偉達氏	
鑛	Mina	密納	
川	Agua currente	阿瓜沽呼安氏	
海	Mar	馬呼	
江	Rio grande	哩烏格喇安氏	
河	Rio pequeno	哩烏畢格努	
湖	Lagòa	拉郭阿	
池	Tanque	當基	
灣	Enseada	因西阿達	
礁	Penhasco	賓雅斯沽	
潮	Maré	馬呼	
泉	Fonte	芬氏	
津	Passagem do Rio	巴斯薩仍獨哩烏	
洲	Ilha	伊勒雅	
灘	Baxos	巴舒斯	葡语词今作 baixos
潭	Abismo	阿畢斯穆	
澗	Canal de agua no monte	噶納勒氏阿瓜努押氏	
溪	Ribeirinho	哩貝哩安俞	
溝	Canal	噶納勒	
渡	Passar o rio	巴斯薩呼烏哩烏	
波	Onda menor	溫達墨諾呼	
浪	Onda maior	溫達馬嶽呼	
沙	Arèa	阿呼雅	葡语词今作 Arêa
泥	Lodo	羅都	
岸	Praya	伯喇愛雅	葡语词今作 Praia
國	Reino grande	呼愛努格喇安氏	
都	Corte	格呼氏	
邦	Reino pequeno	呼愛努畢格努	
城	Muralha	穆喇勒雅	
寨	Arrayal	阿呼喇雅呼	葡语词今作 Arraial

续表

汉语词	葡语词	汉字注音	备注
地理門			
臺	Atalàya	阿達賚雅	葡语词今作 Atalaia
街	Rua	嚕阿	
巷	Beco	伯沽	
道	Estrada	施德喇達	
里	décima parte de legua	德西馬巴哶氏氏勒瓜	
路	Caminho	噶民俞	
徑	Atalho	阿達勒俞	
橋	Ponte	奔氏	
井	Poço	播蘇	
畝	Geira	熱愛喇	
坯	Montinho	捫氏安俞	葡语词今作 Montanha
坑	Cova	格斡	
墳	Sepultura	塞補勒都喇	
壁	Parede	巴哶氏	
郊	Arrabalde	阿哷喇巴勒氏	葡语词今作 Arrabaldes
鄉	Povoação	補斡桑烏	
村	Aldèa	阿勒德雅	葡语词今作 Aldeia
野	Dezerto	德塞哶都	葡语词今作 Deserto
庄	Cazal	噶薩勒	葡语词今作 Casal
林	Bosque	播斯格	
薩	Seve	塞偉	葡语词今作 Sebe
塵	Pó	播	
境	Confins	郭安費安斯	
邊	Limite	禮密氏	
塞	Fora do muro	佛喇都穆嚕	
方	Lugar	嚕噶哶	
遠	Longe	羅安日	
近	Perto	伯哶都	
長	Comprido	郭昂伯哩都	
短	Curto	沽哶都	

续表

汉语词	葡语词	汉字注音	备注
地理門			
深	Profundo	伯囉芬都	
淺	Não profundo	囊伯囉芬都	
高	Alto	阿勒都	
低	Baxo	拜舒	葡语词今作 Baixo
寬	Largo	拉哷沽	
窄	Apertado	阿伯哷達都	
廣	Amplo	阿穆伯鲁	
險	Perigo	伯哩沽	
軟	Brando	伯喇安都	
硬	Duro	都嚕	
流	Correr	郭哷哷	
動	Mover	莫威哷	
通	Penetrar	伯訥德喇哷	
乾	Seco	塞沽	
埋	Sepultar	塞補勒達哷	
藏	Esconder	額斯郭安德哷	
洗	Lavar	拉斡哷	
佛境	Confins do Fò	郭安費斯安都佛	
世界	Termo do Mundo	德哷穆都押都	
地界	Termo da terra	德哷穆達德哷喇	
地方	Lugar da terra	鲁噶哷達德哷喇	
地名	Nome da terra	諾密達德哷喇	
皇圖	Mappa dos Reys	馬巴都斯哷愛斯	葡语词今作 Mapa dos Reis
中國	China	知納	
京城	Muralha da Corte	穆喇勒雅達格哷氏	
城上	Em cima da muralha	因西馬達穆喇勒雅	
城下	Em baixo da muralha	因拜舒達穆喇勒雅	
城壕	Cova da muralha	格斡達穆喇勒雅	
府州	Cidade	齊達氏	
郡縣	Villa	偉勒拉	葡语词今作 Vila

续表

汉语词	葡语词	汉字注音	备注
\multicolumn{4}{c}{地理門}			
市廛	Praça	伯喇薩	
闊厢	Suburbios	蘇補呼畢烏斯	
闊口	Alfândega	阿勒藩德噶	
邊地	Terras confinantes	德呼喇斯郭安費難氏斯	
教场	Lugar de exercicio militar	嚕噶呼氏額塞呼西西烏密禮達呼	
山大	Monte grande	捫氏格喇安氏	
山小	Monte pequeno	捫氏伯格努	
山高	Monte alto	捫氏阿勒都	
石大	Pedra grande	伯德喇格喇安氏	
石小	Pedra pequena	伯德喇伯格納	
岩崖	Rochedo	囉遮都	
水長	Enchente	因珍氏	
水退	Vazante	斡三氏	
水淡	Agua doce	阿瓜多西	
水鹹	Agua Salgada	阿瓜薩勒噶達	
水流	Corrente	格呼呼安氏	
水乾	Agua pouca	阿瓜播噶	
黄河	Rio amarello	哩烏阿馬呼魯	葡语词今作 Amarelo
池塘	Lugar de agua morta	魯噶呼氏阿瓜莫呼達	
好水	Boa agua	播阿阿瓜	
惡水	Mà agua	馬阿瓜	
沙汀	Areal	阿呼阿勒	
道路	Estrada Real	額斯德喇達呼阿勒	
路程	Itenerario	伊德納喇哩烏	葡语词今作 Itinerário
陸路	Caminho da terra	噶民俞達德呼喇	
田地	Vargens	斡呼仁斯	葡语词今作 Vargem
野地	Dezerto	德塞呼都	葡语词今作 Deserto
高地	Terra alta	德呼喇阿勒達	
園圃	Horta	鄂呼達	
墙垣	Parede de taipa	巴呼氏氏代巴	

续表

汉语词	葡语词	汉字注音	备注
地理門		
藩籬	Seve grande	塞偉格呼安氏	葡语词今作 Sebe
登山	Subir ao monte	蘇畢呼傲捫氏	
涉水	Passar a vau	巴薩呼阿斡傲	
水火	Agua fogo	阿瓜佛沽	
冰消	Derreter o caramelo	德呼呼德呼烏噶喇墨魯	
時令門		
年	Anno	阿努	葡语词今作 Ano
歲	Edade	额达氏	葡语词今作 Edadi
春	Primavera	伯哩马威喇	
夏	Estio	额斯氏乌	
秋	Outono	额乌多努	
冬	Inverno	因威呼努	
日	Dia	氏阿	
時	Hora	鄂喇	
子	Onze, doze da noite	鄂安济多济达诺嗳氏	
丑	Hua, duas da manhãa	乌马都斯阿达满阳	葡语词今作 Uma
寅	tres, quatro da manhãa	德呼斯瓜德噜达满阳	葡语词今作 manhã
卯	Sinco, seis da manhãa	辛沽塞爱斯达满阳	葡语词今作 Cinco
辰	Sette, oito da manhãa	塞氏鄂伊都达满阳	葡语词今作 sete
巳	Nove, dez da manhãa	诺威德斯达满阳	
午	Onze, doze da manhãa	鄂安济多济达满阳	
未	Hua, duas da tarde	午马都阿斯达达呼氏	
申	Tres, quarto da tarde	德呼斯瓜德噜达达呼氏	
酉	Sinco, seis da tarde	辛沽塞爱斯达达呼氏	
戌	Sette, oito da noite	塞氏鄂伊都达诺伊氏	
亥	Nove, dez da noite	诺威德斯达诺伊氏	
節	Divisão	氏威桑乌	
朔	Novilunio	诺威鲁尼乌	
望	Plenilunio	伯勒尼鲁尼乌	
晝	de dia	德氏阿	

续表

汉语词	葡语词	汉字注音	备注
时令門			
夜	Noite	诺伊氏	
晨	Madrugada	马德噜噶达	
宵	de tarde	德达呼氏	
早	Cedo	塞都	
晚	Tarde	达呼氏	
昏	Crepusculo	格呼補斯沽鲁	
夕	ao pòr do Sol	阿乌播呼都莎勒	
更	Vigia	威日阿	
刻	Quarto	瓜呼都	
寒	Frio	弗哩乌	
暑	Calor	噶罗勒	
冷	Frio grande	弗哩乌格喇安氏	
暖	Tepido	德毕都	
凉	Fresco	弗呼斯沽	
熱	Calmozo	噶勒莫蘇	葡语词今作 Calmoso
温	Quente	根氏	
凍	Encaramelar	恩噶喇莫拉呼	
初	Principio	伯哩安西毕乌	
再	Segunda vez	塞郭安达倭斯	
昔	Antigamente	安氏噶门氏	
今	Agora	阿格喇	
一年	Hum anno	乌穆阿努	
四時	Quatro temporas	瓜德噜登伯喇斯	葡语词指"四季"
四季	Quatro tempos	瓜德噜登補斯	葡语词指"四时"
八節	Oito divisoes	鄂伊都氏威莎伊斯	
正月	Primeira Lua	伯哩美喇鲁阿	
二月	Segunda Lua	塞郭安达鲁阿	
三月	Terceira Lua	德呼塞爱喇鲁阿	
四月	Quarta Lua	瓜呼达鲁阿	
五月	Quinta Lua	勋达鲁阿	

续表

汉语词	葡语词	汉字注音	备注
时令门			
六月	Seista Lua	塞爱斯达鲁阿	葡语词今作 Sexta
七月	Settima Lua	塞氏马鲁阿	葡语词今作 Setima
八月	Oitava Lua	鄂伊达斡鲁阿	
九月	Nona Lua	诺纳鲁阿	
十月	Decima Lua	德西马鲁阿	
十一月	Undecima Lua	稳德西马鲁阿	
十二月	Duodécima Lua	都鄂德西马鲁阿	
闰月	Luaintercalary	鲁阿因德呼噶拉呀	
今年	Este anno	额斯氏阿努	
明年	Anno vindouro	阿努乌因多乌噜	
去年	Anno passado	阿努巴萨都	
来年	Anno que ha de vir	阿努格阿氏威呀	
新年	Anno novo	阿努诺倭	
旧年	Anno velho	阿努斡勒俞	
前年	Anno antecedente	阿努安德塞德安氏	
稔年	Anno fertil	阿努弗呀氏勒	
歉年	Anno esteril	阿努额斯德哩勒	
古昔	Antigamente	安氏噶门氏	
如今	Agora	阿格喇	
今日	Hoje	鄂乌日	
明日	Amanhāa	阿满阳	葡语词今作 Amanhā
昨日	Hontem	鄂安登	葡语词今作 Ontem
逐日	Cada dia	噶达氏阿	
半日	A metade do dia	阿墨达氏都氏阿	
半月	Meya Lua	美雅鲁阿	葡语词今作 Meia
晚暮	Lusco fusco	鲁斯沽富斯沽	
夜长	Noite comprida	诺爱氏郭昂伯哩达	
夜短	Noite breve	诺爱氏伯呀威	
夜晦	Noite escura	诺爱氏额斯沽喇	
时常	Sempre	僧伯呀	

续表

汉语词	葡语词	汉字注音	备注
时令門			
永遠	Eterno	额德哷努	
以後	Depoes	德播伊斯	
温和	Temperado	登播喇都	
五行	Sinco Elementos	辛沽额勒扪都斯	
水災	Enxurrada	恩舒喇达	
旱災	Secura	塞沽喇	
采色門			
紅	Vermelho	倭哷美勒俞	
青	Azul escuro	阿苏勒额斯沽噜	
黃	Amarèlo	阿马哷鲁	
黑	Negro	讷格噜	
白	Branco	伯喇昂沽	
綠	Verde	倭哷氏	
紫	Roixo	啰嗳舒	葡语词今作 Roxo
藍	Azul	阿苏勒	
赤	Encarnado	恩噶哷纳都	
皂	Pardo	巴哷都	
色	Cor	格哷	
濃	Cor terrea	格哷德哷哷阿	
淡	Descorado	德斯格喇都	
花	Com flores	郭昂弗罗哷斯	
素	Não florido	囊乌弗罗哩都	
染	Tingir	丁日哷	
綵	Cores	格哷斯	
繡	Bordado	播哷达都	
五綵	Todas as cores	多达斯阿斯格哷斯	
鵞黃	Amarelo cor de ouro	阿马哷鲁格哷氏鄂乌鲁	
柳黃	Amarelo verdoéngo	阿马哷鲁倭哷都恩沽,	
老黃	Ruivo	噜爱乌乌	译音疑为"噜爱乌"
大紅	Vermelho carrègado	倭哷美勒俞噶哷哷噶都	

续表

汉语词	葡语词	汉字注音	备注
	采色门
桃红	Vermelho cor de pessego	倭呀美口了俞格呀氏伯塞沽	
粉红	Vermelho cor de roza	倭呀美口了俞格呀氏啰萨	葡语词今作 rosa
花红	Vermelho cor de açafrão	倭呀美口了俞格呀氏阿萨弗喇昂乌	
土红	Terra vermelha	德呀喇倭呀美口了雅	
天青	Azul Celeste	阿苏勒塞勒斯氏	
石青	Cor de Saphira	格呀氏萨费喇	葡语词今作 safira
大青	Azul carrègado	阿苏勒噶呀呀噶都	
柳青	AzulVerdoéngo	阿苏勒倭呀都恩沽	
大绿	Verde carregado	倭呀氏噶呀呀噶都	
明绿	Verde claro	倭呀氏格拉噜	
黑绿	Verde negro	倭呀氏讷沽噜	
油绿	Verde cor de azeitona	倭呀氏格呀氏阿塞爱多纳	
柳绿	Verde de herva	倭呀氏氏额呀斡	葡语词今作 erva
鸭绿	Verde gayo	倭呀氏该俞	葡语词今作 gaio
娇绿	Verde mar	倭呀氏马呀	
葱白	Branco de alabastro	伯喇昂沽氏阿拉巴斯德噜	
翠蓝	Azul claro	阿苏勒格拉噜	
颜色	Cores	格呀斯	
闪色	Furta cor	弗呀达格呀	
艳色	Cor excellentissima	格呀额爱塞勒安氏西马	葡语词今作 excelentissima
紫梗	Cor roixa	格呀罗爱沙	
颜料	Material das cores	马德哩阿勒达斯格呀斯	
	宫殿门
殿	Sala real	萨拉呀阿勒	
阁	Sobrado interior	莎伯喇都因德哩鄂呀	
庭	Sala	萨拉	
阙	Porta do paço	播呀达都巴苏	
楼	Sobrado	莎伯喇都	
台	Atalaya	阿达贲雅	葡语词今作 Atalaia

续表

汉语词	葡语词	汉字注音	备注
	宫殿门		
亭	Sala de recreação	萨拉氏呼格呼阿桑乌	
房	Cubiculo	沽毕沽鲁	
屋	Camara	噶墨喇	
廳	Sala lateral	萨拉拉德喇勒	
堂	Sala de Audiencia	萨拉氏傲氏恩西阿	
梁	Trave	德喇威	
棟	Travessa	德喇威斯萨	
柱	Coluna	格鲁纳	
椽	Ripa	哩巴	
門	Porta	播呼达	
牕	Fanèla	法讷拉	葡语词今作 Janela
簷	Algerozes	阿勒日囉塞斯	
廊	Alpendre	阿勒本德呼	
梯	Escada	额斯噶达	
板	Tabua	达補阿	
堦	Degrao	德格喇傲	葡语词今作 degrau
學	Aprender	阿伊呼安德呼	译音"伊"有误
倉	Archivo	阿呼期乌乌	译音疑为"阿呼期乌"
街	Rua	噜阿	
市	Praça	伯喇萨	
廠	Pateo de despeijos	巴氏乌氏德斯贝儒斯	葡语词今作 Pátio de despejos
竈	Fogão	佛刚乌	
店	Estalagem	额斯达拉日	
廟	Templo gentilico	德昂伯鲁仁氏礼沽	
寺	Pagode	巴格氏	
觀	Habitação dos Taoxi	阿毕达桑乌都斯道施	
塔	Torre	多呼呼	
部	Tribunal	德哩補纳勒	
營	Arrayal dos Soldados	阿呼喇雅勒都斯莎勒达都斯	葡语词今作 Arraial
磚	Tijòlo	氏若鲁	

续表

汉语词	葡语词	汉字注音	备注
宫殿門			
瓦	Telha	德勒雅	
架	Andaime	安代密	
簇	Amarrar	阿马呼呼喇	
宮殿	Paço	巴蘇	
金殿	Throno	德啰努	葡语词今作 Trono
前殿	Ante sala	安德萨拉	
後殿	Sala posterior	萨拉播斯德哩鄂呼	
金闕	Porta de ouro	播呼达氏鄂乌噜	
丹墀	Circumferéncia	西呼公弗呼安西	
衙門	Tribunàes	德哩補葡斯	
正庭	Sala do meyo	萨拉都美俞	葡语词今作 meio
官房	Caza commuã	噶萨格穆阿	葡语词今作 Casa comuã
私宅	Caza particular	噶萨巴呼氏沽拉呼	葡语词今作 Casa
正屋	Camara do meyo	噶墨喇都美俞	葡语词今作 meio
卧房	Domitório	多呼密多哩乌	
廂房	Cubiculos dos lados	格毕沽鲁斯都斯拉都斯	
書房	Livraria	哩威喇哩雅	
學堂	Escôla	额斯格拉	
客位	Cadeira de hospede	噶德爱喇氏鄂斯伯氏	
空房	Caza vazia	噶萨斡西雅	葡语词今作 Casa
庫房	Despensa	德斯本萨	
廚房	Cozinha	格辛雅	
廁房	Secretas	塞格呼达斯	
涼亭	Caza para tomar fresco	噶萨巴喇多马呼弗呼斯沽	葡语词今作 Casa
水閣	Caza de recreação na agua	噶萨氏呼格呼阿桑乌纳阿瓜	葡语词今作 Casa
大門	Porta grande	播呼达格喇安氏	
二門	Segunda porta	塞郭安达播呼达	
前門	Porta de diante	播呼达氏氏安氏	
後門	Porta de traz	播呼达氏德喇斯	葡语词今作 trás
門樓	Torre da porta	多呼呼达播呼达	

续表

汉语词	葡语词	汉字注音	备注
宮殿門			
門裏	Dentro da porta	德安德嚕达播呼达	
門外	Fora da porta	佛喇达播呼达	
門路	Caminho da porta	噶民俞达播呼达	
門扇	Porta de par	播呼达氐巴呼	
榻子	Grades	格喇氏斯	
欄杆	Varanda	斡喇安达	
過道	Passadiço	巴斯萨氏蘇	
佛殿	Sala do Fò	萨拉都佛	
寺院	Habitação de Bonzos	阿毕达桑乌氏博安蘇斯	
僧房	Caza de Bonzos	噶萨氏博安蘇斯	葡语词今作 Casa
院子	Pateo	巴氏乌	葡语词今作 Pátio
鐘樓	Torre dos sinos	多呼哩都斯西努斯	
鼓樓	Torre do tambòr	多呼哩都當播呼	
館驛	Lugar da posta	鲁噶呼达播斯达	
驛站	Pòsta	播斯达	
茶房	Caza de Chá	噶萨氏扎	葡语词今作 Casa
酒店	Taverna	达威呼纳	
監房	Cárcere	噶呼塞呼	
舖面	Officiál	鄂费西纳	葡语词今作 Oficiál
馬房	Estribaria	额斯德哩巴哩雅	葡语词今作 Estrebaria
豬牢	Cortelha	格呼德勒雅	
雞栖	Gallinheiro	噶靈葉爱嚕	葡语词今作 Galinheiro
石灰	Cal	噶勒	
禮拜寺	Mesquita	墨斯基達	
飲食門			
飯	Arroz cozido	阿呼啰斯沽西都	
麵	Farinha	法哩昂雅	
米	Arroz	阿呼啰斯	
酒	Vinho	威尼俞	
茶	Chá	察	

续表

汉语词	葡语词	汉字注音	备注
飲食門			
酪	Coalhada	沽阿勒雅达	
蜜	Mel	墨勒	
肉	Carne	噶呼讷	
糧	Mantimento	满氏门都	
豆	Legume	勒沽密	
粉	Farinha de arroz	法哩昂雅氏阿呼啰斯	
餅	Torta	多呼达	
酥	Couza de manteiga	格萨氏满德爱噶	
糖	Assùcar	阿苏噶呼	葡语词今作 Açúcar
菓	Fruta	弗噜达	
藥	Medicina	墨氏西纳	
湯	Caldo	噶勒都	
羹	Caldo de carne	噶呼都氏噶呼尼	
菜	Ervas	额呼斡斯	
油	Azeite	阿塞爱氏	
鹽	Sal	萨勒	
醋	Vinagre	威纳格哩	
薑	Gingìbre	仁日伯哩	
椒	Pimenta	畢門達	
肥	Gordura	格呼都喇	
瘦	Magreira	馬格呼爱喇	葡语词今作 Magrera
饌	Empàda	英巴達	
味	Sabòr	薩播呼	
鹹	Salgada	薩勒噶都	
淡	Ensosso	英莎蘇	葡语词今作 Insosso
酸	Azedo	阿塞都	
辣	Picante	畢斡氏	
甜	Doce	多西	
苦	Amargo	阿馬呼沽	
腥	Fartum	法呼東	

续表

汉语词	葡语词	汉字注音	备注
飲食門			
臭	Fetido	佛氏都	
生	Crù	格呼	
熟	Maduro	馬都嚕	
爛	Podre	播德哩	
稀	Ralo	喇魯	
稠	Grosso	格囉蘇	
澀	Aspero	阿斯伯嚕	
甘	Saborozo	薩伯囉蘇	葡语词今作 Saboroso
香	Cheirozo	車噯囉蘇	葡语词今作 Cheiroso
素	Simplice	辛伯禮西	
蒸	Bafo da panela	巴弗達把訥拉	
調	Tempèro	登伯嚕	
燒	Assar	阿薩呼	
煮	Cozer	格塞呼	
飲	Bebida	伯畢達	
食	Comida	格密達	
喫	Comer	格墨呼	
嚥	Engolir	英格禮呼	
饑	Fome	弗密	
飽	Fartura	法呼都喇	
渴	Sede	塞氏	
醉	Bebedice	伯伯氏西	
醒	Despertar	德斯伯咈達呼	
豬肉	Carne de porco	噶呼尼氏播呼沽	
牛肉	Carne de Vaca	噶呼尼氏斡噶	
羊肉	Carne de Carneiro	噶呼尼氏噶呼內嚕	
包兒	Bólo	播魯	
燒餅	Torta	多呼達	
沙糖	Assucar pò	阿斯蘇噶呼播	葡语词今作 Açúcar
白酒	Vinho branco	威尼俞伯喇昂沽	

续表

汉语词	葡语词	汉字注音	备注
飲食門			
黃酒	Vinho amarelo	威尼俞阿馬呼嚕	
炒麵	Farinha torrada	法哩昂雅多呼喇達	
酥油	Manteiga	滿德愛噶	
殺馬	Mattar cavallo	馬達呼噶幹魯	葡语词今作 Matar
蒸牛	Ferir o boy	弗哩呼烏博愛	葡语词今作 boi
宰羊	Matar Carneiro	馬達呼噶呼內嚕	
割鴨	Degolar Adè	氏格拉呼阿氏	
做飯	Cozer arroz	格塞呼阿呼囉斯	
做酒	Fazer vinho	法塞呼威尼俞	
調和	Temperar	登伯喇呼	
滋味	Bom Sabor	繃薩播呼	
飲食	Comer, beber	格墨呼伯伯呼	
饮酒	Beber vinho	伯伯呼威尼俞	
喫飯	Comer arroz	格墨呼阿呼囉斯	
下程	offerta aos caminhantes	鄂弗呼達阿烏斯噶民陽氏斯	
衣服門			
巾	Barrete de ceremonia	巴呼呼氏氏塞呼莫尼阿	
帽	Barreteuzual	巴呼呼氏烏組阿勒	葡语词今作 usual
纓	Borla de pelos	播呼拉氏伯魯斯	
綾	Borla de seda	播呼拉氏塞達	
衣	Veste	倭斯氏	
襟	Aba do vestido	阿巴都倭斯氏都	
領	Gravata	格喇幹達	
袖	Mangas	滿噶斯	
襖	Camizola	噶密莎拉	葡语词今作 Camisola
裙	Aventdal	阿溫達勒	
褲	Calção	噶勒桑烏	
靴	Bottas	播達斯	葡语词今作 Botas
鞋	Çapatos	匝巴都斯	葡语词今作 Sapatos
韈	Meyas	梅雅斯	葡语词今作 Meias

续表

汉语词	葡语词	汉字注音	备注
衣服门			
帐	Cortina	格呼氏納	
被	Coberta	格伯呼達	
褥	Colchão	格勒常烏	
枕	Travesseiro	德喇倭斯塞愛嚕	
锦	Tela dourada	德喇門喇達	
缎	Settim	塞丁	葡语词今作 Setim
纱	Seda xa	塞達沙	
绫	Tafetá	達弗達	
罗	Seda Lò	塞達羅	
丝	Seda crua	塞達格嚕阿	
紬	Teya de Seda	德愛雅氏塞達	译音疑为"德雅氏塞达"
绢	Escumilha	額斯沽密勒雅	
绵	Algodão	阿勒沽湯烏	
布	Pano	巴怒	
麻	Estopa	額斯多巴	
毡	Feltro	弗勒德嚕	
绒	Seda de felpa	塞達氏弗勒巴	
线	Fio	費烏	
表	Exterior do vestido	額斯德哩鄂呼都倭斯氏都	
里	Interior do vestido	因德哩鄂呼都倭斯氏都	
袋	Alforge	阿勒弗呼日	
囊	Sacco	薩沽	葡语词今作 Saco
穿	Vestir	倭斯氏呼	
冠帽	Barrete	巴呼呼氏	
冠带	Barrete, cinto	巴呼呼氏辛都	
纱帽	Barrete de xa	巴呼呼氏氏纱	
雨帽	Barrete contra chuva	巴呼呼氏郭安德喇諸幹	
网巾	Barrete de rede	巴呼呼氏氏呼氏	
衣服	Vestido	倭斯氏都	
衣裳	Vestimenta	倭斯氏門達	

续表

汉语词	葡语词	汉字注音	备注
衣服門
圓領	Collar de Mandarim	格拉呼氏滿達哩昂	
襯衣	Camiza de mulher	噶密薩呼氏穆勒葉呼	葡语词今作 Camisa
綿衣	Veste de algodão	倭斯氏氏阿勒沽湯烏	
皮衣	Veste de pelles	倭斯氏氏伯勒勒斯	葡语词今作 Peles
皮襖	Veste talar de pelles	倭斯氏達拉呼氏伯勒勒斯	
袽□	Roupão de pelles	囉烏邦烏氏伯勒勒斯	
氊衫	Roupão	囉烏邦烏	
棕衫	Roupão grosseiro	囉烏邦烏格羅塞愛嚕	
布衫	Túnica	都尼噶	
短衫	Camizote	噶密莎氏	葡语词今作 camiseta
汗衫	Camiza	噶密薩	葡语词今作 camisa
袈裟	Pluvial de Bonzos	伯魯威阿勒氏歕組斯	
法衣	Vestido ceremonial de Bonzos	倭斯氏都澤呼穆尼阿勒氏歕組斯	
金帶	Cinto de ouro	辛都氏鄂烏嚕	
玉帶	Cinto com pedras preciozas	辛都郭安伯德喇斯伯呼西鄂薩斯	葡语词今作 preciosas
銀帶	Cinto de prata	辛都氏伯喇達	
角帶	Cinto com fivèlas de corno	辛都郭安費倭勒拉斯氏格呼努	
鸞帶	Cinto de seda	辛都氏塞達	
玎璫	Pendentes de pedra precioza	奔德安德斯氏伯德喇伯呼西鄂薩	
牙牌	Pendentes de marfim	奔德安德斯氏馬呼費昂	
絲縧	Cordão de Seda	格呼湯烏氏塞達	
帳幔	Cortinado	格呼氏納都	
花幔	Continado com flores	格呼氏納都郭安弗羅勒斯	
帳房	Barraca	巴呼喇噶	
夾被	Coberta com forro	格伯呼達郭安佛呼嚕	
臥單	Lençol	勒安莎勒	

续表

汉语词	葡语词	汉字注音	备注
衣服門			
包袱	Mala	馬拉	
手巾	Lenço mayor	勒安蘇邁嶽呼	葡语词今作 maior
手帕	Lenço menor	勒安蘇墨諾呼	
荷包	Bolsa	播勒薩	
鏡袋	Bolsa do espelho	播勒薩都額斯貝勒俞	
皂靴	Bottas redondas	播達斯呼多安達斯	
靸鞋	Çocos	莎沽斯	葡语词今作 Sacos
氈韈	Meyas de feltro	美雅斯氏弗勒德嚕	葡语词今作 Meias
梳頭	Pentear	本氏阿呼	
包頭	Amarrar o cabelo	阿馬喇呼烏噶伯魯	
繫腰	Cingirse	辛日呼西	
裹脚	Embrulhar os pès	額昂伯嚕勒雅呼烏斯伯斯	
胷背	Peito, costas	貝都格斯達斯	
領長	Gravata comprida	格拉斡達郭安伯哩達	
領短	Gravata curta	格拉斡達沽呼達	
蟒龍	Grande Dragão	格拉昂氏德喇剛烏	
織錦	Tecer tela de ouro	德塞呼德拉氏鄂烏嚕	
金繡	Bordar com ouro	播呼達呼郭昂鄂烏嚕	
錦繡	Teya bordada de ouro	德愛雅播呼達達氏鄂烏嚕	
剪絨	Veludo	倭勒魯都	
紵絲	Especie de Damasco	額伯西額氏達馬斯沽	葡语词今作 Especia
綵絹	Escumilha de cores	額斯沽密勒雅氏格呼斯	
氆氇	Barragàna	巴呼喇噶納	
綿布	Teya de algudão	德愛雅氏阿勒沽湯烏	葡语词今作 Teia de algodão
貂鼠皮襖	Vestido de zebelina	倭斯氏都氏塞伯禮納	葡语词今作 zibeline
方隅門			
東	Leste	勒斯氏	
西	Oeste	烏額斯氏	
南	Sul	蘇勒	

续表

汉语词	葡语词	汉字注音	备注
方隅門			
北	Norte	諾呼氏	
上	Em cima	額昂西馬	
下	De baixo	德拜舒	
左	A esquerda	阿額斯格呼達	
右	A direita	阿氏呼愛達	
前	Diante	氏安氏	
後	Detraz	德德喇斯	葡语词今作 detras
內	Dentro	德安德嚕	
外	Fora	佛喇	
橫	Atravessado	阿德喇倭斯薩都	
直	Direito	氏呼愛都	葡语词今作 Direto
中	Meyo	美俞	葡语词今作 Meio
正	Recto	呼格都	
角	Ângulo	安沽魯	
邊	Lado	拉都	
方	Quadrado	瓜德喇都	
圓	Redondo	呼多安都	
家	Caza	嘎薩	葡语词今作 Casa
中間	No meyo	諾美俞	
這裡	Aquî	阿基	
那裡	Allì	阿禮	葡语词今作 Ali
經部門			
卷	Hum terno	甕德呼努	
品	Ordem	鄂呼登	
旨	Decreto	德格呼都	
法	Ley	雷	葡语词今作 lei
神	Espirito	額斯畢哩都	
鬼	Alma Separada	阿勒馬塞巴喇達	
燃燈	Casta de Indios	噶斯達氏因氏烏斯	
釋迦	Os que seguem Fò	鄂斯格塞根佛	

续表

汉语词	葡语词	汉字注音	备注
	經部門		
羅漢	Companheiros do Fò	郭昂班葉愛嚕斯都佛	
佛像	Imagem do Fò	伊馬仍都佛	
畫像	Pintura	賓都喇	
雕像	Imagem esculpida	伊馬仍額斯沽勒畢達	
鑄像	Imagem feita ao fogo	伊馬仍飛達阿烏佛沽	
藏經	Livros do Tibet	禮威嚕斯都氏伯特	
目錄	Indice	因氏西	
經數	Numero de Livros	努墨嚕氏禮威嚕斯	
三寶	Lugar do Fò	魯噶呼都佛	
大寶	Throno	德囉努	葡语词今作 Trono
大乘	Reza do Fò	呼薩都佛	
妙法	Boa Ley	播阿雷	
聲聞	Thema	德馬	葡语词今作 Tema
發心	Attrahir	阿德喇伊呼	葡语词今作 Atrair
讚美	Louvar	羅烏幹呼	
皈依	Fazer Bonzo	法塞呼奔蘇	
修理	Renovarse	呼諾幹呼西	葡语词今作 Renovar-se
慈悲	Mizericórdia	密塞哩格呼氏阿	葡语词今作 Misericórdia
祝延	Rogar bons annos	囉噶呼奔斯阿努斯	
無邊	Sem fim	僧費昂	
利益	Conveniencia	郭安倭尼恩西阿	
燒香	Accender cheiro	阿僧德呼澤愛嚕	葡语词今作 Acender
合掌	Pòr as maõs	播呼阿斯莽烏斯	
打掃	Varrer	幹呼呼呼	
開門	Abrir a porta	阿伯哩呼阿播呼達	
閉戶	Fechar a porta	弗縈呼阿播呼達	
清淨	Pureza	補呼薩	
自在	Viver com sigo	威倭呼郭昂西沽	葡语词今作 sigu
圓滿	Tem merecimentos	登墨哩西門都斯	
功德	Merecimento de virtude	墨呼西門都氏威呼都氏	

续表

汉语词	葡语词	汉字注音	备注
\<經部門\>			
道德	Merecimento da doutrina	墨呀西門都達多烏德哩納	
闡化	Meditar	墨氏達呀	
闡教	Meditar a Ley	墨氏達呀阿雷	
輔教	Prègar	伯呀噶呀	
國師	Mestre do Reino	墨斯德喇都呀愛努	
禪師	Mestre que medita	墨斯德呀格墨氏達	
都網	Compendio	郭昂本氏烏	葡语词今作 Compendiu
\<珍寶門\>			
寶	Preciozo	伯呀西額蘇	葡语词今作 Precioso
珠	Pérola	伯嚕拉	
玉	Pedra precioza	伯德喇伯呀濟鄂薩	
金	Ouro	歐嚕	
銀	Prata	伯喇達	
銅	Cobre	格伯呀	
錫	Estanho	額斯灘俞	
鐵	Ferro	弗呀嚕	
鉛	Chumbo	鐘補	
胭	Rebique	呀畢基	葡语词今作 hebíque
砵	Vermelhão	倭呀美勒陽烏	
钱	Moèda	穆額達	
物	Couza	果烏薩	葡语词今作 Cousa
財	Riqueza	哩可薩	
貨	Fazenda	法僧達	
寶貝	Preciozidade	伯呀西鄂西達氏	葡语词今作 Preciosidade
寶石	Pedra precioza	伯德喇伯呀西鄂薩	
珍珠	Margarita	馬呀噶哩達	
大珠	Grande pérola	格喇昂氏伯嚕拉	
珠母	Concha de pérola	郭安察氏伯嚕拉	
瑪瑙	Iacinto	雅辛都	葡语词今作 Jacinto
珊瑚	Coral	沽喇勒	

续表

汉语词	葡语词	汉字注音	备注
珍寶門			
琥珀	Alambre	阿郎伯呀	
碧玉	Çafìra	薩費喇	葡语词今作 Safira
玻璃	Vidro	威德嚕	
水晶	Christal	格哩斯達勒	葡语词今作 Cristal
琉璃	Vidrado	威德喇都	
火晶	Vidro de accender fogo	威德嚕氏阿參德呀佛沽	
水銀	Mercúrio	墨呀沽哩烏	
石青	Pedra azul	伯德喇阿蘇勒	
硃砂	Sandraca	三德喇噶	
象牙	Marfim	馬呀費昂	
玳瑁	Tartaruga	達呀達嚕噶	
砗磲	Alabastro	阿拉巴斯德嚕	
黃銅	Cobre amarèlo	格伯呀阿馬呀勒魯	
白銅	Cobre branco	格伯呀伯喇安沽	
鑌鐵	Aço	阿蘇	
猫兒眼	Olhos de gatto	鄂勒俞斯氏噶都	葡语词今作 Gato
石榴子	Granada	格喇納達	
金剛鑽	Diamante	氏阿滿氏	
鴉鶻石	Esmeralda	額斯墨喇勒達	
香藥門			
檀香	Sândalo	三達魯	
沉香	Pao aquila ordinário	鮑阿基拉鄂呀氏納哩烏	葡语词今作 pau
降香	Pao aquila melhor	鮑阿基拉墨勒嶽呀	
速香	Pao aquila silvestre	鮑阿基拉西勒倭斯德呀	
沉檀	Sândalo Vermelho	三打魯倭呀墨勒俞	
木香	Cósto	格斯都	
丁香	Cravo da India	格拉倭達因氏阿	
片腦	Camphora melhôr	剛佛拉墨勒嶽呀	葡语词今作 Cânfora
樟腦	Camphora da China	剛佛拉達知納	
人參	Ginsên	仁參	

续表

汉语词	葡语词	汉字注音	备注
香藥門			
官桂	Canèla	噶訥拉	
甘草	Alcaçuz	阿勒噶蘇斯	
藤黃	Goma gutta	格馬沽達	葡语词今作 guta
蓿砂	Cardamomo menòr	噶呼達莫穆墨諾呼	
阿魏	Aça fètida	阿薩弗氏達	
豆蔻	Cardamomo mayòr	噶呼達莫穆馬嶽呼	葡语词今作 maior
鴉片	Opio	鄂畢烏	
杏仁	Caròço de albricòque	噶囉蘇氏阿勒伯哩格基	
菖蒲	Cálamo aromàtico	噶拉穆阿囉馬氏沾	
當歸	Aypo	愛補	葡语词今作 Aipo
草菓	Amomo	阿莫穆	
檳榔	Arèca	阿呼噶	
陈皮	Casca de Laranja	噶斯噶氏拉喇安	
川芎	Contra herva	郭安德喇額呼斡	葡语词今作 Erva
巴豆	Figueira do inferno	費格愛喇都因弗呼努	
姜黃	Gingibre amerelo	仁日伯呼阿馬呼魯	葡语词今作 amarelo
白檀	Sândalo branco	三達魯伯喇安沾	
桂皮	Canèla	噶納拉	
黃丹	Zarcão	薩呼剛烏	
甘松	Spica nardi	額斯畢噶納呼氏	葡语词今作 Espiganardo
牛黃	Pedra bazàr de Vacca	伯德喇巴薩呼氏斡噶	葡语词今作 vaca
药材	Medicina	墨氏西納	
花木門			
花	Flòr	弗囉呼	
木	Pào	鮑	葡语词今作 Pau
桃	Pècego	伯塞沾	葡语词今作 Pêssego
杏	Albricòque	阿勒伯哩格克	
李	Ameixa	阿美沙	
松	Pinho	賓俞	
栢	Cipreste	西伯呼斯氏	

续表

汉语词	葡语词	汉字注音	备注
	花木門
梅	Abrunho	阿伯魯安俞	
梨	Perà	伯喇	
橙	Laranjeira	拉喇安熱愛喇	
橘	Laranjeira menor	拉喇安熱愛喇墨諾呼	
柿	Guajacàna	瓜□噶納	注音汉字不详
柑	Laranjeira pequèna	拉喇安熱愛喇伯克納	
栗	Castanha	噶斯灘雅	
棗	Maçaa da nàfega	馬桑達納弗噶	
榴	Romãa	囉莽	葡语词今作 Romã
柳	Salgueiro	薩勒格愛嚕	
榆	Olmo	鄂勒穆	
槐	Arvore semelhanteù Acàcia	阿呼烏呼塞密勒雅 訥氏阿阿噶西阿	
荆	Espinheiro	額斯賓葉愛嚕	
竹	Bambù	龐補	
笋	Olhos de bambù	鄂勒俞斯氏龐補	
榛	Avelãa	阿倭勒郎	葡语词今作 Avelã
葵	Malva da India	馬勒斡達因氏阿	
菊	Matricaria	馬德哩噶哩阿	
米	Arroz	阿呼囉斯	
穀	Grão	格喇烏昂	
禾	Seàra	塞阿喇	
稻	Nêle	訥勒	葡语词今作 Nélle
麥	Trigo	德哩沽	
豆	Legùme	勒沽密	
菜	Hortaliça	鄂呼達禮薩	
芋	Inhame	因雅密	
瓜	Abòbra	阿播伯喇	葡语词今作 Abóbora
薑	Gingibre	仁日伯哩	
萄	Uvas	烏斡斯	

续表

汉语词	葡语词	汉字注音	备注
花木門			
茜	Ruiva de Tintureiro	嚕伊斡氏丁都呼愛嚕	
葱	Cebola	塞播拉	
韭	Alhos pòrros	阿勒俞斯播呼嚕斯	葡语词今作 alho-porro
蒜	Alho	阿勒俞	
薤	Especie de alhos pòrros	額斯伯西額氏阿勒俞斯播呼嚕斯	
芥	Mustarda	穆斯達呼達	
芹	Aypo	愛補	葡语词今作 Aipo
茶	Herva chà	額呼斡絮	葡语词今作 Erva
菓	Fruta	弗嚕達	
蘆	Caniço	噶尼蘇	
葛	Nono	諾努	
藤	Rota	囉達	
藻	Rabaça	喇巴薩	
蒲	Tabùa	達補阿	
艾	Artemija	阿呼德密□	注音汉字不详
苔	Musgo	穆斯沽	
草	Hervas	額呼斡斯	葡语词今作 Ervas
桑	Amoreira	阿穆呼愛喇	
蔴	Linho	林俞	
柴	Lenha para queimar	勒安雅巴喇格愛馬呼	
薪	Lenha	勒安雅	
樹	Arvore	阿呼烏呼	
林	Bosque	播斯格	
苗	Talo	達魯	
根	Raiz	喇伊斯	
節	Artigo da planta	阿呼氏沽達伯蘭達	
枝	Ramo	喇穆	
葉	Folha	佛勒雅	
芽	Olho de hortaliça	鄂勒俞氏鄂呼達禮薩	
朵	Artigo de flor	阿呼氏沽氏弗羅呼	

续表

汉语词	葡语词	汉字注音	备注
	花木門		
英	Herva florescente	額呼斡弗羅呼參氏	
蕋	Botão da flòr	播湯達弗羅呼	
穗	Espiga	額斯畢噶	
秧	Hervario	額呼斡哩烏	
稍	Aresta	阿呼斯達	
栽	Plantar	伯蘭達呼	
種	Semente	塞門氏	
發	Brotar	伯囉達呼	
生	Crescer	格呼斯塞呼	
粗	Grosso	格囉蘇	
菓品	Castas da fruta	噶斯達斯氏弗嚕達	
核桃	Nozes	諾塞斯	
松子	Pinhão	賓陽烏	
軟棗	Guajacana negra	瓜□噶納訥格喇	注音漢字不詳
木瓜	Marmèlo	馬呼墨魯	
酸棗	Maçãa Silvestre	馬桑西勒斡斯德呼	葡语词今作 Maçã
橄欖	Mirobolàno	密囉播拉努	
荸荠	Junco marinho	閏沽馬哩安俞	
茨菇	Herva setteira	額呼斡塞德愛喇	
葫蘆	Cabaça	噶巴薩	
芝蔴	Gerzelim	熱呼塞靈	葡语词今作 Gergelim
蕎麥	Fruta da faya	弗嚕達達法雅	葡语词今作 Faia
黍子	Milho viscozo	密勒呼威斯格蘇	葡语词今作 Viscoso
西瓜	Melancîa	墨蘭西阿	
甜瓜	Melão	墨朗烏	
稍瓜	Melão redondo	墨朗烏呼多安多	
糜子	Milho redondo	密勒俞呼多安都	
胡椒	Pimenta	畢門達	
花椒	Pimenta da china	畢門達達知納	
蓮花	Golfão	格勒方烏	

续表

汉语词	葡语词	汉字注音	备注
花木門			
桂花	Flor de canèla	弗羅呀德噶訥拉	
牡丹	dormideiraencarnada	多呀密德愛喇英噶呀納達	
芍藥	Roza albardeira	羅薩阿勒巴呀德愛喇	葡语词今作 Rosa
玉簪	Lirio branco	禮哩烏伯喇安沽	
芭蕉	Figo da India	費沽達因氏阿	
馬蓮	Flor silvestre	弗羅呀西勒倭斯德呀	
綿花	Algudão	阿勒沽湯烏	葡语词今作 Algodão
綿子	Semente de algudão	塞門氏氏阿勒沽湯烏	
蘇木	Pao de campèchi	鮑氏剛伯知	
樺木	Pao da Tartaria	鮑達達呀達哩阿	
烏木	Ebano	額巴努	
細茶	Fino chá	費努紮	
紅花	Açafrão	阿薩弗喇烏昂	
新鮮	Recente	呀參氏	
人事門			
福	Felicidade	弗禮西達氏	
壽	Muitos annos	穆伊都斯阿諾斯	葡语词今作 Anos
仁	Piedade	畢額達氏	
義	Justiça	儒斯氏薩	
禮	Ritos	哩都斯	
智	Sabiduria	薩畢都禮阿	葡语词今作 Sabedoria
信	Fè	弗	
朝	Hir a Palacio	伊呀阿巴拉西俞	葡语词今作 ir
獻	Offrecer	鄂弗呀塞呀	葡语词今作 Ofercer
討	Pedir	伯氏呀	
恩	Beneficio	伯納費西烏	
差	Embaixadôr	額昂拜沙達	
宴	Banquete	班克氏	
賞	Dadiva	達氏幹	
給	Dar	達呀	

续表

汉语词	葡语词	汉字注音	备注
人事門				

汉语词	葡语词	汉字注音	备注
赦	Perdoar	伯呀都阿呀	
勸	Amoestar	阿穆額斯達呀	
刑	Castigo	噶斯氏沽	
罰	Pena	伯訥	
起	Levantar	勒灣達呀	
坐	Assentar	阿參達呀	
睡	Deitar	德愛達呀	
臥	Dormir	多呀密呀	
走	Andar	安達呀	
到	Chegar	遮噶呀	
去	Hir	伊呀	葡语词今作 ir
來	Vir	威呀	
出	Sahir	薩伊呀	葡语词今作 Sair
入	Entrar	恩德喇呀	
進	Andar por diante	安達呀播呀氏安氏	
退	Retroceder	呀德囉塞德	
看	Olhar	鄂勒雅呀	
聽	Ouvir	鄂烏威呀	
思	Pensar	本薩呀	
慮	Considerar	郭安西德喇呀	
夢	Sonhar	莎安雅呀	
懷	Conservar no coração	郭安塞呀斡呀諾格喇桑烏	
尋	Buscar	補斯噶呀	
望	Esperar	額斯伯喇呀	
觀	Ver	倭呀	
嘆	Suspirar	蘇斯畢喇呀	
羞	Envergonharse	恩斡呀郭安雅呀塞	葡语词今作 Envergonhar-se
驚	Assustarse	阿蘇斯達呀塞	葡语词今作 Assustar-se
恐	Temer	德墨呀	
悔	Arrepender	阿呀本德呀	

续表

汉语词	葡语词	汉字注音	备注
人事門			
戲	Brincar	伯哩安噶呀	
舞	Saltar	薩勒達呀	
唱	Cantar	幹達呀	
戰	Tremer	德呀墨呀	
嗔	Agastar	阿噶斯達呀	
憎	Aborrecer	阿播呀呀塞呀	
搜	Esquadrinhar	額斯瓜德哩安雅呀	
掛	Dependurar	德本都喇呀	
脫	Despir	德斯畢呀	
揪	Tomar com a mão	多馬呀郭昂阿莽烏	
倒	Cahir	噶伊呀	葡语词今作 Cair
扶	Ajudar	阿儒達呀	
推	Enpurrar	額昂補喇呀	
跟	Seguir	塞基呀	
逃	Fugir	富日呀	
亡	Acabar	阿噶巴呀	
回	Voltar	倭勒達呀	
告	Avizar	阿威薩呀	葡语词今作 Avisar
傳	Entregar	恩德呀噶呀	
說	Dizer	氏塞呀	
叫	Chamar	紮馬呀	
呼	Invocar	因倭噶呀	
拏	Tomar	多馬呀	
催	Apertar	阿伯呀達呀	
擇	Eleger	額勒日呀	
問	Perguntar	伯呀郭安達呀	
對	Conferir	郭安弗哩呀	
隱	Esconder	額斯郭安德呀	
避	Apartarse	阿巴呀達呀塞	葡语词今作 Apartar-se
詐	Fingido	費安日都	

续表

汉语词	葡语词	汉字注音	备注
人事門			
愚	Rude	嚕氏	
懶	Perguiça	伯呀基薩	
妄	Temerario	德墨喇哩烏	
斜	Oblíquo	鄂伯禮沽	
借	Emprestar	額昂伯呀斯達呀	
知	Saber	薩伯呀	
肯	Querer	克呀呀	
執	Apanhar com a mão	阿班雅呀郭昂阿莽烏	
持	Mostrar com o dedo	莫斯德喇呀郭昂鄂德都	
捕	Comprehender	郭昂伯呀恩德呀	
靜	Quieto	基額都	
修	Perfeiçoar	伯呀飛組阿呀	
為	Cauza	高薩	葡语词今作 Causa
止	Parar	巴喇呀	
愛	Amar	阿馬呀	
憐	Compadecer	郭昂巴德塞呀	
勤	Diligência	氏禮仁氏	
勞	Trabalho	德喇巴勒俞	
打	Ferir	弗哩呀	
罵	Afrontar	阿弗羅安達呀	
爭	Porfiar	播呀費阿呀	
嚷	Tumulto	都穆勒都	
惱	Enfadarse	額法達呀塞	葡语词今作 Enfadar-se
怪	Exotico	額斯鄂氏沽	
怒	Ira	伊喇	
怨	Indignarse	因氏納呀塞	葡语词今作 Indignar-se
罪	Peccado	伯噶都	葡语词今作 Pecado
苦	Tribulação	德哩補拉桑烏	
殺	Mattar	馬達呀	葡语词今作 Matar
砍	Cortar	格呀達呀	

续表

汉语词	葡语词	汉字注音	备注
	人事門		
死	Morrer	墨呀呀呀	
夭	Vida curta	威達沽呀達	
愁	Tristèza	德哩斯德薩	
憂	Aflição	阿弗禮桑烏	葡语词今作 Aflição
哭	Chorar	綽喇呀	
賣	Vender	溫德呀	
買	Comprar	郭昂伯喇呀	
嫁	Cazar	噶薩呀	葡语词今作 Casar
娶	Tomar mulher	多馬呀穆勒葉呀	
疑	Duvida	都威達	
斷	Determinar	德德呀密納呀	
順	Próspero	伯囉斯伯嚕	
逆	Adverso	阿德威呀蘇	
揖	Reverencia	呀倭呀安西阿	
讓	Humildade	烏密勒達氏	
跪	Ajoelhar	阿蕋勒雅呀	
謝	Dar graças	達呀格喇薩斯	
送	Despachar	德斯巴紮呀	
迎	Hir ao encontro	伊呀阿烏恩郭安德嚕	
猜	Suspeitar	蘇斯貝達呀	
異	Insólito	因索禮都	
離	Separar	塞巴喇呀	
會	Ajuntar	阿閏達呀	
依	Estribar	額斯德哩巴呀	
准	Annuir	阿努伊呀	葡语词今作 Anuir
違	Repugnar	呀補格納呀	
悟	Desprezar	德斯伯呀薩呀	
遲	Tarde	達呀氏	
記	Lembrar	楞伯喇呀	
忘	Esquecer	額斯格塞呀	

续表

汉语词	葡语词	汉字注音	备注
人事門			
姓	Cognome	格格諾密	
名	Nome	諾密	
善	Bom	繃	
惡	Mao	庅	葡语词今作 Mau
榮	Honra	額安喇	
辱	Afronta	阿弗囉安達	
尊	Nobre	諾伯呼	
卑	Vil	威勒	
親	Parente	巴呼安氏	
疎	Remoto	呼墨都	
速	Depressa	德伯呼薩	
慢	Devagar	德幹嘎呼	
虛	Vão	汪烏	
實	Sincèro	辛澤嚕	
真	Verdadeiro	倭呼達德愛嚕	
假	Falso	法勒蘇	
難	Difficil	氏費西勒	葡语词今作 Difcil
易	Facil	法西勒	
閑	Ociozo	鄂西鄂蘇	葡语词今作 Ocioso
忙	Occupado	鄂沽巴都	葡语词今作 Ocupado
喜	Alegre	阿勒格呼	
樂	Contentamento	郭安德安達門都	
人倫	Casta de homens	噶斯達氏鄂門斯	
職事	Occupação	鄂沽巴桑烏	葡语词今作 Ocupação
差遣	Embaixador	額昂拜沙多呼	
公幹	Negocio publico	訥格西烏補伯禮沽	
起身	Partir	巴呼氏呼	
到任	Entrar no Officio	恩喇呼諾鄂費西烏	
敬拜	Visitar	威西達呼	
便益	Cõmodo	格墨都	

续表

汉语词	葡语词	汉字注音	备注
人事門			
受用	Deleitação	德雷達倭呀	
謹慎	Attender	阿德安德呀	
孝順	Obediencia de Filho	鄂伯氏恩西阿氏費勒俞	
乾淨	Puro	補嚕	
勤謹	Diligente	氏禮仁氏	
侍奉	Assistir	阿西斯氏呀	
生活	Viver	威倭呀	
養活	Sustentar a vida	蘇斯德安達呀阿威達	
真實	Pura verdade	補喇倭呀達氏	
必定	Sem duvida	僧都威達	
緣事	Desde o principio	德斯德鄂伯哩安西畢烏	
如何	De que sorte	德格莎呀氏	
若是	Se hè	塞額	
若干	Quanto	關都	
暫且	Neste tempo	訥斯伊登補	
堪可	Pode Ser	伯德塞呀	
可惜	Digno de compaixão	氏格努氏郭昂拜商烏	
不知	Não conheço	囊烏郭安葉蘇	
不會	Não sei	囊烏塞愛	
不曾	Ainda não	阿因達囊烏	
不敢	Não me attrevo	囊烏墨阿德呀倭	葡语词今作 Atrevo
不見	Não vejo	囊烏威儒	
不到	Não chega	囊烏遮噶	
顯露	Manifestar	馬尼弗斯達呀	
應用	Convem uzar	郭安穏烏薩呀	
禁約	Prohibir	伯囉伊畢呀	
黜退	Rejeitar	呀熱愛達呀	
致仕	Largar officio	拉呀噶呀鄂費西烏	
人夫	Trabalhador	德喇巴勒雅多呀	
分付	Mandar	滿達呀	

续表

汉语词	葡语词	汉字注音	备注
人事門			
同去	Acompanhar	阿郭昂班雅咓	
抽分	Receber tributo	咓塞伯咓德哩補都	
納稅	Pagar tributo	巴噶咓德哩補都	
跟隨	Seguir	塞基咓	
擅出	Levantar	勒灣達咓	
差去	Expedir	額斯伯氏咓	
管待	Tratar	德喇達咓	
相同	O mesmo	鄂墨斯穆	
可憐	Compaixão	郭安拜商烏	
憐憫	Compaixão grande	郭安拜商烏格喇安氏	
思想	Considerar	郭安西德喇咓	
是誰	Quem he	庚額	葡语词今作 Quem é
是我	Sou eu	索烏額烏	
催促	Instar	因斯達咓	
阻擋	Impedir	因穆伯氏咓	
商議	Consultar	郭安蘇勒達咓	
商量	Conferir	郭安弗哩咓	
穿靴	Calçar botas	噶勒薩咓播達斯	
穿甲	vestir a saya de malha	倭斯氏咓阿薩雅氏馬勒雅	葡语词今作 Saia
齊整	Perfeitamente	伯咓飛達門氏	
起營	Levantar o arrayal	勒灣達咓鄂阿喇雅勒	葡语词今作 Arraial
下營	Assentar o arrayal	阿參達咓鄂阿喇雅勒	
搶奪	Saquear	薩格阿咓	
反叛	Rebellar	咓伯拉咓	葡语词今作 Rebelar
作歹	Fazer mal	法塞咓馬勒	
推辭	Recusar	咓沽薩咓	
躲避	Acautelar	阿高德拉咓	
遮藏	Esconder	額斯郭安德咓	
勢大	Poder grande	播德咓格喇安氏	
勢小	Poder pequeno	播德咓伯格努	

续表

汉语词	葡语词	汉字注音	备注
人事門			
投順	Sojeitarse	蘇熱愛達呀塞	葡语词今作 Sujeitar-se
擡舉	Elevar	鄂勒斡呀	
照顧	Tratar	德喇達呀	
其餘	Sobejo	莎貝儒	
不盡	Não basta	囊烏巴斯達	
輕慢	Desprezar	德斯伯呀薩呀	
怠惰	Preguiça	伯呀基薩	
拿住	Tomar	多馬呀	
走奔	Fugir	富日呀	
捕捉	Cattivar	噶氏斡呀	葡语词今作 Cativar
懼怕	Temer	德墨呀	
尋覓	Inquirir	因基哩呀	
叮嚀	Amoestar	阿莫額斯達呀	葡语词疑为 Admoestar
選擇	Escolher	額斯格勒葉呀	
保舉	Propòr	伯囉播呀	
相爭	Rixar	哩沙呀	
爭競	Amotinar	阿莫氏納呀	
小量	Pouca força	伯烏噶佛呀薩	
嫉妒	Enveja	恩威□	葡语词今作 Inveja；注音汉字不详
敗壞	Destruir	德斯德嚕伊呀	
毀謗	Murmurar	穆呀穆拉呀	
淫亂	Perverso	伯呀威呀蘇	
失信	Falso	法勒蘇	
不仁	Sem brandura	僧伯喇安都喇	
欺凌	Afrontar	阿弗囉安達呀	
奸狡	Adulterar	阿都勒德喇呀	
混雜	Motim	莫丁	
顛倒	Desordem	德斯鄂呀登	
慣曾	Acosumar	阿格斯都馬呀	葡语词应为 Acostumar
威猛	Terrivel	德呀哩倭勒	

续表

汉语词	葡语词	汉字注音	备注
人事門			
欺壓	Opprimir	鄂德哩密勒	译音与葡语词不符
聲音	Falar	法拉呀	
說話	Pronunciar	伯囉努安西阿呀	
喧譁	Clamar	格拉馬呀	
言問	Perguntar	伯呀郭安達呀	
答應	Responder	呀斯奔德呀	
伺候	Esperar	額斯伯喇呀	
消停	Parar	巴喇呀	
慢來	Vir de vagar	威呀德幹噶呀	
快去	Hir de pressa	伊呀德伯呀薩	
快來	Vir de pressa	威呀德伯呀薩	
和睦	Concórdia	郭安格呀氏雅	
諧和	Unirce	烏你呀塞	葡语词今作 Unirse
事務	Negocio	訥格西烏	
緣故	Rezão	呀桑烏	葡语词今作 Razão
停當	Absoluto	阿伯索魯都	
仔細	Meudo	墨烏都	
用心	Attento	阿德安都	葡语词今作 Atento
盡心	De todo coração	德多都格喇桑烏	
竭力	Com todas forces	郭昂多達斯佛呀薩斯	
誠實	Maduro	馬都嚕	
端立	Modestamente	墨德斯達門氏	
仁慈	Mizericórdia	密塞哩格呀氏阿	
清閑	Ociozo	鄂西鄂蘇	葡语词今作 Ocioso
風流	Costume	格斯都密	
慷慨	Comiseração	格密塞喇桑烏	
勇猛	Fortaleza	佛呀達勒薩	
愚蠢	Rude	嚕氏	
奸詐	Mào	庬	
愚魯	Rústico	嚕斯氏沽	

续表

汉语词	葡语词	汉字注音	备注
\multicolumn{4}{c}{人事門}			
勞心	Trabalhos	德喇巴勒俞斯	
戲耍	Ridicular	哩氏沽拉呀	
遊翫	Brincar	伯哩安噶呀	
唱曲	Cantar trovas	幹達呀德囉幹斯	
回轉	Virarse	威喇呀塞	葡语词今作 Virar-se
本事	Talento	達勒安都	
收拾	Concertar	郭安塞呀達呀	葡语词今作 Consertar
完成	Acabar	阿噶巴呀	
預俻	Preparar	伯呀巴喇呀	
聚會	Ajuntarse	阿閏達呀塞	葡语词今作 Ajuntar-se
洗滌	Limpar	霛巴呀	
分明	Declarar	德格拉喇呀	
人事	Negocio cõmum	訥格西烏格孟	
客到	Chegou hospede	遮耇鄂斯伯氏	
請坐	Convidar a assentar	郭安威達呀阿參達呀	
同行	Acompanhar	阿郭昂班雅呀	
迎接	Hir ao encontro	伊呀阿烏恩郭安德魯	
交易	Contracto	郭安德喇都	
有事	Ter negocio	德呀訥格西烏	
將來	Logo	羅沽	
要緊	Necessario	訥塞薩哩烏	
務要	He necessario	額訥塞薩哩俞	
休要	Obra Inutil	鄂伯喇因烏氏勒	
安在	Depor	德播呀	
吹火	Soprar fogo	莎伯喇呀佛沽	
祭祀	Sacrificar	薩格哩費噶呀	
平心	Descansar	德斯干蘇	
公道	Justiça	儒斯氏薩	

续表

汉语词	葡语词	汉字注音	备注
文史門			
经	Escritura	額斯格哩都喇	
诗	Verso	倭呼蘇	
史	História	伊斯多哩阿	
册	Volume	倭鲁密	
文	Proza	伯囉薩	葡语词今作 Prosa
章	Construição	郭安斯德嚕伊桑烏	葡语词今作 Construção
字	Letra	勒德喇	
篇	Pagina	巴日納	
序	Prologo	伯囉鲁沽	
读	Ler	勒呼	
纸	Papel	巴伯勒	
墨	Tinta	氐安達	
笔	Penna	伯納	
砚	Tinteiro	氐安德愛嚕	
圣旨	Sancto Decrèto	三都德格呼都	
敕书	Diploma	氐伯囉馬	
敕谕	Mandado	滿達都	
金叶	Folha de ouro	佛勒雅氐鄂烏嚕	
金牌	Moeda de ouro	莫額達氐鄂烏嚕	
印信	Sello de Tribunal	塞鲁氐德哩補納勒	葡语词今作 Selo
圖書	Sello particular	塞鲁巴呼氐沽拉呼	
表文	Carta de para bens	噶呼達氐巴拉本斯	
奏文	Carta de negocios	噶呼達氐訥格西烏斯	
真字	Letras direitas	勒德喇斯氐呼愛達斯	
行書	Letra currente	勒德喇沽呼安氐	
草字	Letra abreviada	勒德喇阿伯呼威阿達	
篆字	Letras antigas	勒德喇斯安氐噶斯	
漢字	Letra China	勒德喇知納	
雜字	Varias letras	斡哩阿斯勒德喇斯	
番字	Letras estrangeiras	勒德喇斯額斯德喇安熱愛喇斯	

续表

汉语词	葡语词	汉字注音	备注
\multicolumn{4}{c}{文史門}			

汉语词	葡语词	汉字注音	备注
夷語	Palavras estrangeiras	巴拉烏喇斯額斯德喇安熱愛喇斯	
醫書	Livros Medicos	禮烏囉斯莫氏沽斯	
語錄	Palavras da ley	巴拉烏喇斯達雷	
經典	Livro	禮烏嚕	
經文	Composição	郭昂播西桑烏	
念經	Ler a Escritura	勒呼阿額斯格哩都喇	
讀書	Ler Livros	勒呼禮烏嚕斯	
寫字	Escrever	額斯格呼倭呼	
背書	Recordar	呼格呼達呼	
上書	Ensinar	恩西納呼	
抄書	Descrever	德斯格呼倭呼	
對書	Conferir	郭安弗哩呼	
編書	Compòr	郭昂播呼	
謄寫	Trasladar	德喇斯拉達呼	
對讀	Conferir	郭安弗哩呼	
考校	Censurar	參蘇喇呼	
訪查	Examinar	額斯阿密納呼	
日課	Obrigação quotidiana	鄂伯哩噶桑烏郭氏氏阿納	
聞見	Perceber	伯呼塞伯呼	
科舉	Examinar licenciado	額斯阿密納呼禮參西阿都	
題目	Thema	德馬	
考人	Examinar	額斯阿密納呼	
作文	Fazer proza	法塞呼伯囉薩	
文義	Sentido da proza	參氏都達伯囉薩	
榜文	Promulgar	伯囉穆勒噶呼	
文書	Testemunha	德斯德門俞	
勘合	Combinar	郭昂畢納呼	
一本	Hum tomo	烏穆多穆	
一部	Hum volume	烏穆倭魯密	
詞滿	Rimas	哩馬斯	

续表

汉语词	葡语词	汉字注音	备注
文史門			
譯文書	Verter livros	倭呼德呼禮烏嚕斯	
讀難字	Ler varias Letras	勒呼斡哩阿斯勒德喇斯	
鳥獸門			
鳥	Ave	阿威	
獸	Animal	阿尼馬勒	
鴨	Ade	阿氏	
鶩	Pato	巴都	
雞	Gallinha	噶麟雅	葡语词今作 Galinha
鷹	Abutre	阿補德呼	
鶯	Milhafre	密勒雅弗呼	
鷂	Falcão	法勒剛烏	
鴉	Corvo	格呼烏烏	译音疑为"格呼烏"
鶴	Cegonha	塞國安雅	
蝎	Escorpião	額斯格呼畢昂烏	
蠅	Mosca	莫斯噶	
蚊	Mosquito	莫斯基都	
蛛	Aranha	阿喇安雅	
蝶	Borbuleta	播呼補勒達	葡语词今作 Borboleta
蟻	Formiga	佛呼密噶	
蠶	Bicho da seda	畢諸達塞達	
蟬	Cigarra	西噶呼喇	
蛾	bicho da seda que vòa	畢諸達塞達基倭烏阿	
蜂	Abelha	阿伯勒雅	
蝨	Piolho	畢鄂勒俞	
蟲	Bicho	畢諸	
蚱	Gafanhoto	噶藩嶽都	
蜢	Mosca das bestas	莫斯噶達斯伯斯達斯	
彪	Tigre pequeno	氏格呼伯克努	
熊	Urso	烏呼蘇	
虎	Tigre	氏格呼	

续表

汉语词	葡语词	汉字注音	备注
鸟獸門			
豹	Onça	鄂安薩	
狼	Lobo	羅補	
狐	Rapoza	喇播薩	葡语词今作 Raposa
鹿	Viado	威阿都	
麂	Viado ligeiro	威阿都禮熱愛嚕	
麝	Almiscar	阿勒密斯噶呼	
獐	Còrça	格呼薩	
猴	Macàco	馬噶沽	
駝	Camèlo	噶墨鲁	
牛	Boy	播伊	葡语词今作 Roi
馬	Cavàlo	噶幹鲁	
騾	Mula	穆拉	
驢	Burro	補呼嚕	
猪	Pòrco	播呼沽	
羊	Ovelha	鄂威勒雅	
猿	Mono	莫努	
犬	Cão	剛烏	
猫	Gatto	噶都	葡语词今作 Gato
鼠	Rato	喇都	
兔	Lebre	勒伯呼	
龍	Dragão	德喇剛烏	
蛇	Cobra	格伯喇	
蟒	Serpente	塞呼本氏	
蛟	Cocodrilho	格格德哩勒俞	
獺	Lontra	輪德喇	
象	Elefante	鄂勒藩氏	
犀	Unicornio	烏尼格呼尼烏	
鱉	Càgado maior	噶噶都邁嶽呼	葡语词应为 Çàgado
龜	Càgado menor	噶噶都墨諾呼	葡语词应为 Çàgado
魚	Peixe	貝施	

续表

汉语词	葡语词	汉字注音	备注
鳥獸門			
蝦	Caranguejo	噶喇安格愛儒	
螺	Lesma	勒斯馬	
蟹	Langosta	蘭格斯達	葡语词今作 Lagosta
毛	Pêlo	伯魯	
翅	Aza	阿薩	葡语词今作 Asa
翎	Penna	伯納	
頭	Cabeça	噶伯薩	
角	Còrnò	格呀努	
身	Corpo	格呀補	
形	Figura	費沽喇	
蹄	Unha	溫雅	
頸	Pescoço	伯斯格蘇	
爪	Unha de passaro	溫雅氏巴薩嚕	
嘴	Bico	畢沽	
鱗	Escamma	額斯噶馬	葡语词今作 Escama
尾	Cauda	高達	
雌	Fèmea	弗密阿	
雄	Macho	馬諸	
飛	Voar	倭阿呀	
鳴	Cantar	幹達呀	
宿	Descansar	德斯干薩呀	
食	Comer	格墨呀	
畜生	Todos animais	多多斯阿尼邁斯	
鳳凰	Aguia	阿基阿	
海青	Abutre marinho	阿補德呀馬哩安俞	
孔雀	Pavão	巴汪	
大鵬	Arpìa	阿呀畢阿	
天鵝	Pato do matto	巴都多馬都	葡语词今作 Mato
鴛鴦	Abutre do matto	阿補德呀都馬都	
燕子	Andorinha	安多哩安雅	

续表

汉语词	葡语词	汉字注音	备注
鸟兽门			
白鷳	Phasiano branco	發西阿努伯喇安沽	
練雀	Ave pequena	阿威伯充納	译音疑为"阿威伯克纳"
鵪鶉	Codorniz	格多呼尼斯	
斑鳩	Perdiz	伯呼氏斯	
水鴨	Patos da agua	巴都斯達阿瓜	
鶯哥	Pepagayo	巴巴該俞	葡语词今作 Papagaio
猛獸	Feras	弗喇斯	
獅子	Leão	勒昂	
貂鼠	Zebelina	塞伯禮納	葡语词今作 Zibeline
銀鼠	Rato do matto	喇都都馬都	
青鼠	Arminho preto	阿呼民俞伯呼都	
花豹	Leopardo	勒鄂巴呼都	
土豹	Leopardo silvestre	勒鄂巴呼都西斯倭斯德呼	疑为：西勒倭斯德呼
麋鹿	Grande viado	格喇安氏威阿都	
水牛	Bufara	補法喇	
毛牛	Vittella	威德拉	葡语词今作 Vitela
乳牛	Vacca de leite	斡噶氏雷氏	葡语词今作 Vaca
好馬	Bom cavàlo	繃噶斡魯	
馬熊	Urso mayor	烏呼蘇邁嶽呼	葡语词今作 maior
馬行	Andar do cavalo	安達呼度噶斡魯	
騸馬	Cavalo castrado	噶斡魯噶斯德喇都	
兒馬	Cavalo por castrar	噶斡魯播呼噶斯德喇呼	
野馬	Cavalo bravo	噶斡魯伯喇烏	
猓馬	Egua	額瓜	
駒馬	Potro	播德嚕	
青馬	Cavalo escuro	噶斡魯額斯沽嚕	
白馬	Cavalo branco	噶斡魯伯喇安沽	
黃馬	Cavale amarelo	噶斡魯阿馬呼魯	
黑馬	Cavalo negro	噶斡魯訥格噶	
紫馬	Cavalo roixo	噶斡魯囉舒	

续表

汉语词	葡语词	汉字注音	备注
鳥獸門			
花馬	Cavalo malhado	噶斡魯馬勒雅都	
赤馬	Cavalo vermelho	噶斡魯倭呼墨勒俞	
海蚆	Concha	國安紮	
蝦蟇	Cão	喇昂	译音与葡语词不符
蜻蜓	Abelha de agua	阿伯勒雅斯氏阿瓜	
促織	Cigarra	西噶呼喇	
蝙蝠	Morcègo	莫呼塞沽	
蝗虫	Grande gafanhoto	格喇昂氏噶藩嶽都	
數目門			
一	Hum	甕	葡语词今作 um
二	Dous	多烏斯	葡语词今作 dois
三	Tres	德呼斯	
四	Quatro	瓜德嚕	
五	Cinco	辛沽	
六	Seis	塞愛斯	
七	Sette	塞氏	葡语词今作 sete
八	Outo	鄂烏都	葡语词今作 oite
九	Nove	諾威	
十	Dez	德斯	
百	Cem	參	
千	Mil	密勒	
萬	Dez mil	德斯密勒	
兆	Cem vezes dez mil	參倭斯塞斯德斯密勒	
億	Dez vezes dez mil	德斯倭斯塞斯德斯密勒	
數	Numero	努墨嚕	
幾	Quantos	關都斯	
貫	Mil caxas	密勒該沙斯	葡语词今作 Caixas
單	Somente	莎門氏	
雙	Par	巴呼	
十一	Onze	鄂安西	

续表

汉语词	葡语词	汉字注音	备注
数目门			
十二	Doze	多西	
十三	Treze	德呼西	
十四	Catorze	噶多呼西	
十五	Quinze	勌西	
十六	Desaseis	德薩塞愛斯	葡语词今作 Dezesseis
十七	Dezasette	德薩塞氏	葡语词今作 Dezassete
十八	Dezoito	德莎伊都	
十九	Dezanove	德薩諾威	
二十	Vinte	威英氏	
三十	Trinta	德哩昂達	
四十	Quarenta	瓜呼安達	
五十	Cincoenta	辛沰恩達	葡语词今作 Cinquenta
六十	Sessenta	塞參達	
七十	Settenta	塞德安達	葡语词今作 Setenta
八十	Outenta	鄂烏德安達	葡语词今作 Oitenta
九十	Noventa	諾倭恩達	
一件	Hum negocio	翁訥格西烏	葡语词今作 um
一副	Outra vez	鄂烏德喇倭斯	
一疋	Huã peça	烏馬伯薩	
一包	Hum amarrado	翁阿馬喇都	葡语词今作 um
一同	Juntamente	雲達門氏	
一合	Hum punhado	翁奔雅都	葡语词今作 um
一斗	Hum alqueire	翁阿呼格愛哩	葡语词今作 um
一升	Huã decima parte de alqueire	烏馬德西馬巴呼氏氏阿勒格愛哩	
一斛	dous alqueires e meyo	多烏斯阿勒格愛呼斯伊美俞	
一石	Dez alqueires	德斯阿勒格愛呼斯	
一兩	Hum tael	翁達額勒	葡语词今作 um
一錢	Hum maz	翁馬斯	葡语词今作 um
一分	Hum condorim	翁郭安都哩昂	葡语词今作 Condrim

续表

汉语词	葡语词	汉字注音	备注
	数目門
一毫	Hum real	翁呼阿勒	葡语词今作 um
一觔	Hum arrate	翁阿呼喇氏	葡语词今作 um
十觔	Dez arrates	德斯阿呼喇德斯	
百觔	Cem arrates	參阿呼喇德斯	
千觔	Mil arrates	密勒阿呼喇德斯	
萬觔	Dez mil arrates	德斯密勒阿呼喇德斯	
幾十	Quantos dez	闊都斯德斯	
幾百	Quantos centos	闊都斯參都斯	
無數	Innumeravel	伊努墨喇倭勒	葡语词今作 Inumeravel
	通用門
陞	Subir	蘇畢呼	汉语词疑为"陞"
留	Ficar	費噶呼	
補	Suprir	蘇伯哩呼	
用	Uzar	烏薩呼	葡语词今作 Usar
教	Ensinar	恩西納呼	
訓	Instruir	因斯德嚕伊呼	
輕	Leve	勒威	
重	Pesado	伯薩都	
認	Conhecer	郭安葉塞呼	
靠	Estribar	額斯德哩巴呼	
誇	Louvar	羅烏幹呼	
許	Prometter	伯囉墨德呼	葡语词今作 Prometer
阻	Impedir	因穆伯氏呼	
當	Obstar	鄂伯斯達呼	
滿	Cheyo	車愛俞	葡语词今作 Cheio
受	Receber	呼塞伯呼	
偏	Inclinado	因格禮納都	
曲	Curvo	沽呼烏	
清	Limpo	靈補	
濁	Sujo	蘇儒	

续表

汉语词	葡语词	汉字注音	备注
	通用門		
多	Muito	莫伊都	
寡	Pouco	播烏沽	
開	Abrir	阿伯哩呀	
閉	Fechar	弗察呀	
精	Delgado	德勒噶都	
粗	Grosso	格囉蘇	
疎	Sem cuidado	參沽伊達都	
密	Segredo	塞格呀都	
是	He	額	
非	Não he	囊烏額	葡语词今作 Não è
好	Bom	繃	
歹	Mao	馬烏	
有	Ter	德呀	
無	Não ter	囊烏德呀	
算	Contar	郭安達呀	
數	Numerar	努墨喇呀	
添	Acrescentar	阿格呀斯參達呀	
減	Diminuir	氏密努伊呀	
收	Colher	格勒葉呀	
放	Estender	額斯德安德呀	
餘	Sobejo	莎貝儒	
足	Bastar	巴斯達呀	
新	Novo	諾烏烏	
舊	Velho	倭勒俞	
興	Aumentar	阿烏門達呀	
敗	Destruir	德斯德嚕伊呀	
得	Alcançar	阿勒幹薩呀	
失	Perder	伯呀德呀	
醜	Disforme	氏斯佛呀密	
俊	Completo	郭昂伯勒都	

续表

汉语词	葡语词	汉字注音	备注
通用門			
積	Ajuntar	阿閏達呀	
與	Dar	達呀	
施	Gastar	噶斯達呀	
分	Repartir	呀巴呀氏呀	
公	Comum	格孟	
私	Particular	巴呀氏沽拉呀	
事	Negocio	訥格西俞	
物	Couza	格烏薩	葡语词今作 Cousa
過	Passar	巴薩呀	
傷	Ferir	弗哩呀	
等	O mais	鄂馬伊斯	
因	Porque	播呀基葉	
至	Chegar	遮噶呀	
此	Este	額斯氏	
總	Em suma	昂蘇馬	
或	Ou	鄂烏	
了	Preterito	伯呀特哩都	
然	Verdade	倭呀達氏	
若	Se	塞	
自	Dahi	達伊	葡语词今作 dei
諸	Todos	多都斯	
其	Aquelle	阿格勒禮	葡语词今作 Aquele
別	Outro	鄂烏德嚕	
查	Examinar	額斯阿密納呀	
在	Existe	額斯伊斯氏	
如	Como	格穆	
似	Parece	巴呀西	
常	Sempre	參伯哩	
各	Cada hum	噶達烏穆	
專	Com animo	郭昂阿尼穆	

续表

汉语词	葡语词	汉字注音	备注
通用门			
生	Viver	威伊倭呀	
平	Igual	伊瓜勒	
欲	Vontade	倭恩達氏	
要	Quero	格嚕	
誠	Perfeiçoar	伯呀飛蘇阿呀	
定	Determinar	德德呀密納呀	
同	Com	郭昂	
齊	Junto	閏都	
願	Dezejar	德塞□呀	葡语词今作 Desejar；注音汉字不详
完	Acabar	阿噶巴呀	
全	Inteiro	因德愛嚕	
價	Preço	伯呀蘇	
換	Comutar	郭昂穆達	译音结尾处少一个"呀"
皮	Pelle	伯勒禮	葡语词今作 Pele
生番	Nascer estrangeiro	伯塞呀額斯德拉安熱愛嚕	译音与葡语词不符
西番	Estrangeiro de Oeste	額斯德喇安熱愛嚕氏鄂額斯氏	
番僧	Bonzo estrangeiro	播安蘇額斯喇安熱愛嚕	
番人	Estrangeiro	額斯德喇安熱愛嚕	
番漢	China estrangeiro	知納額斯喇安熱愛嚕	
替職	Substituir no governo	蘇斯氏都伊呀諾沽倭呀努	译音中缺少 b 的对应
襲職	Officio herdado	鄂費西烏額呀達都	
陞職	Promoção a governo	伯囉莫桑烏阿沽倭呀努	
管事	Governar	格倭呀納呀	
掌印	Tratar do sello	德喇達呀都塞魯	葡语词今作 Selo
曉諭	Ensinar a inferior	因西納呀阿因弗哩鄂呀	
撫安	consolar	郭安莎拉呀	
招撫	Agasalhar consolando	阿噶薩勒雅呀郭安莎蘭都	
赦宥	Indulgencia	因都勒仁西阿	
歸順	Voltar ao ensino	倭勒達呀阿烏恩西努	

续表

汉语词	葡语词	汉字注音	备注
\multicolumn{4}{c}{通用門}			
投降	Sugeitarse Livremente	莎熱愛達哖塞禮烏哖門氏	葡语词今作 Sujeitar-se
圖報	Esperar premio	額斯伯喇哖伯哖密烏	
國恩	Beneficio do Reino	伯訥費西烏都哖愛努	
向化	Emendarse	額門達哖西	葡语词今作 Emendar-se
遷善	Fazer bem	法塞哖朋	
改惡	Emendar o mal	額門達哖烏馬勒	
進貢	Pagar tributo	巴噶哖德哩補都	
朝貢	Offrecer tributo	鄂弗哖塞哖德哩補都	葡语词今作 Ofrecer
進馬	Offrecer cavalo	鄂弗哖塞哖噶幹魯	
方物	Outras couzas	鄂烏德喇斯格烏薩斯	
鞠躬	Inclinar o corpo	因格禮納哖烏格哖補	
俯伏	Inclinar a cabeça	因格禮納哖阿噶伯薩	
叩頭	Abater cabeça	阿巴德哖噶伯薩	
謝恩	Dar graças	達哖格喇薩斯	
歡呼	Chamar	紥馬哖	
奏請	Avizar o Imperador	阿威薩哖烏英伯喇多哖	葡语词今作 Avisar
獻書	Offrecer Livro	鄂弗哖塞哖禮烏嚕	
求討	Mendigar	門氏噶哖	
乞討	Pedir	伯氏哖	
賞賜	Dar	達哖	
慶賀	Dar para bem	達哖巴喇朋	
賜宴	Dar banquete	達哖班格氏	
食宴	Banquetear	班格氏雅哖	
數珠	Contas de Mandarim	郭安達斯氏滿達哩昂	
行移	Moverse do Lugar	莫倭哖塞都魯噶哖	葡语词今作 Mover-se
遷更	Mudar Lugar	穆達哖魯噶哖	
和好	Reunirse	哖烏尼哖西	葡语词今作 Reunir-se
好生	Graciozo	格喇西鄂蘇	葡语词今作 Gracioso
連累	Tribulações juntas	德哩補拉索伊斯閏達斯	
艱難	Padecer mizerias	巴德塞哖密塞哩阿斯	葡语词今作 Miserias

续表

汉语词	葡语词	汉字注音	备注
通用門			
利害	Horrivel	鄂呼哩倭勒	
自由	De si mesmo	德西墨斯穆	
自己	Elle mesmo	額勒禮墨斯穆	葡语词今作 Ele
愛軍	Amar o exercito	阿馬呼烏額斯額呼西都	
惜民	Compadecer do povo	郭昂巴德塞呼都播烏烏	
迎來	Hir ao encontro	伊呼阿烏恩郭安德嚕	
送去	Acompanhar	阿郭安班雅呼	
設立	Levantar	勒灣達呼	
法度	Ley do Reyno	雷都呼愛努	葡语词今作 Lei do Reino
規矩	Costume	格斯都密	
禮法	Ley das ceremonias	雷達斯塞呼莫尼阿斯	
修身	Governar o corpo	格威呼納呼烏格呼補	
道禮	Doutrina	多烏德哩納	
次序	Ordem	鄂呼登	
遵守	Observar	鄂伯塞呼斡呼	
導引	Induzir	因都西呼	
引領	Dirigir	氏哩日呼	
照例	Como he costume	格穆額格斯都密	
照舊	Como antes	格穆安德斯	
不聽	Não ouvir	囊烏鄂烏威呼	
不許	Não permittir	囊烏伯呼密氏呼	葡语词今作 Permitir
侵占	Furtado	弗呼達都	
分外	Alem da parte	阿棱達巴呼氏	
無妨	Não impede	囊烏伊穆伯氏	
無用	Sem uzo	僧烏蘇	葡语词今作 uso
仰望	Esperar	額斯伯喇呼	
教導	Instruir	因斯德嚕伊呼	
作養	Sustentar	蘇斯德安達呼	
褒獎	Louvar	羅烏斡呼	

续表

汉语词	葡语词	汉字注音	备注
	通用門		
誇獎	Jactarse	□達呀塞	葡语词今作 Jactar-se；注音汉字不详
管束	Prohibir com imperio	伯囉伊畢呀郭昂英伯哩烏	
摧攢	Apertar que venha	阿伯呀達呀格溫尼雅	
辦納	Preparar, receber	伯呀巴喇呀澤伯呀	
悔罪	Arrependerse	阿呀呀本德呀塞	葡语词今作 Arrepender-se
羞愧	Envergonharse	恩倭呀郭安雅呀塞	葡语词今作 Envergonhar-se
守分	Fazer a obrigação	法澤呀阿鄂伯哩噶桑烏	
安生	Contente com sua vida	郭安德安氏郭昂蘇阿威達	
樂業	Viver alegremente	威倭呀阿勒格呀門氏	
受福	Ter felicidade	德呀弗禮西達氏	
世代	Descendencia de netos	德斯參德安西阿氏訥都穆	
相傳	Propagar	伯羅巴噶呀	
永久	Por muito tempo	播呀穆威都德安補	
太平	Em paz	額穆巴斯	
	身體門		
身	Corpo	格呀補	
性	Natureza	納都呀薩	
命	Vida	威達	
頭	Cabeça	噶伯薩	
項	Pescoço	伯斯格蘇	
面	Semblante	僧伯郎氏	
髮	Cabelo	噶伯魯	
鬢	Fonte da cabeça	芬氏達噶伯薩	
鬍	Bigode	畢格氏	
臉	Cara	噶喇	
腮	Faces	法塞斯	
額	Testa	德斯達	
顏	Lugar das barbas	魯噶呀達斯巴呀巴斯	
眉	Sobrancelha	莎伯喇昂塞勒雅	

续表

汉语词	葡语词	汉字注音	备注
身體門			
耳	Orelha	鄂呼勒雅	
目	Olhos	鄂勒俞斯	
眼	Branco do olho	伯喇昂沽都鄂勒俞	
睛	Menina do olho	墨尼納都鄂勒俞	
鼻	Nariz	納哩斯	
口	Boca	播噶	
舌	Língua	靈瓜	
咽	Garganta	噶呼幹達	
喉	Caroço da garganta	噶囉蘇達噶呼幹達	
唇	Beiços	貝蘇斯	
齒	Dente	德安氏	
牙	Mò	莫	
乳	Teta	德達	
肚	Ventriculo	溫德哩沽魯	
腹	Ventre	溫德呼	
臍	Embigo	英畢沽	
心	Coração	沽喇桑烏	
肝	Figado	費噶都	
膽	Fel	弗勒	
肺	Bofe	播費	
胃	Estomago	額斯多馬沽	
腸	Intestinos	因德斯氏努斯	
腎	Bexiga	伯施噶	
臂	Peito	貝都	
背	Costas	格斯達斯	
腰	Rins	哩昂斯	
肩	Ombro	額穆伯嚕	
筋	Nervo	訥呼烏	
骨	Ossos	鄂蘇斯	
皮	Pele	伯勒禮	

续表

汉语词	葡语词	汉字注音	备注
身體門			
膚	Pellicula	伯勒禮沽拉	葡语词今作 Película
毛	Pêlo	伯魯	
手	Mão	莽烏	
指	Dedos	德都斯	
拳	Punho	奔俞	
腕	Pulso	補勒蘇	
肘	Cotovelo	沽都威勒魯	
足	Pè	伯	
腳	Planta do pè	伯郎達都伯	
腿	Perna	伯呀納	
膝	Joelho	葅勒俞	
脛	Canelas	噶訥勒拉斯	译音疑为"噶訥拉斯"
精	Semente	塞門氏	
髓	Tutano	都達努	
血	Sangue	桑額	
肉	Carne	噶呀尼	
脉	Veya	威雅	葡语词今作 Veia
氣	Respiração	呀斯畢喇桑烏	
形	Figura	費沽喇	
言	Palavras	巴拉威喇斯	
行	Obras	鄂伯喇斯	
念	Pensamento	本薩門都	
意	Intenção	因德安桑烏	
想	Considerar	郭安西德喇呀	
汗	Suòr	蘇鄂呀	
淚	Lagrimas	拉格哩馬斯	
涕	Chorar	諸喇呀	
唾	Cuspo	沽斯補	
強	Forte	佛呀氏	
弱	Fraco	弗喇沽	

续表

汉语词	葡语词	汉字注音	备注
身體門			
肥	Gordura	格呼都喇	
胖	Gordo	格呼都	
瘦	Magro	馬格嚕	
長	Comprido	郭安伯哩都	
矮	Pequeno	伯格努	
疾	Doença	都恩薩	
病	Enfermidade	因弗呼密達氏	
災	Infortunio	因佛呼都尼烏	
瘡	Chaga	紮噶	
膿	Matéria	馬德哩阿	
瘸	Coixo	郭愛舒	葡语词今作 Coxo
糞	Esterco	額斯德呼沽	
擘	Dedo polegar	德都播勒噶呼	
心性	Indole	因都勒	
股肱	Coixa da perna braço	格莎達伯呼納伯喇組	
力氣	Forças	佛呼薩斯	
模樣	Espécie	額斯伯西額	
掌心	meyo da palma da mão	美俞達巴勒馬達莽烏	
指甲	Unha	穩雅	
大牙	Grande mò	格喇昂氏莫	
福祿	Felicidade	弗禮西達氏	
人物門			
君	Rey	呼愛	葡语词今作 rei
臣	Vassalo	斡薩魯	
聖	Santo	三都	
賢	Sabio	薩畢烏	
儒	Letrado	勒德喇都	
神	Espirito	額斯畢哩都	
鬼	Alma Separada	阿勒馬澤巴喇達	
官	Mandarim	滿達哩昂	

续表

汉语词	葡语词	汉字注音	备注
\multicolumn{4}{c}{人物門}			
士	Doutor	多烏多呀	
農	Lavrador	拉威喇多呀	
工	Trabalhador	德喇巴勒雅多呀	
商	Mercador	墨呀噶多呀	
軍	Exercito	額格斯額呀西都	
民	Povo	播烏	
吏	Escrivão	額斯格哩汪烏	
隸	Esbirro	額斯畢呀嚕	
祖	Avò	阿倭	
父	Pay	拜	葡语词今作 pai
母	May	馬伊	葡语词今作 Mãe
公	Pay do marido	拜都馬哩都	
婆	May do marido	馬伊都馬哩都	
伯	Irmão mayor do pay	伊呀莽烏馬嶽呀都拜	葡语词今作 maior
叔	Irmão menor do pay	伊呀莽烏墨諾呀都拜	
姆	Mulher do tio mayor	穆勒葉呀都氏烏馬嶽呀	葡语词今作 maior
嬸	Mulher do tio menor	穆勒葉呀都氏烏墨諾呀	
兄	Irmão mayor	伊呀莽烏馬嶽呀	葡语词今作 maior
弟	Irmão menor	伊呀莽烏墨諾呀	
姑	Tia irmãa do pay	氏阿伊呀莽都拜	葡语词今作 Tia irmã do pai
嫂	mulher do irmão maior	穆勒葉呀都伊呀莽烏馬嶽呀	葡语词今作 irmã
姐	Irmãa maior	伊呀莽馬嶽呀	葡语词今作 irmã
妹	Irmãa menor	伊呀莽墨諾呀	葡语词今作 irmã
姨	Irmãa da mãy	伊呀莽達馬伊	
夫	Marido	馬哩都	
婦	Cazada	噶薩達	葡语词今作 Casada
妻	Mulher	穆勒葉呀	
妾	Concubina	郭安沽畢納	
子	Filho	費勒俞	
女	Filha	費勒雅	

续表

汉语词	葡语词	汉字注音	备注
\multicolumn{4}{c}{人物門}			
姪	Sobrinho	莎伯哩昂尼俞	
孫	Neto	訥都	
舅	Irmão da mãy	伊呀莽烏達馬伊	葡语词今作 Mãe
樵	Cortador de lenha	格呀達多呀氏勒安雅	
漁	Pescadòr	伯斯噶都呀	
媒	Cazamenteiro	噶薩門德愛嚕	葡语词今作 Casamenteiro
儈	Medianeiro	墨氏阿內哩	
鄰	Vezinho	威心俞	葡语词今作 Vizinho
僕	Servo	塞呀烏	
瞽	Cego	塞沽	
聾	Surdo	蘇呀都	
鰥	Viuvo	威烏烏	
寡	Viuva	威烏斡	
孤	Filho sem Pay	費勒俞僧拜	葡语词今作 pai
獨	Esteril	額斯德哩勒	
老	Velho	威勒俞	
少	Moço	莫蘇	
大	Grande	格喇安氏	
小	Pequeno	伯克努	
長	Adulto	阿都勒都	
幼	Mancebo	滿塞補	
主	Senhor	參嶽呀	
客	Hóspede	鄂斯伯氏	
富	Rico	哩沽	
貴	Nobre	諾伯哩	
貧	Pobre	播伯哩	
賤	Vil	威勒	
賊	Ladrão de estrada	拉德喇昂氏額斯德喇達	
盜	Ladrão formigueiro	拉德喇昂佛呀密俟嚕	
你	Tu	都	

续表

汉语词	葡语词	汉字注音	备注
	人物門		
我	Eu	烏傲	
他	Elle	額勒勒	葡语词今作 ele
誰	Quem	克英	
衆	Todos	多都斯	
蠻	Estranho	額斯德喇安俞	
緊	Necessario	訥塞薩哩烏	
能	Habilidade	阿畢禮達氏	
皇帝	Imperador	英伯喇多哶	
皇后	Imperatriz	英伯喇德哩斯	
皇妃	Concubine do imperador	郭安沽畢納都英伯喇多哶	
太子	Principe herdeiro	伯哩昂西伯額哶德愛嚕	
王子	Régulo	哶沽嚕	
王妃	Régula	哶沽拉	
郡主	Filha de régulo	費勒雅氏哶沽魯	
宮人	Camareira	噶馬哶愛喇	
內官	Capado	噶巴都	
朝廷	Sala	薩拉	
恩主	Bem feitor	繃費多哶	
宰相	Ministro	密尼斯德嚕	
大人	Grande	格哶安氏	
文官	Mandarim de letras	滿達哩昂氏勒德喇斯	
武官	Mandarim de armas	滿達哩昂氏阿哶馬斯	
使臣	Embaixador	英拜沙多哶	
正使	Embaixador principal	英拜沙多哶伯哩昂西巴勒	
副使	Embaixador secundario	英拜沙多哶塞公達哩烏	
三使	Terceiro Embaixador	德哶塞愛嚕英拜沙多哶	
宣撫	Ensinar	英西納哶	
安撫	Pacificar	巴西費噶哶	
鎮守	Guardar	瓜哶達哶	
將軍	General	熱訥喇勒	

续表

汉语词	葡语词	汉字注音	备注
人物門			
總兵	Coronel	格囉訥勒	
甲士	Soldado com saya de malha	莎勒達都郭昂薩雅氏馬勒雅	
牌手	Soldado com escudo	莎勒達都郭昂施斯沽都	
門子	Moço de servir	莫蘇氏塞呼威呼	
庫子	Despenseiro	德斯本塞愛嚕	
牢子	Carcereiro	噶呼塞呼愛嚕	
斗級	Medir	墨氏呼	
廚役	Cozinheiro grande	格辛伊愛嚕格喇安氏	
火頭	Cozinheiro pequeno	格辛伊愛嚕伯克諾	
外郎	Amanuense	阿馬努恩塞	
伴當	Criado grave	格哩阿都格喇威	
馬夫	Moço da estribaria	墨蘇達額斯德哩巴哩雅	葡语词今作 Estrebaria
從人	Criado de sequito	格哩阿都氏塞基都	
官人	Homem publico	鄂孟補伯禮沽	
外國	Reyno estrangeiro	呼愛努額斯德喇安熱愛嚕	葡语词今作 reino
土官	Mandarim do lugar	滿達哩昂都魯噶呼	
酋長	Mandarim principal do lugar	滿達哩昂伯哩昂西巴勒都魯噶呼	
頭目	Mandarim menor do lugar	滿達哩昂莫諾呼都魯噶呼	
通事	Interprete	因德呼伯呼氏	
把事	Negociador	訥格西阿多呼	
高祖	Terceiro Avò	德呼塞愛嚕阿倭	
曾祖	Segundo Avò	塞郭安都阿倭	
繼父	Padrasto	巴德喇斯都	
繼母	Madrasta	馬德喇斯達	
外父	Sogro	莎格嚕	
外母	Sogra	莎格喇	
丈人	Pay da mulher	拜達穆勒葉呼	
丈母	Māy da mulher	馬伊達穆勒葉呼	
夫人	Matrona	馬德囉納	
小姐	Filha de Mandarim	費勒雅德滿達哩昂	

续表

汉语词	葡语词	汉字注音	备注
人物門		
媳婦	Nora	諾喇	
妗子	Mulher do Irmão da Mãy	穆勒葉嗲伊嗲莽烏達馬伊	
姨父	Marido da Irmãa da Mãy	馬哩都達伊嗲莽達馬伊	
姐夫	Marido de irmãa	馬哩都氏伊嗲莽	
女婿	Genro	仁嚕	
外甥	Filho de Irmãa	費勒俞氏伊嗲莽	
媽媽	Mãy	馬伊	
老者	Velho	威勒俞	
老人	Homem velho	鄂孟威勒俞	
男子	Macho	馬諸	
婦人	Femea	弗密阿	
小兒	Rapàs	喇巴斯	
家小	Familia	法密禮阿	
親家	Caza parenta	噶薩巴嗲安達	
親戚	Parentes	巴嗲安德斯	
宗族	Parentesco	巴嗲安德斯沽	
鄉黨	Patrício	巴德哩西烏	
師父	Mestre	墨斯德嗲	
尊長	Superior	蘇伯哩鄂嗲	
朋友	Amigo	阿密沽	
客人	Mercador	墨嗲噶多嗲	
舍人	Doméstico	多墨斯氏沽	
奴婢	Escravo	額斯格喇烏	
君子	Homem recto	鄂孟嗲都	
秀才	Bacharel	巴紮嗲勒	
徒弟	Discípulo	氏西補魯	
侍長	Aprendiz	阿伯嗲安氏斯	
船主	Piloto	畢羅都	
水手	Marinheiro	馬哩安葉愛嚕	
醫者	Médico	墨氏沽	

续表

汉语词	葡语词	汉字注音	备注
人物門			
卜者	Adivinhador	阿氏威因雅多呼	
畫士	Pintor	賓多呼	
相士	Phisionomo	費西鄂諾穆	葡语词今作 Fisionomo
樂人	Muzico	穆西沽	葡语词今作 Músico
匠人	Mechanico	穆噶尼沽	葡语词今作 Mecânico
獵人	Caçador	噶薩多呼	
好人	Bom homem	播昂鄂孟	
善人	Homem fiel	鄂孟費額勒	
漢人	China	知納	
夷人	Estrangeiro	額斯德喇安熱愛嚕	
野人	Rústico	嚕斯氏沽	
愚人	Rude	嚕氏	
歹人	Homem mao	鄂夢旄	
牧馬	Pastor de cavalos	巴斯多呼氏噶斡魯斯	
牧牛	Pastor de vaccas	巴斯多呼氏斡噶斯	葡语词今作 Vacas
牧羊	Pastor de ovelhas	巴斯多呼氏鄂威勒雅斯	
牧象	Pastor de elefantes	巴斯多呼氏額勒藩氏斯	
智慧	Prudente	伯嚕德安氏	
怜悧	Agudo	阿沽都	
善柔	Cortez	格呼德斯	
懶惰	Preguiça	伯呼基薩	
怠慢	Preguiçozo	伯呼基莎蘇	葡语词今作 Preguiçoso
我每	Nós	諾斯	
你每	Vós	烏鄂斯	
他每	Elles	額勒勒斯	葡语词今作 Eles
器用門			
琴	Cravo de tanger	格喇烏烏氏灘日呼	
棋	Xadrès	沙德呼斯	
書	Livro	禮烏嚕	
畫	Pintura	賓都喇	

续表

汉语词	葡语词	汉字注音	备注
器用門			
弓	Arco	阿呼沽	
箭	Setta	塞達	
刀	Faca	法噶	
鎗	Lança	蘭薩	
劍	Espada	額斯巴達	
斧	Machadinha	馬紮氏安雅	
盔	Capacete	噶巴塞氏	
甲	Saya de malha	賽雅氏馬勒雅	
砲	Peça de artilharia	伯薩氏阿呼氏勒雅哩雅	
銃	Espingarda	額斯賓噶呼達	
鏢	Maça	馬薩	
鞭	Azorrague	阿莎呼喇格	
弩	Arco da Setta	阿呼沽達塞達	葡语词今作 Seta
牌	Escudo	額斯沽都	
旗	Bandeira	班德愛喇	
弦	Corda	格呼達	
繩	Calabre	噶喇伯呼	
鞍	Sella	塞拉	葡语词今作 Sela
鞴	Gualdrapa	瓜勒德喇巴	
轡	Freyo	弗呼愛俞	葡语词今作 Freio
鐙	Estribo	額斯德哩補	
印	Sello	塞勒魯	葡语词今作 Selo
船	Nau	撓	
輪	Roda	囉達	
轎	Cadeira	噶德愛喇	
車	Carro	噶呼嚕	
傘	Sombreiro	㚘伯呼愛嚕	
旛	Estandarte	額斯丹達呼氏	
簾	Cortina da porta	格呼氏納達播呼達	
席	Esteira	額斯德愛喇	

续表

汉语词	葡语词	汉字注音	备注
器用門			
鎖	Cadeado	噶氏阿都	
鑰	Chave	紮威	
蓬	Vela de nau	威勒拉氏撬	
床	Leito	雷都	
桌	Meza	墨薩	葡语词今作 Mesa
椅	Tamborete	當補呼氏	葡语词为"櫈"
櫈	Banco	班沽	葡语词为"椅"
碗	Tigèla	氏熱勒拉	译音应为"氏热拉"
盞	Malga	馬勒噶	
盤	Prato	伯喇都	
碟	Pires	畢呼斯	
荋	Palito	巴禮都	
瓶	Vazo	斡蘇	葡语词今作 Vaso
壺	Cangerão	斡日喇昂烏	葡语词疑为 Cangerã
缸	Tonel	多諾勒	
罈	Talha	達勒雅	
矴	Vazo pequeno	斡蘇伯格努	
盆	Vazo pequenino	斡蘇伯格尼努	
鍋	Caldeirão	噶勒德愛喇昂烏	
杓	Colher da cozinha	格勒葉呼達格辛雅	
匙	Colher	格勒葉呼	
扇	Abano	阿巴努	
枕	Travesseiro	德喇威斯塞愛嚕	
針	Agulha	阿沽勒雅	
線	Linha	哩昂雅	
鏡	Espelho	額斯貝勒俞	
梳	Pente	本氏	
箱	Cesta	塞斯達	
毬	Globo	格羅補	
鈎	Enzol	昂莎勒	葡语词今作 Anzol

续表

汉语词	葡语词	汉字注音	备注
器用門				
座	Assento	阿斯參都	
斛	Cinco alqueires	辛都阿勒格愛呼斯	
斗	Alqueire	阿勒格愛呼	
秤	Arrate	阿呼喇氏	
尺	Côvado	格幹都	
升	Decima de alqueire	得西馬齊阿勒格愛呼	
桶	Balde	巴勒氏	
瓢	Cabaça	噶巴薩	
箒	Vassoura	幹斯莎烏喇	
杵	Mão do gral	莽烏都格喇勒	
臼	Gral	格喇勒	
磨	Pedra de moinho	伯德喇氏莫因俞	
鋸	Serra	塞呼喇	
錐	Verruma	威呼嚕馬	
犁	Arado	阿喇都	
漆	Verniz	威呼尼斯	
燈	Lâmpada	郎巴達	
燭	Candêa	幹德雅	
鐘	Campana	乾巴納	葡语词今作 Campainha
鼓	Tambòr	當播呼	
笛	Flauta travessa	弗撈達德喇威斯薩	
簫	Flauta	弗撈達	
物	Couza	格烏薩	葡语词今作 Cousa
件	Negocio	訥格西烏	
玉印	Sello preciozo	塞魯伯呼西鄂穌	
金印	Sello de ouro	塞魯氏歐嚕	
銀印	Sello de prata	塞魯氏伯喇達	
銅印	Sello de cobre	塞魯氏格伯哩	
兵器	Arma	阿呼馬	
旌旗	Bandeira de guerra	班德愛喇氏克呼喇	

续表

汉语词	葡语词	汉字注音	备注
器用門			
腰刀	Alfange	阿勒藩日	
刀鞘	Bainha	巴英雅	
交椅	Grande cadeira	格喇安氏噶德愛喇	
香爐	Thuribulo	都哩補魯	葡语词今作 Turíbulo
燈籠	Lenterna	阿楞德呼納	
蠟燭	Vela de sebo	威勒拉氏塞補	
花瓶	Vazo de flores	幹蘇氏弗羅呼斯	
酒盞	Copo de vinho	格補氏威因俞	
鍾子	Chicara	知噶喇	
磁器	Porcellana	播呼塞勒拉納	葡语词今作 Porcelana
樂器	Instrumento muzico	因斯德嚕門都穆西沽	葡语词今作 Musico
大鼓	Grande tambòr	格喇安氏湯播呼	
小鼓	Pequeno tambòr	伯格努湯播呼	
鈴杵	Badalo	巴達魯	
琵琶	Alaùde	阿拉烏氏	
湯瓶	Porcelàna de caldo	播呼塞勒拉納氏噶勒都	
玉湯瓶	Porcelana de caldo precioza	播呼塞勒拉納氏格勒都伯呼西鄂薩	
金湯瓶	Porcelana de ouro com caldo	播呼塞勒拉納氏歐嚕郭昂噶勒都	